監査と哲学

任 章 著
Nin Akira

会計プロフェッションの懐疑心

同文舘出版

With my memories and heartfelt appreciations to Prof. Dr. Barbara Merino, Prof. Dr. Shawki Farag, and among others Prof. Dr. Oktay Güvemli, to those great accounting historians whom I met once in Istanbul.

はしがき

　本書は会計研究書に留まらず監査基準書や主要な委員会報告書等に記された懐疑心要請の本質を追究し，哲学的源泉を持つ言明を解釈し，懐疑心の諸相を探究しようと試みた書である。

　本書にては筆者がこれまで十余年，職業専門家の懐疑心について研究をしてきた成果を纏めた。しかしながら筆者自身によるその後の気づきや訂正さらにはその間の変遷もあって各章の記述は初出原稿からかけ離れている。筆者は21世紀に入り監査基準書が顕著に懐疑心という用語を強調し始めた事実に気づき，同時に哲学的懐疑主義の領域にも関心を寄せて本研究テーマを見定めた。

　他の監査研究書とは趣を異にし，本書の第1章では哲学的懐疑主義の系譜に相当の紙幅を割いた。監査論を専門にしている筆者が深遠な哲学を論じることが危険なことは承知している。しかし，かつて監査研究界ではマウツ＝シャラフにより哲学大家の思潮が広く紹介されていた。筆者が懐疑心に関心を持つに至ったのは，監査研究者の側が積極的に哲学にアプローチすべきと主張するマウツ＝シャラフの書に刺激されたが故だった。

　しかし本邦監査研究界にあっては深く哲学局面から懐疑心への接近を試みようとする研究者はおられない。筆者の関心を反映した本書は実務上の利便性を諦めており，異端と受け止められよう。ともかくも筆者は監査学の様式性に影響している思考の根本を辿ろうと試みた。そしてその意図の下，筆者は古代ギリシャ哲学から現代哲学までのあまりに広範な領域を齧ってしまった。結果は雑駁に過ぎ，研究者のアプローチとしては批判されることだろう。しかし今日，懐疑的という表現が日常的に用いられている背景に考え及ぶためには仕方が無かったことと自己弁護をしたい。そのような事情もあるので，哲学的懐疑主義に全く関心をもたぬ監査プロパーの読者にあっては第1章を飛ばして読んでいただければ良い。また，懐疑主義導入の嚆矢を放ったマウツ＝シャラフの思いにご関心があれば，第2章に専心していただければ良い。

　監査書としての側面に限っては，本書では20世紀半ばから21世紀初めまでの

およそ半世紀の現代監査史を扱った。筆者は相当程度まで原典と先行研究書を参照したがしかし文献数はかぎられている。他方では，参考文献に一行で記すのでは許されない程，頼りにしてしまった文献がある。千代田邦夫著『アメリカ監査論』である。斯界の研究者であれば当然その事実に気づくだろう。ともあれ，筆者が頼りとした先行研究書の多くは近景にてはレンガ一つひとつの如き質感と，遠景にては圧倒的な存在感，さらには全体構造のイメージを放っていた。他方で本書はと言えば，眼前に恵まれた貴重な資材を拾い上げ，気儘にそれらをセメントで固めている如き状況かと思う。職人の腕の悪さに関してはこの後，各界からの御批判を頂戴せざるを得ない。

本書にて特に監査史の考察対象年代を限定している理由は二つである。一つは当該の半世紀が筆者の物心ついてこのかたの人生に重なること。いまひとつは筆者の能力が現代監査史の半世紀を遡ることで枯渇してしまったからである。

本書の執筆途上にては，哲学分野の学兄である荒牧裕貴氏から期せずして古代ギリシャ思潮の系譜についての貴重なアドバイスを賜わった。厚く御礼を申し上げたい。そして諸般の情勢大変厳しい折にもかかわらず本書の出版を引き受けてくださった同文舘出版に敬意を表し，編集に際しては大変面倒をおかけした同社の青柳裕之氏と吉川美紗紀氏に衷心からの謝意を表したい。

なお筆者は以下の公的助成を受けて本書を世に問うている。
・2001年度 日本会計研究学会 第1回海外交流資金受給，「2002年1月AAAアカウンティング・レビュー会議―利益の品質」(於 米国アトランタ)
・2006年度 北九州市立大学特別研究推進費受給，「会計専門職と懐疑心－不正と誤謬の発見に関る暗黙知の深度」
・2010年度－2012年度 科学研究費補助金・基盤研究 (C)「米国における監査人懐疑心研究の進捗状況の把握」(研究代表者 研究課題番号22530489)
・2016年度 北九州市立大学学術図書刊行助成ならびに学長選考型研究費受給

2017年3月25日

任 章

監査と哲学 ● 目次

はしがき ……………………………………………………………………… i
本書を読む前に …………………………………………………………… viii
本書における用語法 ……………………………………………………… ix
略語一覧 …………………………………………………………………… xvi

第1章
哲学的懐疑主義の様相－アンソロジーに代えて

1. 古代ギリシャの懐疑主義 ……………………………………………… 2
   (1) ソクラテス－探究の精神 …………………………………………… 2
   (2) プラトンとアリストテレス－真理の追求 ………………………… 3
   (3) ピュロニストとセクストス－懐疑主義の確立と継承 …………… 4
2. 中世の終焉と懐疑主義の復興－デカルトとロック ………………… 6
3. 近代の懐疑主義者－スコットランドのヒューム …………………… 8
   懐疑構造の核心－七面鳥の問題 ………………………………………… 11
4. 現代哲学と懐疑主義
   －現代監査の概念形成に影響を与えた思想家 ……………………… 15

第2章
哲学思潮と監査概念との共振

1. 1925年 モンタギュー－『知の方法論』………………………………… 30
2. 1961年 マウツ＝シャラフ－『監査哲理』 …………………………… 31
   (1) 第1章：監査の哲学を目指して ……………………………………… 31
   (2) 第2章：監査の方法論 ………………………………………………… 36
   (3) 第3章：監査公準 ……………………………………………………… 38
   (4) 第4章：監査理論中に見出せる概念 ………………………………… 40

	（5）第5章：監査証拠 …………………………………………	*41*
	（6）第6章：正当な注意義務 …………………………………	*45*
	（7）第7章：適正表示 …………………………………………	*46*
	（8）第8章：独立性 ……………………………………………	*47*
	（9）第9章：倫理的行為 ………………………………………	*48*
	（10）第10章：監査展望論 ……………………………………	*50*
	（11）第11章：マウツ＝シャラフ『監査哲理』の総括 ……	*51*

3．マウツ＝シャラフ監査公準の死角
　　　－被監査経営者との利害関係性 …………………………………… *51*

第3章

米国の現代監査史

1．1970年　ペン・セントラル鉄道会社事件－嵐の始まり ………… *58*
2．1973年　エクイティ・ファンディング社事件
　　　－懐疑心の欠落 ……………………………………………… *60*
3．1975年　事件調査報告書
　　　－責任回避の顛末とSECの態勢 ………………………… *65*
4．1976年　モス小委員会報告書－SECへの批判 ………………… *65*
5．1977年　メトカーフ小委員会報告書
　　　－会計プロフェッション界への挑戦状 ………………… *67*
6．1978年　コーエン委員会報告書
　　　－期待ギャップの克服を目指して ……………………… *69*
7．1978年　オリファント委員会報告書
　　　－監査基準設定主体の擁護 ……………………………… *72*
8．1986年　アンダーソン委員会報告書
　　　－職業倫理規範の再構築 ………………………………… *73*
9．1987年　トレッドウェイ委員会報告書
　　　－不正な財務報告に関する全米委員会 ………………… *76*
10．1993年　公共監視審査会特別報告書
　　　－公共の利益のために ……………………………………… *79*

- 11. 1994年　カーク・パネル
  　　　－プロフェッショナリズムの高揚 …………………………………… *81*
- 12. 1995年　民事証券訴訟改革法
  　　　－プロフェッションの保護主義 ……………………………………… *82*
- 13. 2000年　オマリー・パネル報告書
  　　　－懐疑原理主義の起点 ………………………………………………… *84*

第4章
期待ギャップと会計不正

1. 期待ギャップの構造 ……………………………………………………… *96*
2. 期待ギャップ監査基準書について ……………………………………… *99*
3. 不正リスクのトライアングル …………………………………………… *101*

第5章
米国会計プロフェッション自主規制の終焉

1. 第25代SEC委員長アーサー・レビットの問題意識 ………………… *106*
   - （1）アーサー・レビット－その人物像 ………………………………… *106*
   - （2）公共監視審査会への不信 …………………………………………… *108*
   - （3）投資家軽視の姿勢とナンバーズ・ゲーム ………………………… *108*
   - （4）収益構造の変化と独立性への危惧 ………………………………… *110*
   - （5）1990年代の公開企業経営者のマインド ………………………… *111*
   - （6）証券市場監督者のアクション ……………………………………… *112*
2. 会計プロフェッションの独立性 ………………………………………… *114*
3. 政治的マインドの跋扈とその帰結 ……………………………………… *118*

第6章

不正に関する監査規範

1. 不正に対抗する監査規範の展開－その起点 …………………… *126*
2. 1960年 SAP第30号－経営者が誠実という前提 …………… *131*
3. 1977年 SAS第16号－経営者が誠実という前提の維持 …… *135*
4. 1988年 SAS第53号－監査人の中立性 ……………………… *136*
5. 1997年 SAS第82号－中立性から原則的懐疑への道筋 …… *139*
6. 2002年 SAS第99号－原則的懐疑の表象 …………………… *141*
7. 国際的な監査規範 …………………………………………… *144*
8. 日本の監査規範 ……………………………………………… *146*
   (1) 日本における懐疑心要請の定着 ……………………… *146*
   (2) 懐疑心要請の含意の国際間比較 ……………………… *151*

第7章

職業専門家の懐疑心の属性

1. 懐疑心の深淵 ………………………………………………… *158*
   (1) ゲシュタルト視点と深層心理アプローチ …………… *158*
   (2) 懐疑心の深度 …………………………………………… *160*
2. 心証の崩壊について ………………………………………… *163*
   (1) アンカリングと$\alpha \cdot \beta$リスク ……………………………… *163*
   (2) 懐疑のコスト・ダイナミクス ………………………… *168*
3. 新世紀米国における監査人懐疑心研究の進捗状況 ……… *170*
   (1) PCAOBの期待と懐疑心研究の現状 ………………… *170*
   (2) 先行研究に示された懐疑心概念モデル ……………… *171*
     ①ショブ＝ローレンスの概念構想 ……………………… *171*
     ②ネルソンの無限ループ・モデル ……………………… *172*
     ③ハートらの研究の枠組み，質問票と概念モデル …… *173*

④懐疑判断の前提と先行研究例 …………………………………… *177*
　　⑤懐疑行動の前提と先行研究例 …………………………………… *179*
　（3）職業専門家の懐疑心研究の方向性 ………………………………… *180*
　（4）懐疑心研究の方向性に対する批判軸―独立性論点との断絶 ……… *182*

第8章
まとめと展望

1．現代監査の哲学的基盤 ………………………………………………… *190*
2．実用主義と懐疑との相克 ……………………………………………… *192*
3．米国現代監査史の半世紀を省みて …………………………………… *192*
4．プロフェッションの内なる相克と今後の展望
　　―『21世紀の公開会社監査』 ……………………………………… *195*

資料

1．1990年代米国におけるビッグ5監査法人報酬要素内容の変遷 … *204*
2．1990年代米国における大卒初任給の業界別変遷 ……………… *204*
3．米国証券取引委員会　歴代委員長名 ………………………………… *205*

補遺（転載）「被監査経営者の不誠実性」
　　―SEC委員長宛エンロン社元会長からの書簡 ………………………… *207*

参考文献　　*209*
事項索引　　*229*
人名索引　　*232*

本書を読む前に

　初めに以下，筆者の執筆態度に関わる事柄を書き記す。

　本書は原典の抄訳を多く含んでいる。筆者は翻訳に際して時々に逡巡しつつ日本語をあてた。手許に翻訳書を得たものについては定訳を重んじたがしかし徹底はしていない。定番の翻訳書が存するのにそれをさし置いて抄訳を付している箇所が多い。さらに抄訳上は原著者の思いを際立たせるため，言わば筆者のレンズ・パースペクティブを通して読み解いた箇所が多い。原著者の思考に接近する上では，言語の置き換えによるような翻訳が必ずしも良い結果をもたらすとは考えていないからである。

　すなわち表象を試みる上では対象を単語に置き換えることが難しい場合がある。一例を挙げればauditor's beliefという語はどうか。監査人の信念か心証か。日本語の語感として信念は心証よりも主観性が強いことであろう。しかし結局のところ語用は文脈と含意に依存し決定されるべきである。

　他に例えばauditor's determinationはどうか。監査人の決意か決心か，それとも決定か。斯界において用法が統一されてはいない。訳語を無理やり当てはめ，意味の定式化を試みて翻訳を完遂させようとする企てには無理がある。しかるに本書ではあえて表現の揺らぎを放置しているところがある。

　本書執筆に際しては引用文のトーンと執筆者文脈の性質が異なり，それらを無理に接いでは違和感や誤解を与えると懸念される箇所が多かった。筆者は蛮勇にも引用文につき必要に応じて流れを修正し，中略のみならず，所々傍点を並べ，さらに句読点の調整などを行った。本書にては読みやすさを念頭に置いて，重要な箇所に注意を引きつけ，全体的な統合感を得るためにあえてそのようにした。原著者に対する無礼の積み重ねは，ひとえに筆者の浅学と不思慮の故である。

本書における用語法

筆者は以下の概念構想と用語法を基本的前提にしている。

【懐疑主義】・【懐疑心】・【職業専門家の懐疑心】

　本書では哲学的懐疑主義と監査研究における懐疑心の問題とを区別し，しかしそれら両方に焦点をあてている。本書にあってスケプティシズムを懐疑主義と訳出している箇所は哲学を意識している箇所である。他方で単に懐疑心と記している部分の多くは監査研究を意識している箇所である。さらに職業専門家の懐疑心などと表している部分は実務までを念頭に置いて執筆した箇所である。

　職業専門家の懐疑心に関し含意は状況に依存して変化する。端的に，懐疑心とは何がしかの目的を前に選択され得る一つの心的態度およびその表象形態である。

【監査基準】・【監査基準書】・【監査規範】

　本書ではいわゆる一般に認められた監査基準（GAAS）を監査基準と呼び，他方で詳細な指針たる米国SASや国際ISA，さらには日本監査基準委員会報告書等の各号を監査基準書と称している。ところで米国SAS第95号の150.01に記されている通り，監査基準の意義はそれが業務の質の尺度になり，監査が達成すべき目標を示すことにある。

　本邦にあって古くは1956年12月の企業会計審議会報告に記されていたように，そもそも「監査基準は実務の中に慣習として発達したものの中から一般に公正妥当と認められたところを帰納要約した原則であって，職業的監査人は財務諸表の監査を行うに当たり，法令によって強制されなくとも常にこれを遵守しなければならない」。それらは法的強制力を持たないがしかし遵守されることが強く促される。

　筆者は，詳細を意識せず，総じて理念の解釈をしている箇所では監査基準の代わりに監査規範という語を用いた。しかるに本書にて監査規範と記した箇所

では，基準書さらにはそこから演繹される思想までを止揚した次元を展望している。

しからばそもそも規範たるものの価値は何か。識者曰く「一見して奇異なこの命題を理解するにはおよそ規範の無い状態を想像してみるのが早道である。成分規範にせよ不文規範にせよ，規範というものが存在しなければ我々は他人の行動を予測できない」，「言いかえれば規範は意思疎通の手段であって，言語機能の一つであるコミュニケーションの役割を演ずる」（全, 2015, 15; 引用による青柳, 1966, 30）。要するに，規範の存在があるからこそ関係者間の意思疎通が可能になるのである。

【概念】

概念について『哲学事典』（下中, 1971; 216）は以下，説明を与える。「概念（concept）が言語で表現されたものを名辞（term）という。概念化作用の特徴は個別性によってではなく一般概念を形成するところに見出される」と。

シャンドルの『監査の理論』第3章は次を言う。「出来事の記憶は概念化される。概念化された記憶は時と場所の関係性から離れて発端の記憶について原型を留めない。しかし一般化された概念は簡単に消え去ることが無い。概念は感覚内に長く留まることが可能となる」と（Schandl, 1978, 42, 抄訳）。

筆者は監査学上の概念を，マウツ＝シャラフの第4章「監査理論中に見出せる概念」すなわち「概念は不完全な説明として現れその後一般化されたものとして現れる段階的な形成過程を採る」，を基に構想している（Mautz and Sharaf, 1961）。つまり概念とは抽象的な認識の獲得に至る観察と経験を介した思考の一般化の結末である。

【公共】・【パブリック】

『哲学・思想事典』（廣末ほか, 1998, 949）によれば「パブリック（public）の意見とは世論であり，その利益とは公衆の利益」である。ところでハネイはパブリックに関わり，「観念は政治の下で醸成されており時々に暗喩されるパブリックは一部の意見の代弁でしかない」の旨を言い，各方面にてパブリックた

る語がオールマイティーな免罪符の如く濫用されている状況に警告を与えている（Hanney, 2005, Preface, 抄訳）。

　監査文献にあって公共という語を交えた文脈には客観性，独立性，および専門家の判断に関わる視点が包摂されている事例が多い。しかしハネイの懸念から察することができるよう，実は公共の利益の捉え方も様々である。

　ところでパブリックに対する訳語のうち特に公衆や大衆という言葉については劣後性が暗喩されている場合がある。しかるに本書にては余計な含意が排除されるようにそれらの訳は用いなかった。筆者は，代わりにパブリックという言葉をカタカナで多用した。

【公準】・【前提】

　公準とは概念に前置される前提条件である。かつて新井（1978, 55）は，公準（postulate）たる語に対し広辞苑が付していたその根幹的意味たる（1）要請，（2）公理，を筆頭に，さらに金田一京助が言う「絶対に確実ではないが，ある理論体系を演繹展開する基礎として承認を必要とする根本命題」ほか，内外文献からその意味を引証していた。新井（1978, 59-60）はMautz and Sharaf（1961, 37）が言及していた公準の以下の要件を認識していた。

〔1〕学問形成にとって不可欠であること
〔2〕直接的な検証を受けない仮定であること
〔3〕推論の基礎となること
〔4〕理論構造を打ち立てるための基礎となること
〔5〕再吟味を受ける可能性があること

　シャンドル曰く「公準は所与として要求されかつ主張される前置概念である。それらは基盤的な概念あるいは仮定と思しきものでありたとえ証拠が提示されなくても受け容れるよう求められる」（Schandl, 1978, xiv, 抄訳）。さらに，『モントゴメリーの監査論』（O'Ralley et al., 1992; 訳書, 1993, 196-197）は，「公準はどのような学問の発展にも欠くことのできない，直接証明できない基礎前提である」と説明する。公準はその証拠を持たないがために直接的には証明されな

い。しかし演繹された命題は証明が可能である。すなわち演繹命題の証明を試みれば元の公準の妥当性を確認することが可能になる。

　公準を単なる前提（assumption）と考えることもできる。ペイトンの『会計理論』（Paton, 1922, 472）は公準と前提とを事実上，同じ意味で用いていた。

【証拠】

　監査界の慣例と異なり，哲学界にあって証拠（英evidence, 独evidenz, 仏évidence）は明証ないしは直証をもたらす観念を意味する。哲学プロパーは「科学は証拠をいずれの理論が蓋然的に正しいか判定する目的のために用いる。しかしそれでもなお科学が過ちを犯す余地が残される。そして新証拠の入手により世界観が書き換えられる」（Sober, 2008, 1, 抄訳）と言う。監査の質を高めようとする限り新証拠の入手の都度，信念は改訂されなければならない。その目的のためにも無限背信性に拠る懐疑は正当性補強のツールになる。

【信念】・【心証】

　監査文献にあって信念（belief）は心証と記されるケースが多い。『哲学事典』（下中, 1971, 752-753）は信念が意味するところについて「自然や社会の対象や事変に関して個人が持っている持続的な認知の仕方である。社会心理学では対象の事実的側面に関するものを特に信念といい，それに対して賛否や好悪のような感情的反応を含むものを態度と名づけて両者を区別する」と言う。また『心理学辞典』（中島ほか, 1999, 453）は，「信念の獲得過程において仮定される文化や社会との相互作用の影響を強調し，信念と知識とは区別される」とする。

　デビッド・ヒュームはその著の第1節で信念の堅固さを疑った。ヒュームは「信念は人間本性の認識的部分の働きというよりも感情的部分の働きである。一切の自省的判断に適用される時，根源の確証を連続的に減殺し，遂にはこの確証を無に帰着させ，あらゆる信念と所信とを全く覆させなければならない。信念は誤りなく自己を滅して，いかなる場合にも判断の全き停止に終わらなければならない」（Hume, 1739-40; 訳書, 1949, 10-11）と述べ，信念の価値について根本的な疑問を呈した。

【知識】

　哲学にあって知識は信念より一層強くそれは絶対に堅固な真実（羅veritās）の上になければならない。それ故，認識を知識（英knowledge, 独wissen, 仏savoir）に到達させることは困難である。バンジョー＝ソウザ曰く「知識という概念は哲学的にも常識的にも重要なものだがそれは複数の点で深刻な問題を抱えている。逆説的に聞こえるかもしれないが認識論の冷静な議論においては知識の話を極力避けておくことが望ましい」（BonJour and Sosa, 2003; 訳書, 2006, 21）。

　『哲学事典』（下中, 1971, 925）によれば知識は，「信念あるいは臆見とは区別される。知識成立の根拠を問うことは認識論の仕事であるが，一般に知識が知識として成立するためには前提として確実な真理がありそこから妥当な手続を経てそれに到達できることが必要である。そのような前提の存在を否定することから懐疑論が出てくる」とされる。すなわち知識は懐疑の洗礼を浴びてそれに耐えられなければ知識たり得ない。アナス＝バーンズは「知識の門の傍らで懐疑主義者は見張りに立つ」（Annas and Barnes, 1985; 訳書, 2015, 23）と言う。その通りに懐疑は知識の硬度を確かめる試金石になる。懐疑心が働けば働くほど得られる知識は硬度を増す。その有用性こそが監査規範が懐疑心を要請する最大の論拠である。

　ところで監査界にあっては知識たる語が甚だ安易に用いられている。その事実はSAS第80号の.21の記述，「監査人が直接得た知識は間接的に得られた知識よりも説得的である」の文脈からして明らかである。哲学的には伝聞により間接的に得られる知識が，真の知識として認識される可能性はゼロである。

　監査学や監査基準書で言及されている知識一般は哲学界にて議論されている知識水準からすれば異質である。しかるに監査界が想定しているレベルの知識はその堅固性，ロバストネスに関して哲学界からの批判を免れられない。

　しかしながら今日一部の監査研究書にあって表されている知識は，相当程度まで哲学の厳しさを意識し始めているようである。

【会計プロフェッション】・【会計専門職】・【職業専門家】

　メガファームに率いられている公認会計士の職能世界はおよそプロフェッシ

ョン界と総称されている。本書ではプロフェッション（profession）たる語についてそれを会計専門職，あるいは職業専門家という語と互換的に用いている。ところでプロフェッションがプロフェッションたる所以については，1986年AICPAアンダーソン委員会が示した以下の諸条件が参考にされる。

〔1〕専門的知識の介在
〔2〕教育課程の存在
〔3〕専門職団体の入会基準の存在
〔4〕職業倫理規定の存在
〔5〕免許もしくは称号によるその地位の認定
〔6〕実施される業務とパブリックの利益との関係性
〔7〕会員による社会的責任の自覚

【理論】・【監査理論】

『モントゴメリーの監査論』(O'Ralley et al., 1992; 訳書, 1993, 195) は理論 (theory) の意味するところを，ウェブスター新世界辞典を基に「ある程度検証されている観察現象の明らかな関係，またはその基礎にある原理の集大成」と記している。

特に監査理論の意味については，マウツ＝シャラフの見解を支持しつつ「理論は実務がどうあるべきかについての指針を提供する。監査理論の目的は目標を達成するために必要な監査手続，およびその範囲を決定するための合理的，論理的かつ概念的な枠組みを提供する」を言う。しかるに監査理論は手続決定のプロセスを支援し得る。

【異常項目】・【不正】

今日，監査人の努力目標が経営者不正の阻止と発見にあることはいうまでもない。米国の「監査の有効性に関する専門委員会—報告と勧告」（通称，オマリー・パネル報告書）はSAS第53号まで使用されていた異常項目 (irregularitiy) という語と，その後1990年代に入り用いられ始めた不正 (fraud) という語の違いに関し，「その財務諸表がそれらを正当なものと信頼している他人に示され，

損害を与える場合にのみ異常項目が不正に発展する。しかし俗な言葉ではその用語は交互に同じように用いられている」と言う（POB, 2000; 3.2, 脚注1; 訳書, 2001, 111）。

　本書では異常項目と不正とを区別して論じた。各種の不正事件調査報告書にあっては従前から不正を働く者の詐意が推量された場合に限り不正という語が用いられてきた。しかし米国監査基準書にあっては1997年SAS第82号の公刊に至って，ようやく異常項目に代わり不正という語が用いられ始めた。プロフェッション界は実のところ不正という語を監査基準書に記すことを躊躇っていた。

　不正の定義は様々に可能であろう。一典型として本邦『監査基準委員会報告書第240号』「財務諸表監査における不正」はそれを「不当または違法な利益を得るために他者を欺く行為を伴う，経営者，取締役等，監査役等，従業員または第三者による意図的な行為」と定めている。

【略語一覧】 （米国組織名を中心とする）

略 称	正 式 名	邦 訳
AAA	American Accounting Association	米国会計学会
AAER	Accounting and Auditing Enforcement Releases	会計監査執行通牒
ACFE	Association of Certified Fraud Examiners	公認不正検査士協会
AIA	American Institute of Accountants	米国会計士協会
AICPA	American Institute of Certified Public Accountants	米国公認会計士協会
AIMR	Association for Investment Management and Research	投資管理・研究調査協会
APB	Accounting Principles Board	会計原則審議会
APB	Auditing Practices Board	（英）監査実務審議会
ASB	Auditing Standards Board	監査基準審議会
ASB	Accounting Standards Board	（英）会計基準審議会
ASOBAT	A Statement of Basic Accounting Theory	「基礎的会計理論ステートメント」
ASOBAC	A Statement of Basic Auditing Concepts	「基礎的監査概念ステートメント」
ASR	Accounting Series Release	会計連続通牒
AudSEC	Auditing Standards Executive Committee	監査基準常務委員会
CACS	Committee on Accounting Concepts and Standards	会計概念基準委員会
CAP	Committee on Accounting Procedure	会計手続委員会
CAP	Committee on Auditing Procedure	監査手続委員会
CASB	Cost Accounting Standards Board	原価計算基準審議会
CICA	Canadian Institute of Chartered Accountants	（カナダ）勅許会計士協会
CPA	Certified Public Accountants	公認会計士
FAF	Financial Accounting Foundation	財務会計財団
FASB	Financial Accounting Standards Board	財務会計基準審議会
FASC	Financial Accounting Standards Committee	財務会計基準委員会
FCPA	Foreign Corrupt Practices Act	海外不正支払防止法
FDIC	Federal Deposit Insurance Corporation	連邦預金保険公社
FEI	Financial Executive Institute	財務担当役員協会
FRC	Financial Reporting Council	（英）財務報告評議会
FTC	Federal Trade Commission	公正取引委員会
GAAP	Generally Accepted Accounting Principles	一般に認められた会計原則

GAAS	Generally Accepted Auditing Standards	一般に認められた監査基準
GAO	General Accounting Office	会計検査院
IAASB	International Auditing and Assurance Standards Board	国際監査・保証基準審議会
IAS	International Accounting Standards	国際会計基準
IASB	International Accounting Standards Board	国際会計基準審議会
IASC	International Accounting Standards Committee	国際会計基準委員会
IAPC	International Auditing Practice Committee	国際監査実務委員会
ICC	International Chamber of Commerce	国際商工会議所
ICC	Interstate Commerce Commission	州際商業委員会
IFAC	International Federation of Accountants	国際会計士連盟
IFRS	International Financial Reporting Standards	国際財務報告基準
IMA	Institute of Management Accountants	管理会計士協会
IOSCO	International Organization of Securities Commission	証券監督者国際機構
ISA	International Standards of Auditing	国際監査基準
ISB	Independence Standards Board	独立性基準審議会
LLP	Limited Liability Partnership	リミテッド・ライアビリティー・パートナーシップ
MAS	Management Advisory Service	経営指導業務あるいはコンサルティング業務
NYSE	New York Stock Exchange	ニューヨーク証券取引所
PCAOB	Public Company Accounting Oversight Board	公開会社会計監視委員会
POB	Public Oversight Board	公共監視審査会
SAP	Statement of Auditing Procedure	監査手続書
SAS	Statement on Auditing Standards	監査基準書
SATTA	Statement on Accounting Theory and Theory Acceptance	「会計理論及び理論承認ステートメント」
SEC	Securities and Exchange Commission	米国証券取引委員会
SECPS	SEC Practice Section	証券取引委員会監査業務部会
SFAC	Statement of Financial Accounting Concepts	「財務会計概念ステートメント」
SFAS	Statement of Financial Accounting Standards	「財務会計基準ステートメント」

xvii

監査と哲学
－会計プロフェッションの懐疑心－

第1章
哲学的懐疑主義の様相
－アンソロジーに代えて

「懐疑論こそは哲学の華,それも清華である。と同時にあだ華でもある」
(Stroud, 1984; 訳書, 2006)

1. 古代ギリシャの懐疑主義

（1）ソクラテス－探究の精神

> 「もし自分が知らないと確認できたことが何かあったとすれば，それを倦むことなく探究するだろう。私は問い，かつ調べて探究するだろう」
>
> （『ソクラテスの弁明』29E）

　哲学（philosophy）たる語は愛（philos）と知（sophia）からなる古代ギリシャ語に由来している。同じく懐疑（英scepticism, 米skepticism, 独skeptizismus, 仏scepticisme）たる語は「探究者」（希skeptikoi）というギリシャ語の名辞あるいは「探究せよ」，「考察せよ」（希skepteon）という動詞に源を有している。懐疑的瞑想の第一歩は約2500年前のギリシャで記された。以下，関わるアンソロジー（anthology）へ入っていきたい。

　観念弁証法の第一歩を記したソクラテス［Sōcraetēs 470-399 B.C.］は自らが営む「思考の道場」において「私が知っていることは私自身が何も知らないということだけだ。探究せよ」と語ったとされる。ソクラテスは自らの思考の起点に，民に反省を求めるデルフォイの「汝自身を知れ」（希gnōthi sauton）の託言を据えた。

　後にプラトンが著したソクラテスの「対話編」（希dialogoi）には以下の会話を介して知的探究上のパラドクスが綴られている。

【「対話編」（メノン80 d-e）】－探究の精神

　（テッタリアの青年貴族）メノン；しかしまたどうやってソクラテス，それが何であるかをあなたがまったく知らないところのものを探究（希skepteon）しようと言うのですか。

　ソクラテス；僕には君がどういうことを言いたいのかがわかったよ，メノン。君には自分の持ち出したその説がいかに争論的であるかということがわかっているかね。つまり，人間には知っていることも知らないことも探究することはできないのだ，と。なぜなら知っていることを探究することはないであろう。というのも彼はそれを知っているのでありそのような者には探究の必要がない

> からだ。また知らないことを探究することもないであろう。というのも，彼は自分が何を探究しようとしているかということも知らないからだ。
>
> （山本ほか『哲学原典資料集』1993, 26）

　逸話によれば，「ソクラテスの支持者の一人がソクラテス以上の賢者がいるかとアポロンの神に伺いを立てたところ神は答えた。ソクラテス以上の賢者は誰一人なし。これを伝え聞いたソクラテスは皮肉にも自分より賢い人間を見つけ，神託への反証を試みようとした」（鈴木, 1968, 182）。その思考態様こそが，今日では監査論研究者の関心を惹きつける反証主義（falsificationism）の起源である。

　ソクラテスは当時のアテナイ社会の人々とはおよそ異なる考え方をしていた。彼は反証主義思考を貫いたために周囲の怒りを買い，不気味な容貌をした恐るべき賢者として指弾され，アニュトス［Anytos 前5-4世紀］ら政治家により裁判にかけられ刑死した。ソクラテス自身，告発の不当性を承知しながら，しかし彼は自らの信条を貫いて毒杯を仰いだ。

　ソクラテスは産婆術（希maieutikē）と称される問答法を用いた。相手に無知を自覚させようとする目論見の下，ソクラテス自身，無知のそぶりをしその後相手の矛盾を突く皮肉を言い，思考を導いて知への愛（希philosophein）を育もうとした。要するに彼はいつでも，知っているという自認がどんなに根拠のないものであるかを示そうとしていたのである。

(2) プラトンとアリストテレス－真理の追求

　ソクラテスの遺志を継いだ賢者はアテナイ貴族出身のプラトン［希Platōn 427-347 B.C.］だった。プラトンは衆愚政治の下で師ソクラテスが犠牲になった経験から政治に絶望し，道徳的秩序を建設するための精神の鍛錬と浄化，すなわち真善美の本質の探究者（platonic）たることを目指した。プラトンは自著を介して師ソクラテスの実存をヴィヴィッドに表した。そして真理を追求するために必要とされる知の基盤と秩序とを敷衍し，ひいては実在を表すイデア（希ideā）説を唱える。

プラトンの貢献は，彼が認識論と形而上学の視界を切り開いたことにある。そして「プラトン以来はずっと，知っているというのは思っていることや信念が単に真理に的中しているというだけでなく，それが十分な正しさ・正当化を伴っていること」(BonJour and Sosa, 2003; 訳書, 2006, 序v, 修正) の旨, 量られるようになる。

　畢竟，現代の監査学がその根源に抱える信念正当化の問題でさえ，実のところはプラトン的精神に源を有している。20世紀ホワイトヘッド［Whitehead, A.N. 1861-1947］曰くは「西欧哲学の伝統を最も無難に全体的に特徴づけるとすれば，その伝統はプラトンに付された脚注の連なりから成っている」(内山, 2014, 5) の旨である。

　プラトンの承継者でありソクラテスの孫弟子たるアリストテレス［Aristotelēs 384-322 B.C.］[1]は，マケドニア王朝の宮廷医の息子として生まれ，17歳でアテナイに出てプラトンのアカデメイアに入学した。彼はプラトンの死に至るまでそこに留まり師の哲学を我がものにした。アリストテレスはソクラテスとプラトンの業績を客観的に検討した上で著作『形而上学』を残した。彼は師プラトンのイデア説に対抗するかのように，自然界の事物の運動性にまで注目する形相説（希eidos）を提唱した。そして，「実体が何であるかを最も主なることとしてひたすらこれのみを探究しなければならない」（『形而上学』第7巻第1章）。「事物の本質はそのものがそれ自体で言い表されるもののことである」（同; 第7巻第4章）の旨を説く。20世紀分析哲学の一形態たる「様相論理学」（英modal logic, 独modale logik, 仏logique modale）の萌芽は，曖昧さを許さぬ言葉遣いによりアリストテレスの著作に見出されよう。

(3) ピュロニストとセクストス―懐疑主義の確立と継承

　プラトンが創始したアカデメイアは，ヘレニズム期の学頭アルケシラオス［希Arkesilāos 315-241/40 B.C.］以来は長らく懐疑主義の牙城になった。しかし懐疑主義を確実な形で後世に承継させたのはギリシャ・エリスのピュロン［Pyrrhōn 360-270 B.C.］である。紀元後2世紀半ばのセクストス・エンペイリコス［Sextus ho Empeirikos]²の著作から察するに，ピュロン自身は懐疑の果てに判断保留の態度（希epokē）をとるよう人々を説諭した。

　ピュロニストらはピュロンの教えに従い，真の知識は容易には得られないと考えた。そして平静不動なる心の状態（希ataraxiā）に至るために判断を保留する。すなわちピュロン学派により，「懐疑主義とはいかなる仕方においてであれ，現れるものと思惟されるものとを対置し得る能力」（金山・金山, 1998, 9）と説明され，そして「我々は対立し矛盾する諸々の物事と，諸々の言論の力の拮抗の故に判断の保留と平静に至る」と考えられた。古代ギリシャの懐疑主義の下，判断の保留が懐疑の苦渋から救われる方策として選ばれた。

　ピュロン自身は著作を残さなかったので，ピュロン主義³は後のセクストスの著作を基に解明された。その影響の大きさにもかかわらず，セクストス自身については古代懐疑主義の最後に位置し著作が現存する唯一の哲学者であること以外は何も知られていない。しかし時を経て，中世末期1562年になって1冊の書物がヨーロッパで出版されて，哲学史上類を見ない反響を呼ぶことになった。それがセクストス・エンペイリコス著のラテン語訳⁴であった。すなわちピュロンの思想はその弟子ティモンが著したピュロンの言行記録を介し，セクストスの著『ピュロン主義哲学の概要』さらには『学者たちへの論駁』へ託された。以後，モンテーニュ，デカルト，ヒューム，カントなど近代哲学の論者や思想家が，「汝は何事を知りうるか」という問いを突きつけられ各自が答えを模索する中で近代哲学が形成されていく。哲学史に及ぼした影響の大きさにおいてセクストスはプラトンやアリストテレスと比肩し得る哲学者だった。

　あらゆる判断に誤謬の可能性を見出すピュロニズムは，その後はヒュームに強い影響を与える⁵。そして程度の差こそあれ懐疑に立脚する哲学は今に至るまで途方もない程に堆積してきた⁶。現状，「哲学の旗の下には死屍累々たる死骸が埋まっている」（山本ほか, 1993, はしがき）。それが懐疑主義をめぐる哲学史の実相である。

2．中世の終焉と懐疑主義の復興－デカルトとロック

　時代を見るスコープを一気に動かしてみてはどうか。千年以上の長きに亘った中世[7]において宗教は人心を縛る教義だった。学問は教会に埋もれ，それは「神学の召使い」でしかなかった。しかし新たに生まれつつあったブルジョワジー（仏bourgeoisie）階級は個人の関心や欲求を踏み台に人間中心の文化を復興させようとする。

　中世社会では教会に反抗する態度を生みかねない懐疑主義が根を下ろす余地はなかった。しかし，5世紀ローマ帝国の崩壊から15世紀北アメリカの発見までの暗黒の中世もやがては終焉する。その後16世紀に至っては先述セクストスのラテン語版の書物が刊行され，爾来，哲学は懐疑主義をその最大のテーマに見出す。

　小柳曰く，近代の黎明期にあたる16世紀は「時まさに懐疑論との対決の歴史であることを見る。ポプキンによれば近代の懐疑主義を生み出した16世紀の歴史的要因が5点挙げられる。それらは（1）地理上の発見，（2）人文主義者エラスムス[8]らヒューマニストの社会的反抗，（3）魔術思想の影響，（4）コペルニクス的転回，（5）宗教上の危機，である。中世の神学的世界にはもはや安住し得ない。さりとて未来世界が見えないという16世紀において人々は懐疑的にならざるを得ない」（小柳, 1999, 83）。そしてとうとう人々の思考上の裏切りが始まるのである。

　キリスト教のドグマ（dogma）が人心を支配していた時代にあっても，デカルト［René Decartes 1596－1650］の「我思う 故に我在り」（仏je pense, donc je suis. 羅cogito, ergo sum）の新思潮は時代を切り開く突破口になった。デカルトは先入観を排して万事一切を疑ってかかった。デカルトの言い分に拠るなら，「あらゆる反駁の余地から完全に防弾されたような状況でなければいかなる主張も懐疑される」（Popkin and Neto, 2007, 362, 抄訳）。そのようなデカルトの態度は，「彼がスコラ学の学統を受け継がなかったわけではない。むしろそれを我がものとしながら深慮に基づく意識的な対決を図り，物の見方の転換，ある種のゲシュタルト転換を企てた思想家と規定するのが正しい」（廣末ほか, 1998,

1115)と評される。何しろ、アナス＝バーンズによれば「デカルト的懐疑主義者は、自分が買おうとしているものが一杯のコーヒーであることを疑うだろうし、また十の二倍が二十であることを疑ってかかる」程である（Annas and Barnes, 1985; 訳書, 2015, 32）。

デカルトのデーモン（demon）説の下では万事全てが悪の策略の故ありと目された。その実相についてバンジョー＝ソウザは次を言う。「デカルトが前提とするのは現実世界が悪霊（羅genius malignus）の世界かもしれないということである。彼の前提はただ形而上学的にあるいは論理的に、現実世界は悪霊の世界たり得るということだけである。私たちはその前提に同意できる。もっとも、私たちはその懐疑的結論を拒否するのだけれども」（BonJour and Sosa, 2003; 訳書, 2006, 220, 修正）。

デカルト流の懐疑（Cartesian skepticism）は教義にさえ屈しない究極的な懐疑である。しかし、もしある者（私）が周囲一切を懐疑する厳格な立場をとるのであれば、それは甚だ皮肉にも疑わしいことを知り得る（私たる）者自体を疑わない非懐疑を容認する。それでは懐疑主義の論理が破綻する。しかるにその後は哲学プロパー界にあってもカルテジアン懐疑が否定されていく。

しかし16世紀に至ってからはキリスト教会の権威が揺らぎ始める。そして近世を迎える胎動かの如く、自然と超自然、知と信の分裂が促進され、科学が生まれる土壌が作られていく。しかるに近代哲学の特徴は、中世哲学が神中心的、形而上学的なるに対して、近代哲学は人間中心的、認識論的、科学的である。前者が封建的身分秩序を反映するのに対して、後者は近代市民社会を反映する個人主義的、内面的思考法に立脚する。

近代に至り認識論[9]確立のために貢献した思想家は、理性の時代を切り開いたジョン・ロック［J. Locke 1632-1704］である。「ロックの思索は名誉革命期のイングランドと極めて密接に結び合っている」、「人間が人間の眼でいかに世界を知るか、この問題を徹底して自らに課したのがロックにほかならない」、「彼は生得的知識を否定し、それから知識の唯一の源泉とされる経験の成り立ちと限界の吟味へと向かう」（山本ほか, 1993, 125）。すなわちロックは教義を棄て、『人間悟性論』（Locke, 1690）の書にあっては観察こそが知性の源となると言明

した。それが故にロックは経験主義（empiricism）の父と称される。そのようなロックの目標は，知の起源と絶対的確実性の範囲を研究し，あわせて信念（belief），憶見（opinion），同意（assent）それぞれの根拠や程度を研究することに見定められた。ロックは教義の押しつけが人智判断を誤らせると考え，心理的バイアスを凝視しながら心証の経路を究めようとしたのである。

ロックはアリストテレスの『魂について』（*De Anima* または *On the Soul of Life*, 3.4.430a1）に由来する「タブラ・ラーサ」（羅Tabula Rasa, 英The Blank Slate: 空白の石版）思潮を伝播させた。すなわち彼は，人間心理は本来は白紙の状況にあり知識は経験の産物そのものであると考えた。そうした考え方はドグマ主義[10]の排除を目指す『人間悟性論』（Locke, 1690）の第2章「人間心理には生まれつきのものはない」[11]に託され，近代を代表する思潮になった。こうしてアリストテレス源流のタブラ・ラーサはロックに引き継がれる。心理学者ピンカーの言に従えば「タブラ・ラーサ，アカデミズムを乗っ取る」[12]とされる程である。

近代哲学からのトリビュートに関わりロックさらにヒュームに注目すべき理由は容易に見出せる。後に監査学者マウツ＝シャラフは，偉大な哲学者の思考方法と論証に注意を払わなければならないと述べ，彼らの著の第9章「倫理的行為」にてロックとヒュームとに論及した（Mautz and Sharaf, 1961）。監査界への哲学の導入を図ったマウツ＝シャラフが近代ロックとヒュームに言及したことはけだし当然であった。

3．近代の懐疑主義者－スコットランドのヒューム

「本書の読者が安易に知覚しようとする諸般の定説について，本書は非常に懐疑的である」

（Greco ed., 2008, 80, ウィリアムズ , 抄訳; Hume, 1739-1740）

教義に諭されず観察によって知識を獲得しようとする経験主義的な態度は，ロックの後はアイルランドのバークリー［G. Berkeley 1685-1753］を経て近代ス

コットランド最高の知識人と評されるデビッド・ヒューム［D. Hume 1711-1776］に継承される。ロックに始まりバークリーを経てヒュームに終わる一連の思想は，経験論哲学の典型として英米思想の根幹を形成した。それらは古典的なものでありながら，現代に繋がる彼ら自身のものの見方を明確に打ち出した。

ヒュームはその時代に蔓延っていた奇跡信仰や迷信までを批判した。久米（2005, 6）はそうしたヒュームの科学的態度をして「彼はいわゆる狭い意味の哲学者ではなく，人文・社会科学における多くの領域の近代的転回をリードした開拓者であって，人文・社会科学における具体的な業績とその影響力においては他の哲学者の追随を許さない」，「人間の心を感情面まで科学的に解剖する連合主義を立ち上げた」と言う。

時代背景を見る上ではスコットランド会計学の黎明期にも繋がるから，ここで手短にヒュームの生い立ちを記しておこう。

ヒュームはスコットランドのエジンバラ[13]に生を得た。彼はエジンバラ大学で論理学，形而上学，道徳哲学，自然哲学，ギリシャ・ラテン古典教育を学ぶが，その後はヒュームが父親と同様に法律家になるよう望んでいた母親と対立した。ヒュームは自分自身が何をしたいかを知っていた。彼は人間の科学を打ち立てたかったのである。アインシュタインも自らの回顧録の中でヒュームに触れている。相対性理論誕生の直前，アインシュタインはヒュームの『人性論』（『人間本性論』とも訳される）（*A Treatise of Human Nature*, 1739-1740）の書を崇敬の念を以って読んでいた。アインシュタインの推論の核心部分はヒュームによって促進された[14]。

後になってカント［I. Kant 1724-1804］は，ヒュームの存在により自分自身の独善に気づくことができたと語る。近代的なヒュームの懐疑は，理知の驕慢を戒めて越権を制止する。人間の自然な姿を見つめ，知識の持つ限界とその限界内での知識の獲得を明らかにする。そのようなヒュームの姿勢は，単なるピュロニズムの解釈にのみ収まることはなかった。

今日，その名が懐疑のシノニム[15]とさえ称えられる歴史家，啓蒙思想家[16]か

つ実証心理学者たるヒュームは，ア・ポステリオリ推理[17]の可謬性を指摘した。ヒュームが帰納推論の経路に対して懐疑的であった事実は，会計学界にあっては後にMattessich（1964, 233）らがラッセル（B. Russell）の研究を引用しつつ指摘している事実でもある。

小柳はヒュームの時代について次のように言う。「スコットランド啓蒙思想家の中においてヒュームの位置は言わずもがなである。1707年のイングランドとの合併以来の政治的，軍事的不安定を脱してスコットランドは本格的なテイクオフの時代を迎える。それは市民経済の展開であり市民社会の発展であった。前近代・封建社会とは違う新しい社会と人間とを出現させた。」（小柳, 1999, 79）と。

ヒュームが生きた18世紀のスコットランドでは実学が尊重され，時代は蒸気機関の発明家ワット［J. Watt 1736-1819］ら産業革命の担い手を育んでいた。他方で彼の地にては急速に職業教育が広まる。会計士は法律家とみなされて地位が高まった。そしてその後19世紀に至ってはイングランドにても会計士業界が興隆する。

千代田（2014, 1）曰く往時のイングランドでは「急速な経済発展が周期的な景気変動をもたらし企業倒産の度ごとに詐欺が続出した」。「1831年の破産裁判所法で会計士と称する者にも官選破産管財人に任命される道を講じた結果，1836‒37年の恐慌の際には彼らの多くが破産報告書の作成に関与した」。そして1844年に登記法が制定され，さらに1848年には英国会社法により勅許会計士が監査役に就くことと定められる。すなわち「1840年から45年にかけてのいわゆる鉄道狂時代に，多額の固定資産を得るために設立された株式会社の乱立と，その破綻とを防止する目的で公布された鉄道条例にて会計士の雇用が義務づけられる」（桑田, 2015, 12）制度となる。

1853年，エジンバラにて世界で最初に会計士協会が設立された。その翌1854年にはヴィクトリア女王の勅許を得，勅許会計士協会が英国全土に広まった[18]。1855年にはグラスゴーにても勅許会計士協会設立の嘆願が出された。数多くの倒産処理により会計士業界が興隆しその傍らで会計学は実用性に磨きをかける。英国会計プロフェッション界の発展は，その頃シティに生まれた会計事務所名[19]

が現代プロフェッショナル・ファームの名称に引き継がれていることでわかる通りである。

振り返ってヒュームの所説はスコットランドとイングランドにおける近代思想の萌芽であった。そしてその後の懐疑主義は近代的な反証主義[20]の下に結集する。ロックとヒュームに啓蒙され，人は本来生得観念なるものを持つことなく，観念は経験に由来し，かつまた経験こそが唯一の認識源泉であるとする科学思想が育まれる。

ところでヒュームは物体の存在を問うことは無益であると考え，実在性の問題に対峙したデカルトを批判した。合理性の上に築かれる会計・監査学がデカルト流の懐疑[21]を受け入れる余地はない。しかしヒュームの懐疑主義については斯界がそれを尊重すべき相当な理由が見出せる。

懐疑構造の核心－七面鳥の問題

> 我々は一切の理知による推理にあたって最初の判断または信念を拘束し，あるいは制御するものとして新しい判断を造らなければならない。即ち視界を拡大してこれまでに知性が我々を欺いた事例と知性の所説が正しく真であった事例とを比較し，欺いた事例の全体に対する一種の歴史を視界中に包括しなければならない。けだし理知は真理を自然な結果とする一種の原因と考えられなければならないが，その結果すなわち真理たるや他の様々な原因の闖入によって，また我々の心的力能の非恒常性によって頻繁に妨げられるのである。このためあらゆる絶対的知識は蓋然的知識に堕する。
>
> （Hume, 1739-1740, 第 4 部 訳書, 1949, 5）

ヒュームは，観念を比較して得られる信憑に留まる限り，知識は蓋然性[22]を帯びると考える。科学方法論の主流たる帰納法の下では，およそ「観察されている…は」，「だから普通は…」，という推理を経て結論が得られる。しかし帰納法推論を批判したヒュームは，そもそも「普通は…である」とする考え方それ自体に蓋然性が含まれているから，得られた結論についてはそれを保証することができないとした。

反帰納法的なヒュームの懐疑については，その後ラッセル［B. Russell 1872-1970］やポパー［K.R. Popper 1902-1994］がそれらを七面鳥の問題［turkey question］[23]と称し，哲学的議論の俎上に上げるところとなった。

図表1-1　演繹法および帰納法推論過程の特徴の対比

呼　称	演　繹　法 (deduction) ア・プリオリ推論	帰　納　法 (induction) ア・ポステリオリ推論（因果律の態様）		
		枚挙的帰納 (*1) (enumeration)	類推 (*2) (analogy)	仮説・発見的 (*3) (abduction)
特　徴	分析的推論 (analytic, explicative)	拡張的推論 (ampliative)		
仮説たる前提から結論を導く過程	【前提1】「AならばBである」【前提2】「Aである」【結論】「Bである」	【前提1】「A1はPである」【前提2】「A2もPである」【結論=>蓋然性】「たぶん全てのAはPであろう」（因果律）	【前提1】「AはPである」【前提2】「BはAに似ている」【結論=>蓋然性】「たぶんBはPであろう」（因果律）	【前提1】「事象Aは不可解である」【前提2】「仮説Hを措定すると事象Aが上手く説明できる」【結論】「事象Aは不可解でなく仮説Hは真だろう」（因果律）
情報量	増加しない	因果律適用の故，末広がりに増える可能性がある		
確かさ	前提が正なら結論も正	因果律に依拠する類推であり前提が正しくとも結論は保証されない		
真理性	真理への接近	科学性と実用的価値の追求		

(*1) 枚挙的帰納および (*2) 類推：観察したものと類似の現象の存在を推論する。
(*3) 仮説・発見的三段論法：もはや観察不可能となったものや事態を仮定しそこから蓋然的な因果推論を開始する。

　ここで演繹法と帰納法とを共用し，テーゼとアンチテーゼとを止揚して万能価値を持つジンテーゼ（独synthese）の界を構想することも可能である。そうしたアプローチは会計学者チェンバースの主張，すなわち「帰納と演繹の手続は共に知識に役立つと考えることができる。これら二つは研究を進める上で別々の方法ではなく同一方法の部分を成している」，そして「結論の信頼性は論証過程の妥当性と得られた結論とが，経験される環境とどれだけ一貫しているかによって決まる」(Chambers, 1966; 訳書〈上〉, 1984, 48-49, 修正) と表現される会計プロフェッション思考の中に生きている。
　以下，図表1-2にてはヒューム懐疑論の中核にある主題構造を示す。
　ここでヒューム論の構造と因果正当化の様相を重ね合わせれば，近年の監査書『21世紀の公開会社監査』(Bell et al, 2005, 21; 訳書, 2010) の「信念と知識の関係図」に沿い，図表1-3の表現が可能となろう。

図表1-2 ヒュームの問題が取り扱う3局面例

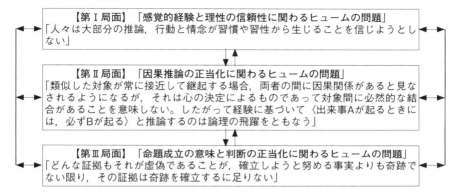

図表1-3 心証形成,知識およびそれらの蓋然性に関するヒューム観の応用

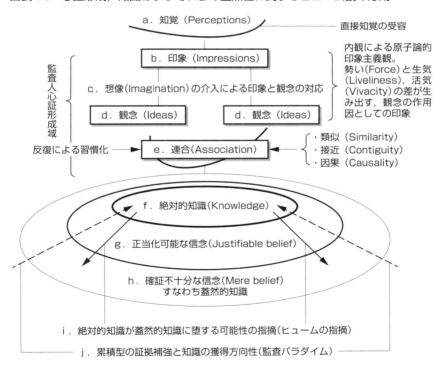

ヒュームは観念の連合が印象をもたらしそれが知覚[24]を形成すると考えた。
　知覚(a)は観察者に印象(b)と観念(d)をもたらす。直接知覚により得られた勢いや活気にあふれた印象(b)は結果として観念(d)を生み出す。観念(d)は，思考や推理における感覚・情緒・情感の淡い映像とも呼ばれるもので印象(b)から観念(d)が生じるが，しかし観念(d)から印象(b)は生じない。そして，心に現われる一切の観念(d)は印象(b)に還元される。観念(d)は印象(b)から生み出されるイメージであり，その観念(d)は記憶と想像の働きによって別の観念との連合をもたらす。但し知覚の恒常的な相伴のプロセスとしての観念(d)の連合には，類似，接近，因果の，三つの連合をもたらす要素が必要になる。それらの要素が満たされたときに一つの観念(d)が他の観念(d)を導き寄せ，複雑観念としての関係・様相・実体に関わる知識が生み出される。ここで絶対的知識(f)とされるものは蓋然的知識（例えばh）や信念（例えばg）とは異なるレベルにあるが，しかしこれまた観念(d)の連合により生まれた信憑性を基にする他はない。連合に反復という条件が加わって連合が習慣になると非常に高い蓋然性を持つ知識ができる。これが絶対的知識(f)の基礎である。絶対的知識(f)と呼ばれるものの典型的な例は代数学だが，しかしそこにおいても信憑は観念の比較から惹起する。信憑の度合いにおいて劣る信念（例えばg）あるいは蓋然的知識（例えばh）はいまだ不確実性に伴われており，それらは偶然性の故あるいはその他の複数の原因によって蓋然性を強める。知識は思われる程には強固な基礎を持たない。知識の堅固さについては懐疑されるべきである。すなわち絶対的知識でさえ蓋然性に堕する可能性を秘めている。
　七面鳥の問題へと発展していくヒュームの懐疑論に対しては，20世紀においてもカルナップのように帰納推論を支持する立場，また逆にポパーが言うように帰納法は正当化できないという両極からチャレンジされてきた。ストラウドは帰納法を擁護するカルナップについて以下を言う。「カルナップは我々が知識を持つことはどのように可能なのかということを説明したり，伝統的な哲学者が誤って懐疑論に導かれていったのはどうしてかを説明するためにある知識理論も同時に提供する。その理論とは，理解可能であるために検証可能であることが何故要求されるのかを説明する」(Stroud, 1984; 訳書, 2006, 327, 修正) と。

カルナップは帰納推論パスに対するヒューム型の懐疑を問題とせず，知見の検証可能性[25]を重視したのである。

そのようなカルナップの見方は，米国財務会計基準審議会「財務会計概念ステートメント（SFAC）No.2」の会計特性の構造中に示された理解可能性と検証可能性に正統な基盤を与える。しかし他方で，倫理性を重んじ思考の質を問い糾す上では知識[26]の硬度を懸念しなければならない。すなわち21世紀に至ってタレブ［N. Taleb］（2007）が扱う七面鳥の問題に対峙すれば，帰納法が誤る余地についてはなおそれを排除することができないのである。

以上，各々のアンソロジーに代えて手短に哲学的懐疑主義の潮流を概観してきた。現状は，哲学プロパーをしてなお，「ヒューム懐疑論の検討が20世紀哲学の一つの源流をなしたことは言うまでもない。またその一方で，それらの哲学的努力にもかかわらずヒュームの懐疑論が克服されぬまま残っておりこの間の哲学の無力こそ哲学のスキャンダルである」（久米, 2005, 1）と言わせしめる状況にある。

4．現代哲学と懐疑主義－現代監査の概念形成に影響を与えた思想家

> 「人間だけが嘘をつけると言われている。しかしもっと正確に言えばそれは，人間が言葉を用いることにより最も効果的に他者を欺けるということである。考えつくことができる全てのアサーションは，誠実な主張としても，あるいは不誠実な嘘としても言い表すことができる」
>
> （Polanyi, 1958, 253.『8.6 事実のアサーション』, 抄訳）

本節では，20世紀の会計・監査分野の研究業績が，実用主義[27]を背景にした現代哲学に影響を受けていたことを論じる。

大久保（1969, 178）は20世紀初頭のおよそ30年間に哲学的懐疑主義が退行した背景について次を言う。「発展と同時に19世紀は思想や学問の分野で壮大な体系化が進行した時代だった。事態の背後にあって思想家たちの営みを支えていたと思えるある漠然とした信条，というよりもある知的傾向というべきものがある」，「理性はいつか全てを説明してしまえるとすれば，合理主義・実証主

義が支配的思潮となることは当然であり，このようにして人間の知力によって自然を無限に支配してゆくことが可能だとすれば，全く懐疑を知らない進歩主義が横行するのも当然だった」と。

このような懐疑否定の態度についてPopper（1972; 訳書, 1974, 114）は，「近代において懐疑主義は知識の可能性に関する悲観的な理論となった」が故と推察している。他方で20世紀，戦争によって科学が飛躍的に発展し，イデオロギー扇動構造が定着していく中で懐疑が帰依した悲観が薄れていく。

本邦の哲学プロパーも批判的態度を忘れた現代哲学の傾向を認め，それが「哲学界に地歩を固めることに成功した。だがそのことによって失われたものも大きいように思われてならない」，「例えば過去の哲学等なかったかのように一から考え直そうという精神がそれである」（飯田, 2010, 681）と指摘する。

20世紀にては哲学界のみならず心理学界でも同じような退行が見られる。Gregory（1998; 訳書, 2001, 4）によれば「行動主義（behaviourism）は1913年にワトソン［Watson 1878-1958］によって創設された。それは意識を否定しようとする立場であり心理学を科学として耐え得るものにしようとする試みであった」，「行動主義は1980年代まで最も影響力ある立場にあった」，しかし「ワトソンが行った意識の否定は心理学を物理学のようにしたものでしかなかった」，「彼の考え方は無用なものと一緒に大事なものまで捨ててしまった感がある」。つまり科学性追求の過程でワトソニズムは倫理性を軽視したのである。

以下のリストにては現代の会計・監査概念に影響を与えた哲学者等の名を例示する。ところで現代哲学が嵩じたそのエポックは，米国にては会計プロフェッション界のレジェンダリーが活躍を始めた時代と重なることに留意されよう。

図表1-4　現代哲学の諸相 －会計監査の概念形成に影響を与えた現代哲学者ら－

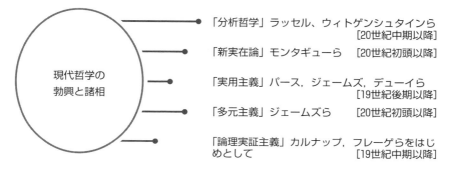

図表1-5　現代分析哲学分野の碩学と監査概念形成過程への潜在的な影響一覧

分野，研究者名， 存命期間，所属機関	その主張，或いは第三者による 評価および引用例	相関性ある著作例と特筆点， さらに会計監査研究文献引用例
分析哲学・科学哲学・論理学（米） （1）Quine, W. V. O. [1908-2000] （ハーバード大学学位取得） ハーバード大学	「論理実証主義の米国への導入に多大な貢献。1950年代から70年代にかけて分析哲学において最も影響力ある哲学者。哲学の古典的発想の再検討と全体論科学観の意義の見直しを促した。哲学を科学と連続的に捉えようとする自然化された認識論の考え方を提示。現代哲学上，回避できない検討課題を提供」（廣末ほか，2006，「クワイン」395） 「実践的側面を重視する反デカルト主義にあって，理論的洗練を経た後の現代哲学において当該ネオ・プラグマティズムの代表者はクワイン」（廣末ほか，2006，「プラグマティズム」1395）	*Two Dogmas of Empiricism* (1951) *From a Logical Point of View* (1953) *Word and Object* (1960) ・現代分析哲学の第一人者 ・哲学を科学的に捕捉 ・現代哲学の検討課題を提示 ・意味論（semantics）批判 [会計監査研究文献引用例] Toba (1980, References) およびBell et al. (2005, 23-25)への影響 但し， もっぱらAAA（1973）後に浸透.
科学方法論・科学史 （2）Kuhn, T. S. [1922-1996] プリンストン大学	「クーンの記述によれば会計理論家には共通のパラダイムが無い。我々は世界について見方を異にし，問題点を解決するため異なったテストまたは基準を認める傾向がある」（AAA, 1977; 訳書, 1980, 92） 「特定のパラダイムの擁護者は，ある提案を擁護するにあたって論理や経験よりむしろ説得に依存せざるを得ない。究極的に合意は得られるかもしれないが，（中略）感情に左右されない知的現象であるというよりはむしろ心理的問題である」（AAA, 1977; 訳書,1980,107）	*The Structure of Scientific Revolutions* (1970) ・実証主義推進の契機 ・形而上学排除の役割 ・科学方法論還元主義 ・ポパーとの対立 ・アナロジー類推によるゲシュタルト接近法の促進 [会計監査研究文献引用例] AAA（1977）

分析哲学・自然神学・知識論（米） （3）Chisholm, R. M. [1916-1999] （ハーバード大学学位取得C.I.Lewisに師事） 1973米国形而上学会会長 ブラウン大学教授（自然神学・哲学）	「我々は監査意見を保証された主張とみなす。保証された主張は単に肯定され得る次元の知識とは異なる。実際，肯定され得る知識というものは入手し難い。チザムは肯定され得る知識の要件を示して，真の心証あるいは肯定され得る知識はそのように信じる心の状態のみならず事実をも伴っていると言う。実際，ラッセルも心証は伴う事実があってはじめて真なるものだと述べてチザムに賛同した」（AAA, 1973, 20, 抄訳） 「チザムは，知識は正当化された真なる信念であると言い，知識の定義を精密化した。彼は直接的な明証が信念の正当化の最終的な源泉であるとした」（廣末ほか, 2006,「チザム」1059）	*Perceiving: A Philosophical Study*（1957） *Theory of Knowledge*（1966, 1989） *The Foundation of Knowing*（1982） ・物理還元主義と外在主義の批判 ・日常的直感の擁護 ・信念の正当化過程を知識に前置 ［会計監査研究文献引用例］ 『基礎的監査概念』 （AAA, 1973; 訳書, 1982） Bell et al.（2005; 訳書, 2010）
分析哲学・物理学・心理学・科学方法論（英） （4）Popper, K. R. [1902-1994] ウィーン大学 ロンドン大学	「帰納論理的見方に反対意見を有し，カルナップらの感覚主義的経験論を批判した。分析哲学の流れにあってカルナップの流れに対立する中心がポパーである」（下中, 1971, 1308-09）	*Fallibilism*（1934） *Conjectures and Refutations*（1966） ・方法論的反証主義者 ・帰納法否定（反カルナップ） ・論理実証主義への批判と検証可能性の否定 ［会計監査研究文献引用例］ 久野（2009） Mattessich（1964）
物理学・哲学・知識論（ハンガリー・英） （5）Polanyi, M. [1891-1976] マンチェスター大学	「個人的知識という言葉自体が矛盾を抱えている。個人的知識は知的なコミットメントであるが，それは内在的に未決の問題を抱えている」（1958; 1962, preface） 「アサーション；人間は生物の中で最も効果的に嘘をつく存在である。人間だけが嘘を話せるからだ」（1962, 253）	*Personal Knowledge*（1958; 1962） *Tacit Dimensions*（1966） ・暗黙知重視の特質性 ［会計監査研究文献引用事例］ 任（2006）
論理実証主義哲学・直観主義数学・意味論（独・米） （6）Carnap, R. [1891-1970] ウィーン大学［ウィーン学団論理実証主義学派］ シカゴ大学 カリフォルニア大学	「命題および命題間関係の論理的分析を行い，命題の意味はその検証方法であるとする意味の検証原理の立場を採り形而上学を無意味とした。ラッセル＝ホワイトヘッドの*Principia Mathematica*（1910-1913）に代表される論理学を哲学に導入。1950年代より確実性の概念分析を行い，演繹理論と同様に命題間関係としての帰納論理を主張しその体系化に注力」（廣末ほか, 2006,「カルナップ」269-270） 「検証が真理の確定的かつ最終的な立証を意味するならば，文は決して検証可能性を意味することしかできない。（中略）検証可能性の要請はウィトゲンシュタインによって初めて述べられた。その意味と帰結は，ウィーン学派の初期の出版物で明示された」（1956; 訳書, 2003, 98-100）	*Introduction to Symbolic Logic and its Applications*（1958） *Meaning and Necessity: A Study in Semantics and Modal Logic*（1956） ・命題間関係の論理的分析 ・意味の検証原理を主張 ［会計監査研究文献引用事例］ SFAC No.2 Verifiability（1986） Mattessich（1964）

第1章　哲学的懐疑主義の様相

哲学・数学的論理学・構文論（オーストリア） （7）Wittgenstein, L. [1889-1951] ベルリン工科大学［ウィーン学派］ マンチェスター大学 ケンブリッジ大学［ケンブリッジ学派］	「哲学は日常語の実際的用法に即して問題の解明にあたり，従来の哲学がしてきたような形而上学的用法へ持ち込まず，従来の哲学体系の空中楼閣を破壊すべきと説く。彼の哲学では言葉の用法を明確に展望し，その使用に際しての混乱を排除して言語の誤用に治療を施すことが目指された。哲学的諸問題の消滅という意図は現代哲学に大きな影響」（廣末ほか，2006，「ウィトゲンシュタイン」117-118）を与えた。 「ウィトゲンシュタインによって提案された基準は，命題の意味は検証の方法であり，それゆえ検証可能性のない言明は無意味として排除されるべきというものであった。したがって論理実証主義者にとっては意味基準を定式化することが最重要課題であった」（廣末ほか，2006，「論理実証主義」1761-1762）	*Logisch-Philosophische Abhandlung*（1921） *Philosohische Untersuchungen*（1945）（Translated: *Philosophical Investigations*, 1953） ・正当化は言語ゲーム内で成立すると主張． ・確実性への取組みにより哲学的諸問題の消滅を意図 ・検証可能性の追求 ［会計監査研究文献引用事例］ Paton and Littleton（1940；訳書，1958，29-34）およびAAA（1966）の「検証可能性」への浸透（訳書，1969，11） SFAC No.2 Verifiability（1986） 鳥羽・秋月（2001，279） Mattessich（1964）
哲学・記号論理学・認識論（米） （8）Lewis, C. I. [1883-1964] ハーバード大学	「意見表明の対象とされるアサーションは経験的に意味のある前提を有し，それは量的にも質的にも十分でなければならない。問題となる事柄の前提において経験的に真実な主張がルイスの主張により強く求められている。それはすなわち質問に至る以前の独立した信頼性の程度であり，直接の経験から引き出される」（AAA, 1973, 24）	*Probable Knowledge and the Validity of Meaning*（1965） ・厳密含意概念の表明 ・実用主義傾向がQuineへ影響 ・様相論理学分野でChisholmを指導 ［会計監査研究文献引用事例］ 『基礎的監査概念』（AAA, 1973；訳書，1982）
物理学（米） （9）Bridgman, P. W. [1882-1963] ハーバード大学 ノーベル物理学賞（1946）	ブリッジマンは「物理学研究の視点から科学的方法論たる操作主義を唱えた。初期の操作主義では手続によって定義し得る概念のみが実在性を持つと認められたが，後の主張ではその厳格さが緩和された」（下中，1971, 1221, 修正）	*The Logic of Modern Physics*（1927） ・操作主義の提唱 ［会計監査研究文献引用事例］ Mautz and Sharaf（1961, 79）
新実在論哲学（米） （10）Montague, W. P. [1873-1953] コロンビア大学	「ラッセルに同調する旨の新実在論を執筆した6名のうちの1人。新実在論が主張する客観主義を貫徹すればしかし主観的な誤謬の解釈が問題になる。モンタギューは真理と誤謬に関する実在論的学説というテーマの答えを得ようとした。しかし解答は容易に得られず新実在論の下にても真実と非真実との区別がつけられないことを知るに及んだ」（下中，1971, 1402-03, 修正）	*The Ways of Things*（1940） *The Ways of Knowing or the Methods of Philosophy*（1925） Perry, Holt, Marvin, Spaulding, Pitkinとの共著である*The New Realism*（1921） ・観念論に対抗し，認識対象が認識から独立しているとする新実在論の主唱者 ［会計監査研究文献引用事例］ Mautz and Sharaf（1961, 107）

論理学・哲学・社会評論（英） (11) Russell, B. [1872-1970] ケンブリッジ大学 [ケンブリッジ学派の枢軸－分析哲学の祖] ノーベル文学賞（1950）	「知識というものは疑わしいものである。きわめて確かな知識がある一方、問題だらけの憶測もある」（AAA, 1973, 25）。 「科学は各分野で独自の哲学を発展させてきた。例えばラッセルは哲学を専門にしない数理物理学者ポワンカレの言葉が実際の経験的感覚に溢れていると評した。監査はまだ十分科学化したステージにいないが哲学的な内省をすべき状況にある」（Mautz and Sharaf, 1961, 7, 抄訳）	*History of Western Philosophy* (1945) *Human Knowledge: Its Scope and limits* (1948) *Truth and Falsehood* (1965) ・分析哲学の祖 ・観念論の棄却 ・記号論理学発展への寄与 ・認識論的応用の実践 [会計監査研究文献引用事例] 　Bell et al.（2005; 訳書, 2010） 　ASOBAC（1973） 　Mattessich（1964） 　Mautz and Sharaf（1961）
重力・測光学・哲学・記号論理実証（米） (12) Peirce, C. S. [1839-1914] ハーバード大学［天文台］ [プラグマティズムの祖]	「パースは科学的実験の方法を概念分析に適用した。仮説の真偽が実験の成果によってテストされるよう、概念の意味はその概念から引き出される結果によって確定されると考えた。それは結果主義の立場に立つ。彼の業績はプラグマティズム、記号論、記号論理学に著しい」（下中, 1971, 1096）	*Peirce and Pragmatism by W.B. Gallie* (1952) ・現代記号学の祖 ・プラグマティズム命名者 ・論理実証主義の先駆者 [会計監査文献引用事例] 　Mautz and Sharaf（1961, 107）
実験心理学・哲学（米） (13) James, W. [1842-1910] ハーバード大学 [プラグマティズムの祖]	「ジェームズは絶対主義、一元論、ドイツ観念論に反対し、相対主義、多元論、反主知主義の立場をとる。プラグマティズムは彼の立場の方法論であり、一切の価値、真理の指標を具体的実行と効果に求める。彼の哲学説は現代米国の新実在論の一つの源をなす」（下中, 1971, 558） 「（パースの友人であったジェームズは）人間の認識作用とは内なる事象を模写するものでなく、直面する問題を解決するためのものであり、認識は我々自身が行為を通じて真理化するものである。それゆえ認識の真理性とは実践上有意義な帰結を得ることが可能なこと、すなわち「有用」であり、「現金化」が可能であることである」（James, 1907, 33）	*The Meaning of Truth* (1909) ・南北戦争後の代表的哲学者 ・真理を有用性に見出した ・倫理、宗教志向性 ・自由主義的多元観（pluralism） [会計監査文献引用事例] 　特に有用性概念がAAA（1966; 訳書, 1969）に影響。さらに多元主義の思想はAAA（1977; 訳書, 1980）に影響を与えた。

　近刊文献から遡れば内外の会計・監査研究者が哲学に接近しようとしていたことを以下のように指摘できる。Nelson（2009）は監査に応用可能な緩和された懐疑について現代哲学者Kurtz（1992）を参照していた。久野（2009）はポパー（Popper）の弁証法に注目し，またChambers（1995）[28]によって試された哲学学説の引用頻度[29]に注目した。Bell et al.（2005）の『21世紀の公開会社監査』

はRussell（1948）やChisholm（1982）を参照[30]しつつ，Quine（1951）が展開していた信念改訂説の影響を受けていた。Toba（1980）は意味論に関わりCarnap（1956）とQuine（1953）を参照し，さらに鳥羽・秋月（2001）は『監査の理論的考え方』巻末にてウィトゲンシュタインへの帰結を図り，その目的にて黒崎（2000）の書を紹介していた。

米国会計学会『会計理論及び理論承認』（AAA, 1977）は，理論の非収斂性につきKuhn（1970）に言及していた。Chambers（1966, 177, 脚注12）は情報伝達側面に関わりCarnap（1960）を引用していた。『基礎的監査概念』（AAA, 1973; 訳書, 1982）はRussell（1948）他多数の哲学文献を引用していた。『基礎的会計理論』（AAA, 1966; 訳書, 1969）は実用主義の創始者James（1907）の有用性概念を議論していた。Mattessichの『会計と分析方法』（1964）はCarnap（1958），Popper（1959; 1962），Russell（1945），Wittgenstein（1945）各々により展開されたロジックを検討していた。Mautz and Sharaf（1961）は幾多の哲学業績に言及した上で，証拠の信頼性を高める方法に関しMontague（1925）を評価し監査界に最初に懐疑思考を導入した。そしてFASB（1980, 44, Figure1）およびPaton and Littletonの『会社会計基準序説』[31]（1940; 訳書; 1958, 29）は，ウィトゲンシュタインが相対峙した検証可能性[32]に価値を見出した。

すなわち20世紀米国における会計・監査研究は一元的かつドグマ的な方法を忌避し[33]，論理実証主義[34]を味方にする現代哲学の傘下で進められてきた。その事実は本邦にては意識されることが少なかった。実際，日本国内でも論理実証主義が知られるようになるのは「昭和に入ってから，それも1930年以降であるが，それは新カント学派の圧倒的な影響の下にあった日本の哲学アカデミズムの採るところではなかった」（飯田，2010, 47, 修正）。本邦にては戦中，哲学学徒はデカルト，カント，さらにショーペンハウアー［A. Schopenheuer 1788-1960］らドイツ観念論の傍系に惹きつけられ，英米現代哲学の胎動に対してしかるべき認識と敬意を有していなかったのである。

他方，米国で開花した実用主義に関して山本ほか（1993, 172）は，「パースおよびジェームズのプラグマティズムは後にこれを社会的実生活の指導原理にして研究や教育の現場で役立てようとしたデューイやミードの影響を介し，行

為指向のアメリカ人に多大の影響を与えるに至る」と言う。そして教育研究の現場はにわかにシステマティックな方法論を重視し始め，後にはホワイトヘッドの影響下，北米でプロセス哲学が唱道される下地が作られる。そこに見出される状況は，Moran（2008）によれば第二次世界大戦後の米国哲学学会主導の多元主義[35]運動に影響されていたが故であった。すなわち哲学界以外の専門家団体の努力によって多様かつ革新的な哲学観を広めてゆく，マルクス主義一元観に対抗する自由主義プロパガンダの浸透過程であった。

ところで20世紀初めの米国は数多くの西欧系移民を迎え入れていた[36]。欧州思想家の多くは渡米後，脱観念論の立場にて結集した。それに伴い哲学手法は思弁性から脱する。そしてその後は科学性を重んじた論理形態についての研究が際立つ。

現代分析哲学推進の中心にはラッセル，ウィトゲンシュタイン，カルナップらに加え，「不完全性定理」を主張するゲーデル［K. Gödel 1906-1978］，さらに「意味論」のタルスキー［A. Tarski 1902-1983］らウィーン学団への参加者がいた。その後は「1960年代に入る頃からクワインに代表される，分析哲学に柔軟なプラグマティズムの発想を取り入れた，ネオ・プラグマティズムと呼ばれる流派が生まれる」，「分析哲学者の中にはロック，ヒューム，カント，さらにフッサール，ハイデガーなどの古典的テクストを，独自のパースペクティブで再解釈する人が少なくない」（仲正, 2008, 20-23）。

結論的に，現代の会計・監査学上用いられている諸概念は，程度の差こそあれ分析的で実用主義的な現代哲学と重ね合わせを有している。先端的な会計・監査研究者は各々，自らの努力で現代哲学の学説を咀嚼してきたのである。

ところで今日，哲学の意義とそのディレンマはいかに理解されるべきか。重要な問題は，哲学が何ら統一性を持たず，専門領域を順次，実証科学に奪われていることである。この事実は，哲学の意義と存在理由とを疑わせる程，深刻だろう。哲学はその性格，内容，方法をめぐり夥しい異説を抱え，一方の肯定は他方の否定を意味し，哲学全てに通じる特色はただその名前に過ぎない。

純粋科学と比較した場合，哲学プロパーの主張に見出せる分裂性は甚だしい。純粋科学は現実世界と肯定的に関係するのに，しかし思弁的哲学は現実世界と

否定的に関係するのである。

　20世紀前半にては哲学の分裂性に歯止めをかけることに期待がされた。しかし思惟を貫く哲学が，哲学たらんとする限り，それはたとえ実用主義基盤にあっても固有の分裂性を拭い去れない。そして結論が容易に収斂しないという考え方とその経験において，状況は『会計理論及び理論承認』（AAA, 1977; 訳書，1980）が為した主張と奇妙に一致する。

── 注

1）【アリストテレスの著書と監査】Brewster（2003; 訳書, 2004, 41）は監査実務が既にギリシャ時代に存していたと言う。曰く「紀元前千年には既に会計士は社会にとって重要な職業になっていたことがわかる。『政治学』でアリストテレスは支出帳の全てを受理し監査する役割を負う政府の監査人の役割を論じている」と。
2）【経験主義の語源―エンペイリコス】セクストス・エンペイリコスとは「経験家セクストス」の意味である。セクストスの方法は経験主義的であり，彼の名はそれ故に経験主義（empirical）の語源になった。
3）【ピュロン主義】ピュロン主義（pyrrhonism）は懐疑主義の別名とも称されている。理由はピュロンがそれ以前の誰よりも実質的かつ顕著に懐疑主義の探究に専心したことに由来している（ラエルティオス『哲学者列伝』第9巻69-70; 金山・金山, 1998, 9に詳しい）。
4）【セクストス『ピュロン主義哲学の概要』】当該ラテン語の翻訳書はフランス人学者エスティエンヌ［H. Estienne］により1562年にジュネーブで刊行された。
5）【近代哲学思潮に対するセクストスの貢献】Popkin（2003, viii, preface, 抄訳）によれば「近代ヒューム懐疑論の核心はセクストス説の改訂版の様相でさえある」。
6）【懐疑主義に立脚した古代ギリシャの思想家】その他にはヘラクレイトス［Hērakleitos 540 – 不明 B.C.］や，プロタゴラス［Prōtagorās 500-430 B.C.］さらに虚無主義（nihilism）で知られるゴルギアス［Gorgiās 483-378 B.C.］がいた。哲学的懐疑主義のアンソロジーを謳ったPopkin and Neto（2007）はセクストスやヒュームを含めて45あまりの懐疑思潮を紹介している。
7）【中世と近代との境界】西欧文化を見る視座からすれば「中世とは大まかに2世紀から15世紀までを包含する」（下中, 1971; 939）。本書にてはおよそ16世紀を近世，17世紀からを近代とみなす。なおルネサンスの趨勢は16世紀に近代の幕開けを予告した。ルネサンスの始まりと伴にプロフェッションの各領域が確立される。
8）【人文主義者エラスムス】エラスムス［D. Erasmus 1466-1536］は思想の自律を擁護したヒューマニストとして知られる。代表的著作に*Diatribe Libero Arbitrio*（1524年）がある。「当時の封建社会の下でかくも階級を無視した文章はまれであった」，「ローマ帝国の崩壊後ヨーロッパに現れた最初の文章家と言うべきである」（下中, 1971, 168）。エラスムスの思想は「思想や学説上の対立は徹底的な議論と説得によって和解に努めるべきであり，正統派として権力を握っている側が一方的に異端の烙印を押して反対者を葬り去ることは断じて許せない」とするものである。エラスムスは1520年秋のルーバン大学総長宛の書簡にて，「何が何でも強制しようとするのは独裁者の特徴であり，唯々

諸々と強制に従うのはロバの特徴であります」(鈴木，1969b, 197) と語ったと伝えられる。

9)【認識論と懐疑主義】例えばGrayling (2008, xi, 抄訳) は「懐疑研究は認識論 (epistemology) を定義する試みそのものである。知識の性質と源泉とを問う分野として，認識論上の関心は一体何が知識を満足し得るものにできるのか，その条件を特定して検討することに向けられる」と言う。

10)【ドグマ主義】金山・金山 (1998) は「現代ではドグマという語は宗教的教義，凝り固まった独断，教条などを連想させるが，元来この語は単に思われることや考えを意味するに過ぎず我々の日常的判断も含み得る語であった。排斥されるべき独断という意味合いは判断保留を勧める立場から懐疑派がドグマを斥けるべきものとして攻撃したことに由来する」と言う。下中 (1971, 1019) はドグマ的独断論の傾向について「本来は何らかの教説を主張する態度を総称する語で，懐疑論に対せられる」とする。すなわち懐疑はドグマの対立軸である。

11)【Locke (1690)『人間悟性論』】(An Essay Concerning Human Understanding, 1690) なおロックの「空白の石版」(タブラ・ラーサ) 思想は当該著の序論第2章 (Nidditch ed., 2011, 48) のキャプションたるNo Innate Principles in The Mind下の文脈に表現されている。

12)【タブラ・ラーサ否定説】ピンカー [S.Pinker] は，ロックの生得観念否定説を否定する。ピンカーの見方は「人の心は空白の石版であり全ては環境によって書き込まれるというのは20世紀の人文・社会科学の公式理論であり，反対意見は差別や不公平に繋がるとして今なおタブー視される。人間の本性をめぐる科学が道徳的・感情的・政治的にいかに歪められているか」(Pinker, 2002; 訳書〈上〉, 2004) とするものでありその局面の探究がピンカーのテーマである。

13)【エジンバラと会計プロフェッション】リトルトン (A.C. Littleton, 1933; 訳書，1952, 382-383) は「100年間のイギリス会計士数」の図表を掲げるが，その記載初年度1773年は会計士は7名のみでありその全員がエジンバラに登録されていた。またリトルトン曰く「往時スコットランドにおける会計事務は大部分弁護士事務所でなされていた。職業会計士が1854年に自らの協会を組織してからも，会計士が同時に弁護士協会の会員であった場合もある」とする。ヒュームの時代や置かれた境遇と立場とに重なる点が見出される。なおエジンバラ大学の法律学教授ハットン [Charles Hutton 1737-1823] が，ヒュームの没2年後の1778年に簿記書 A Complete Treatise on Practical Arithmetic and Bookkeeping, Edinburgh, 5th ed. を刊行していることからしても，簿記会計とエジンバラ，ヒュームとの接点は容易に見出せる (Littleton, 1933; 訳書，1952, 15参照)。

14)【ヒュームの人生と理論】松井 (2007) の連載記事に詳しい。

15)【懐疑の同義語たるヒューム】Waxman (1994, 16) は次を言う。"skepticism ever since Kant, has become almost synonymous with the name of Hume"と。

16)【啓蒙思想】(英Enlightenment, 独Aufklärung, 仏Lumiéres)。啓蒙思想について廣末ほか (2006, 423) は「一切を理性の光に照らして見る事で旧弊を打破し公正な社会を作ろうとした，主として18世紀に展開した知的運動」と言う。14) の松井 (2007) が，「理性の力によって森羅万象を理解し社会をより良いものにすることを企図したものであり，その重心は18世紀にフランスからスコットランドに移る。その原動力がヒュームであった」と論じている。

17)【演繹（ア・プリオリ）推理と帰納（ア・ポステリオリ）推理】ア・プリオリ (a priori) は「経験に先立つ」の意味であり，反対のア・ポステオリ (a posteriori) は「経験を得た後に」の意味を有するラテン語である。山本・黒崎 (1987, 129) は「ア・プリオリに正しい思想とは経験によってその正しさを確かめる必要のない思想のことである。ウィトゲンシュタインは全ての演繹はア・プリオリであると言っている」の旨を主張する。小柳 (1999, 103) 曰く「演繹推理はア・プリオリな分析的推理であり状況との関係はない。これに対して帰納推論はア・ポステリオリな推理で，いわ

ゆる経験命題を推理するがその命題に対して常に否定の可能性を有する。なぜなら経験はつねに未完成であるからである」。ところで会計学者マテシッチは「ヒュームの懐疑主義はその全部が帰納推論の拒絶に基づく」(Mattessich, 1964, 233, 抄訳）と判定した。

18）【会計プロフェッションの興隆—スコットランドとイングランド】千代田（2014, 3）は「スコットランドはウイスキーと会計士を生んだといわれる所以である」の逸話を言う。ところで1962年再版のPaton（1922; 1973, v, 抄訳）にてはH.F. Taggartが「ペイトンは赤毛でスコットランド系であった」と記している。会計学の大家ペイトンもスコットランドのヒューム観に親しんだ可能性があろう。ところでLittleton（1933; 訳書, 1952, 384）は「1854年頃スコットランドの会計士は職業的協会を組織して会員の利益を擁護し職業規約を定めた」と記している。

19）【英国の会計事務所の発祥】千代田（2014, 第1章）に詳しい。例えば「ロンドン郵便局の1845年住所録によれば当時のシティには205の会計事務所があったという。（中略）1845年に27歳のデロイトが，W.W. Deloitteの名称で事務所を開設した。1849年にはPrice, Holyland & Waterhouse」等々の史実である。

20）【反証主義】本邦の監査研究者間では現在なお反証可能性の問題が議論されている。鳥羽（2009, 272）は監査視点の反証主義性に言及し「反証主義による証拠形成は，命題の立証における正の証拠の働きに注目するのではなく，命題の否定は単一の負の証拠（反証事例）によって可能であるという負の証拠の働きによるものである」と説明する。これに対する実務家の反論は，五十嵐（2012, 436）曰く「鳥羽教授の説かれる反証主義に基づく監査リスク・アプローチは我々が実施している監査の実務と大きくかけ離れており（中略）反証命題（負の証拠）を一つでも入手したときはその反証命題が立証され，ひいては適正表示を否定することになるという結論にかなりの違和感を禁じ得ない」というものである。ところで哲学プロパー界にあって反証主義はむしろ「意味の検証可能性」(verifiability theory of meaning) 説に置き換え説明されることが多い。そして哲学では完全なる検証（verification）が不可能なために，検証はむしろ確証（confirmation）に緩めた上で論じられる（下中, 1971, 92）。検証と訳されるVerifyの語源は真実（羅veritās）にある。しかし絶対的な真実は検証できずしかるに確証あるいは確認の手続に終始する。

21）【デカルト流の懐疑】グレコ［Greco, 2008, 55-79］にてはデカルトの*Meditationes de Prima Philosophia*（1641年）の著作を軸にカルテジアン懐疑が詳説されている。デカルトの懐疑は全ての信念を破壊し，普遍的な根本から考察しようとする方法的懐疑ないしは誇張懐疑と呼ばれるものであった。デカルトは「自己の内外の感覚世界を否定し，また数学的真理も絶対的に真とは言え言えぬと否定した」（下中, 1971, 969）。そしてデカルトは，「この一切を疑う誇張懐疑の中，彼はその懐疑の根底に横たわる自己の存在を発見する」（同, 969）のである。

22）【蓋然性】下中（1971, 215）は蓋然性（probability）について「現象にしても知識にしても絶対に確実な法則性を貫徹し得ぬ局面があり，そこに必然性に似た法則性ないし確実性としての蓋然性の思想が現れる。プラトンは感覚的知覚は蓋然性を与えるのみで真の認識に到達し得ぬとし，カントもヒュームに従って経験および帰納は蓋然性にとどまるとした」と説明する。バンジ（Bunge, 2009, 323, 抄訳）は「普遍的真理が等しい程度の蓋然性を有するとは考えられない。蓋然性を秘めたものの一部はほとんど確実に真実であり，他方でほとんど確実に偽であるものも蓋然性の中で議論される」の旨を言う。

23）【七面鳥の問題（ヒュームの問題）】久米（2005, 29）は「未知のことは既知のことに似ているという自然の斉一性の原理について，この原理が正当化されるものかという問いをポパーはヒュームの問題と呼び」と言う。Taleb（2007; 訳書, 2009, 95）は端的にヒュームの問題が帰納法の可謬性の問

題であると解釈した上で，バートランド・ラッセルが命名者とされる「七面鳥の問題―ある七面鳥が毎日9時に餌を与えられていた。暖かな日も寒い日にも雨の日にも晴れの日にもそれは9時であると観察された。しかるに餌は9時に出てくるということが法則になった。しかしこの事例は蓋然的である」と同一視する。タレブは「七面鳥の問題を思い出して欲しい。（中略）明日まで生き延びたらそれは（a）不死である可能性が一層高くなったか，あるいは（b）また一歩死に近づいたかのどちらでもありうる。とても長い間餌をもらい続けた七面鳥なら，餌が貰えるのは自分が安全な証拠だと呑気に考えることもできるし，晩御飯にされてしまう危険を示す証拠だと考えることもできる」（Taleb, 2007; 訳書, 2009, 37-40）と言い，帰納法の空虚さを指摘する。

24) 【知覚】Gregory（1998; 訳書, 2001, i, 修正）は「知覚（perceptions）は生活におけるあらゆる経験や理解の基礎になる。実際に，知覚の研究はスコットランドではいまだそう呼ばれている実験哲学という学問の中心位置を占めている。疑問と思索があらゆる科学を活気づけるからである」と述べている。グレゴリーの言明にはヒューム観の影響が見出される。

25) 【ウィトゲンシュタインさらにはカルナップと検証可能性】Carnap（1956; 訳書, 2003, 100）曰くは「検証可能性はウィトゲンシュタインによって初めて述べられた」。ところで会計特性はカルナップ的テスト可能性の追求であり，そのことが「財務会計概念ステートメント」（FASB, 1986）§32に検証可能性が挙げられている理由である。

26) 【ヒュームの知識分類】ヒュームは知識についてそれを絶対的知識（knowledge）すなわち観念の比較から起る信憑，立証的知識（proof）すなわち因果関係証明において疑惑と不確実から免れている事柄，および蓋然性（probability）すなわちいまだ不確実に伴われている確信，の三つの水準に分けている。ところでヒュームは「太陽は東から昇り西に沈む」如き認識を立証的知識と捉え，それらを懐疑の外に置いた（Hume, 1739-1740）。

27) 【実用主義】実用主義たるプラグマティズム（pragmatism）はギリシャ語の行動あるいは実践（希 pragma）に由来する。山本ほか（1993, 168-169）曰く「プラグマティズムというのは19世紀末に唱道され北米大陸に流布している現代アメリカの思潮である。（中略）この名称は直接にはパースがカントの用語を援用したことに由来している。（中略）カントの『純粋理性批判』を暗記するほど読んでいたと自認するパースがこの呼称をとりあげ，自らの観念理解の方法をプラグマティストの格率として総括したのである」。ところで実用主義の特色につき会計学者Pattillo（1965; 訳書, 1970, 61）は，「ルールの適否は結果に依存すると主張する。しかしその欠点は何が有用と考えるのかについて規制する手段が存在しないことである」と指摘する。

28) 【チェンバースによる哲学業績への言及】会計学者Chambers（1966; 訳書〈上〉, 1984）による哲学業績への言及は多彩かつ広範囲に及ぶ。当該第8章コミュニケーションにては，Ogden and Richardsの「意味の意味」の検討を含め，Carnap, Ayerほかに言及し，チェンバースの当該章はさながら言語哲学や論理実証主義思潮の総覧の観を呈している。

29) 【チェンバースによる引用頻度】久野（2009, 242, 以下括弧内の数字は引用文回数）は1995年に刊行されたChambers（1995）*An Accounting Thesaurus；500 years of Accounting*にあって，哲学・科学分野で，アリストテレス（4），ベーコン（14），アインシュタイン（9），ヘーゲル（1），ヒューム（5），ハックスリ（1），クーン（10），ポパー（21），ラッセル（3），スペンサー（4），ロック（3），オルテガ（10），ショー（4），ヴェブレイン（3），ウェーバー（9），ホワイトヘッド（29）それぞれの引用頻度を検出している。

30) 【『21世紀の公開会社監査』における哲学業績の引用】Bell et al.（2005）は知識の定義を試みて，ラッセルについては*Human Knowledge: Its Scope and Limits*（1948）を，チザムについては*Theo-*

ry of Knowledge（1989）を引用していた。ベルらがラッセルとチザムを併せ引用した背景にはかつてAAA（1973, 20）がその第3章「単なる意見と峻別される知識」にてそれらの業績に言及していた事実がある。ベルらは合理的保証の確保のために正当化可能な心証水準を満たす証拠の必要性を説いたが，実はその論拠たる「最も確実な信念こそが知識」であるとする立場をラッセルとチザムから受け継いでいた。

31)【『会社会計基準序説』に対する評価】『基礎的会計理論』（AAA, 1966; 訳書, 1969）のアップデートとなるよう意識された『会計理論および理論承認』はPaton and Littleton（1940）に対するウィルコックス（*The Accounting Review*, 16, March 1941, 75）のコメントにも関し，「会計分野において何らかの首尾一貫したものを発見するというよりもむしろ，哲学的基礎の上に一貫した構造を組み立てようとしている」（AAA, 1977; 訳書, 1980, 62）と評した。ペイトンらが1940年の書で哲学的基礎を意識していたことが推察される。

32)【会計・監査学と検証可能性】検証可能性はverificationの訳語である。20世紀半ばから会計・監査学者は検証可能であることを意味するためにverifiableという語を多用してきた。Mautz and Sharaf（1961, 22）も科学的態度の要諦は検証可能性の追究にあると見ていた。しかしながらRobertson（1979, 35-36）は「監査における検証可能性については，それは収集された証拠の評価によって根本的な真実が知られるに至ったという旨を意味していない。それは単に証拠収集の可能性に言及したものである」点を指摘する。すなわち監査界にあっては論理実証主義の試金石たるverifiabilityという用語が安易に使われてきた。しかしverificationの語源は本来，真実（羅 veritās）にあり，それは容易な検証が全く不可能な「希求されるべき真実」を意味する。

33)【監査研究における教義主義忌避の傾向】例えばRobertson（1979, 63-64, 抄訳）はカント的言説に含まれる教義主義的アプローチを以下のように批判する。曰く「今日の社会の雰囲気は人間の振舞いを問題にするだけではない。振舞いが土台に見出すルールも問題視する。しかるに諸基準の整備運用のためには無条原則的アプローチでは不十分である」と。

34)【論理実証主義】ウィトゲンシュタインは論理実証主義の先鋭であった。ウィトゲンシュタインの1921年の著『論理哲学（論考）』に関し佐伯（2004, 121）は，「書の基本的な立場は非常に明快である。（中略）世界とは結局，言語で論理的に明晰に書けるものでありそれだけが世界」であり，「哲学とは存在の真理や人間や世界の根源的な意味についての深遠な思想などではなく，世界を論理的に記述し，混沌としたものを明確な哲学に置き換えてゆく論理的活動」であると言う。

35)【多元主義の影響】Moonitz（1974; 訳書, 1976, 91-92）はその「第6章いくつかの普遍化」にあって，多元主義（pluralism）につき「監査手続委員会（CAP）はどのようにもそれらの問題を解決し得なかった。それはおそらく多元的社会において相対立する複雑な要求を満たす方法を見出す場合と同じである。監査手続委員会の経験からわかることは，多元性が無くなることが会計プロフェッション界における基準規定に一致を見つける必要条件ではないということである」の旨を言う。監査規範史上，米国では多元性排除が促されなかった状況が読みとれる。

36)【渡米移民】古矢（2002, 117）の統計資料は，1901年から1920年の間に米国へ移住した人々の主要国籍はイタリア，オーストリア／ハンガリー，ロシア／ソ連，カナダ，イギリスであったとしている（これに対し1981年から1996年の間ではメキシコ，フィリピン，中国／台湾，ドミニカ共和国，インド，とされている）。また古矢（同, 116）は，「高い科学的才能を有する移民に優先枠を与える（中略）優秀なエリート層の頭脳の吸い上げを惹き起こし」と記す。20世紀戦間期の西欧哲学者の米国移住はその最たる現象であった。

第2章
哲学思潮と監査概念との共振

「会計史は哲学史に相似性を有する。それはドクトリンかつ方法論の歴史であり財務上のリアリティーを実用主義的に表現する方法の一つである」
(R. Mattessich, 2008, 序言, 抄訳)

1. 1925年 モンタギュー『知の方法論』
The Ways of Knowing or The Methods of Philosophy

　本節にては監査研究者マウツらが依拠した現代哲学者モンタギュー［W.P. Montague 1873-1953］の『知の方法論』（Montague, 1925; 4th ed. 1953）に焦点をあてる。20世紀初頭,「真理と誤謬に関する実在論的学説」たる課題に取り組んだモンタギューはその書の第6章「懐疑主義の方法」にて, 正当化可能な心証を知識にまで止揚させる方法に挑んでいた。

　主観の排除を目指す新実在論（New Realism）一派は,「ウィーン学団」（独Wiener Kreis）[1]ならびに「ケンブリッジ分析学派」（英Cambridge Analysts）[2]から派生した現代哲学の一系統である。コロンビア大学のモンタギューは, ラトガース大学のマービンとプリンストン大学のスポールディング, ハーバード大学のホルトとペリー, そしてコロンビア大学の僚友ピトキンら6名によって知識獲得上の客観性に関わる研究を開始した。

　モンタギューらは哲学一般における議論の収斂性の無さが, 精度に欠け用語に統一性が無く相互の協力関係さえ見られない分裂した環境から惹き起こされていると考えた。すなわち哲学が科学と称される水準に至らず, しかるにモンタギューらは哲学を刷新する目的を持って新実在論のフィールドを構想したのである。

　モンタギューらの新実在論は, 存在は認識に依存すると考える観念論に対抗して, 対象は意識から独立して存在するとした。そのような視点はむろん実用主義の上に築かれたものである。しかしながら新実在論を突き詰めていく上での難点は, 状況によって対象の見え方が異なるのはなぜかの説明が難しくなる点にある。すなわちたとえ新実在論に依拠しても, 証拠の評価は定まらないしその理由の説明も容易ではない。

　ところで当該 Montague（1953, 199）はヒュームのことを,「因果関係[3]の妥当性を史上最も鋭く追究した哲学者」と評していた。そしてモンタギュー自身, ヒュームと同様に, 結果的にはいかなる分野にあっても絶対的確実さに到達できないと結論づけた。そしてモンタギューは, 懐疑心こそが単なる心証を真理

に近づけ得ると考え，懐疑主義を利用するに及んだのである。

　ヒュームと同様，モンタギューがア・ポステリオリ推論の価値を疑っていた事実は，彼の書の次なる文脈から伺える。すなわち第3章「合理主義と経験主義の方法」の下，普遍化の実相については「物事が広く種の名称によって呼ばれることを意味する。それは例えば馬，人間，三角形，さらに抽象概念化された人間性，丸さ，赤み，などの表現でもある。我々が馬を馬と総称して全ての馬は動物である，馬という種は動物であると言ったところで我々は全ての馬を見たことはない。我々はある時と場所で特定の大きさや色をした特定の馬を見ていたのに過ぎない。しからば一般化され抽象化された思考が我々の経験ではなく本当に心から発したものであると言い得るか」とする疑問が投じられた（同, 70, 抄訳）。

　他方でモンタギューは，ベンサム［J. Bentham 1748-1832］由来の功利主義[4]，さらには実用主義の一側面までを批判した。実際，モンタギューはその第5章「実行可能性としての実用主義」において，理論の真実性は全て結果次第という考え方をとる実用主義の固有の限界を論じた（同, 148, 抄訳）。結果的に「実用主義者は全て広義の功利主義者である」と判断するモンタギューの態度は懐疑主義信奉と相まって彼の「知の方法論」の特色となっている。

　後にマウツらはモンタギューを高く評価したが，しかしそこで生じる懸念は監査研究者マウツらが少数者の利益に十分目配りしようとはしない功利主義を一体いかに捉えていたかという点にある。

2．1961年 マウツ＝シャラフー『監査哲理』[5]
The Philosophy of Auditing

(1) 第1章：監査の哲学を目指して

　ロバート・K・マウツ［R.K. Mautz］の名は米国公認会計士協会（AICPA）125周年を記念した *Jounal of Accountancy*（2012年6月号）の「会計にインパクトを与えた125人」に碑されている。当該誌によってマウツは，「監査イデオ

ロギー論のパイオニアだった。1961年刊行のフセイン・シャラフとの共著は監査研究のクラシックである」と讃えられた。

1950年代後半，イリノイ大学アバーナ・シャンペーン（UIUC）に在籍していたマウツは会計概念基準委員会（CACS）委員長の職責を担っていた。マウツは1957年12月，AICPAのジェニングズの下で研究計画特別委員会に属し，「会社財務諸表の会計および報告基準」[6]の刊行準備に携わった。そして*Jounal of Accountancy* 1958年5月号に「監査証拠の性質とその信頼性」を，さらに同1959年4月号には「証拠，判断，そして監査意見」題の論文を投稿していた。

マウツは1950年代後半，監査人の心証形成過程の研究に没頭していた。この年代のマウツの論文により，監査証拠の研究は心証形成過程を明らかにする過程へと転換されて行った。そして問題は，証拠の説得力，あるいは証拠概念の意味内容になったのである。

1950年代後半に達成された研究成果を統合させる目的からマウツは1961年4月，カイロ大学講師のフセイン・シャラフ［H.A. Sharaf］と伴に，リトルトン［A.C. Littleton］へのトリビュートとなった*The Philosophy of Auditing*（AAA Monograph No.6）を刊行した。書の序言に記されたように，目指すところは証拠属性の検討だった。しかるに同書では第5章「監査証拠」がその中核かつ白眉である。同章では「証拠の性質」，「命題と証拠」，「証拠の種類」，「証拠と知識の理論」，「証拠と判断」のキャプションの下，各々の証拠属性に関わる主張が展開された。

ところで会計概念基準委員会（CACS）が活動を始めた1950年代まで，哲学なかんずく懐疑主義を考察対象にした監査文献を見出すことは難しい。実際，シャンドルは以下を言う。「過去150年間，監査ほど文献が少ない分野もなかろう。制度監査の手続きを記したテクストがあっても監査人の法的責任と監査の哲学を記した文献はマウツ＝シャラフ以外に見当たらないのが実情である」（Schandl, 1978, xiii, 抄訳）。マウツらは実務視点に縛られることなく哲学を基に自由に理論を構想した斯界初の監査研究者となった。

1960年台半ば，本邦にては甲南大学の近澤（1966, 2）が最初に彼らの研究成果を紹介した。以下は近澤の書からの抜粋である。

哲学思潮と監査概念との共振　第2章

「1960年に渡米しイリノイ大学にてマウツ博士に親しく面接した折に，博士は，学者は実務に溺れることなく哲学と論理学を基盤にした上で監査論を極めねばならぬ旨を強調していたことを想い出す。その後マウツ博士が *Jounal of Accountancy* などの雑誌に右の見地に立って論文を執筆発表し，これらのものを集めて推敲を重ねたものが前記の『監査哲理』である。私はマウツ博士が同書をはじめて世に問われた当初の時にその贈呈を受けたが，それ以来これについて私なりに批判的検討を行なった。そこでマウツ博士に許可を乞うたところいかなる批判的検討も差し支えないとの快い了承を得た」。その上で近澤は，当該マウツらの書[7]に対する理解と評論を試みた。しかしながらありがちなこととして[8]，近澤の努力はマウツらに対する批判に乏しく，結果はむしろ礼賛に満ちていた。以下はマウツらの主要文脈に対する，筆者の読み取り方を表した試訳である（括弧内数字は該当箇所の原書（1961；1997，第18刷）内記載頁）。

監査の哲学を目指して：本書は監査理論のアウトラインの把握を目指した書である。一部の人はそのような企ては不可能でないにせよ極めて困難と考えるであろう。また他の人は無駄な挑戦だと思うだろう。なぜなら多くの人が監査を理論に足らず完璧なまでに実用主義的な実務に過ぎないと考えているからである。（1）

監査における未決の問題：心配事は尽きない。問題を解決しようとする上では実務家の態度はいい加減[9]である。お決まりの態度は，どのように決めても構わないがとにかく手堅く意思決定をし立場を明らかにしようというものである。（4）

満足される水準で問題が永久に解決される方法は，哲学を構成する基礎概念に立つことだろう。（5）

包括的で総合的な目に見える理論体系無くしては何かと不調和が生じる。だから我々は監査の哲学を必要とする。（6）

監査は他の諸科学が到達したようなステージにはまだ辿り着いていない。しかし監査は既に内省に耐えられるだけの成熟さを持つまでに至っている。（7）

監査人は哲学的な解釈をすることに及び腰になる必要はあるまい。実際，監査の

基礎理論を考える上では，哲学者が監査を視野に入れて議論するよりも監査人が哲学に向き合う方が良い。（8）

哲学を職業にしている人達は，芸術家や科学者，監査人等の他分野の人々に自らの哲学を受け継ぎ展開してもらえるよう哲学を教えることを職務にしている。（8）

哲学的アプローチ：（1）哲学は行動や考えを合理化する背景にあり，当然のこととして受容されるべき第一原則に立ち返る。（2）哲学は知識を体系的に組織立てるのに有用だから自己矛盾を生じさせない。（3）哲学によって社会的関係が形作られ，理解のベースが提供される。（9）

哲学的アプローチ：哲学とは知識に対峙する態度であって単なる知識の累積を指すものではない。哲学とは英知を愛することでありまた英知を追求することである。最近では哲学的アプローチは四つの部分から構成されると考えられている。すなわち（1）理解，（2）見通し，（3）洞察，（4）ビジョン，である。（10）

個別論点は予め，加算されて行くべき結果としての，重要性の総体とそこからの枝分かれを意識に置いた上で検討されなければならず，しかるにより大きな目標を狙って行く上では，目先の結果はあてにならず，またさほどの意味もない（11）

基礎的な前提や性質，弱点や含意が発見も検討もされない世界では本当の進歩を成し遂げられる主題は存在しない。（11）

哲学の方法：哲学者の方法は初めは余計に時間がかかろうが，浅はかでないから結局は永続的である。哲学的に取り組むこととは問題を徹底的に理解するための異常な程に粘り強い取組みであり，結果的には最も思慮深い扱い方をもたらす。（12-13）

哲学方法としての分析的アプローチ：分析哲学者は自身が知識の幅や方法さらには限界にまで関心を寄せるが故に，どうしてそのことがわかったのだろうかという問いを投げかける。今日，分析哲学者は哲学的課題の解釈に役立たせるよう，高度に発展した現代的な論理技法を用いている。（13）

評価アプローチ：監査とは一つの側面にあっては分析的アプローチを有し，今一

つの側面においては道徳評価的アプローチを伴う。例えば監査判断[10]は，証拠収集を通じて常に信念の質に左右される。経営者のアサーションが議論を呼ぶ場合には，確立された証拠から推論が可能な場合にのみ信念は正当化され得る。推論が厳格であればあるほど結論は正確さを増し，判断は信頼できるようになる。(14)

哲学は人々の行動を促し，鼓舞し，人々が向かう目標を定義する。哲学は職業専門家にとっての重要な手段になる。それは言わば，プロフェッション業界における重要な接着剤になる。(15)

監査の哲学の基礎は監査それ自体からスタートされ形造られればよい。(15)

一学問分野としての監査：監査を会計の下に置かれた一科目と考えることは誤りである。監査は会計の一分野ではない。会計のタスクは大量かつ詳細な情報を操作可能かつ理解可能な量に落とし込むことである。監査は分析的ではあるがしかし会計と違って構築的なものでない。監査はその根源を会計に見出すのではなく論理学に有する。会計と監査との関係は，言わば著作者と編集者との関係に例えられる。(16)

エンジニアリングが応用数学の一分野であると言われるように監査と法学は応用論理学の一部である。(18)

監査はその主たる源泉を論理学に見出すが，しかし同時に他の領域にも関わる。他の学問領域とは数学，行動科学，コミュニケーション学，それに倫理学などである。監査はそれらの分野から支援を受けているが，かと言って監査が一つの独立した分野であることを否定はできない。(18)

監査は応用分野にある学問である。だからこそ監査は原則や基礎理論を他の多くのフィールドから導入しようとする。(19)

監査は大変若い学問分野でありこれまでは他の基本となる学問分野との関係性が意識されたことはなかった。(20)

監査にあっては実用主義的アプローチが採られることが多い。上手く行くことなら何でも採用され支持される。しかし我々はそうした傾向にも限度があるとわき

まえなければならない。そして古い問題と新しい問題とに共にアプローチできる理論を追求すべきである。もし我々が理論的基礎を忘れ，機械的手順の寄せ集めのような作業に実務を矮小化させて行くなら，社会が尊重する立場を失うだけでなく複雑な問題を解決する最善の方法を奪われてしまうことになりかねない。(20)

以上がマウツらの第1章「監査の哲学を目指して」のエッセンスである。筆者は本章の要諦を以下のように理解する。
- 監査には哲学と理論が不要という認識が誤りであること
- 監査それ自体が内省に足る成熟さを増してきていること
- 哲学者に監査を考えさせるのでなく監査学者が哲学を考える方が望ましいこと
- 実務を手続的問題へ矮小化させないために監査の哲学が必要であること
- 監査をめぐる困難な問題に対峙するためには監査の哲学が必要とされること

すなわちマウツらは監査学領域が独自の哲学観を持つべきであると主張した。そしてそのための哲学は，監査学者らの力によって切り開かれるべきと記したのである。

(2) 第2章：監査の方法論

近澤（1966, 14-29）はマウツらの第2章の主旨を次のように解している。「マウツらの言う監査の方法とは監査を行う際の態度および方法的な手続を指す」。「マウツらはいかなる学問分野においても知識はその基礎をなす仮定に依存するから，監査におけるこのような仮定が次に重要な研究対象になるとする」。
以下はマウツらの第2章内の特色あるメッセージである。

我々の目的は監査の性質について良き理解を得ることにあるがそのためにはそれが機能する方法を分析しなければならない。(22)

科学的態度：自然科学者は入手可能で検証可能な知識量を増やしている点，他の

どの分野の研究者よりも成功している。(22)

好奇心の根源にあるものは知識，中でも信頼できる知識への欲望である。科学者はすぐ手に入るような表面的な回答では決して満足しない。科学者も物事の根底にまで辿り着くことを願い，それ故に証拠については懐疑的であり，自身が得る解答についても懐疑的である。彼は自らの期待と解法をテストし，証拠が結論的な基礎を与えていることと納得するまでは満足しない。(23)

真の科学者たるものはバイアスを捨てて誤謬のサインを見抜こうとする。そして信頼性の限界を前提に置きつつも率直に結論を述べることが，彼らに科学者の資格を与える。(23)

科学者は既に確立したと思われる解法との首尾一貫性を検討し，凝集力ある知識の統合体を得るために結論を重ね合わせようとする。科学者とは未決の問題を説明できる原則や原理を常に追求し続ける存在である。(24)

自然科学が第一義的に関わる事実の問題と社会科学において議論すべき価値の問題との間には大きな差がある。(24)

監査の心構え；監査の方法は一夜にして発展してきたわけでもなければ他分野から移植されてきたわけでもない。それは監査本来のニーズに合致すべく年月をかけて成長し発展してきた。監査はいまだ進化の途上にある。(25)

しかし監査人は価値の問題にも対峙している。監査は実務家個人の価値の問題とプロフェッション界全体の価値の問題とを共に抱えている。(26)

監査における態度と科学における態度との間には大きな隔たりがある。(27)

科学における方法論的アプローチ；懐疑主義的態度は解法を拒むための証拠が見出せない，すなわち反証できない事実を追い求めるのみならず積極的に解法を支持し得る証拠をも見出すように迫る。(30)

哲学者は基本となる前提や公準が存在しない分野は無いと言う。すなわち我々の判断は相当程度まで公準次第なのである。(31)

しかるにマウツらの第2章「監査の方法論」の核心は以下の通りである。
・科学者は検証可能な知識を渇望する
・自然科学は事実を捉えようとするが社会科学は価値を議論しようとする
・監査人は個人的価値の問題とプロフェッション全体の価値の問題とを共に抱えている
・懐疑主義とは反証の余地が無い考えにまで辿り着かせる探究的な態度である
・哲学者は前提や公準を尊び，監査人の判断は公準に影響される

第2章ではこのように科学と哲学的懐疑主義の特質が語られた。特に本章では価値に関わる議論がなされたことに留意すべきであろう。また当該第2章は続く第3章にて監査公準論が展開される導入となった。

(3) 第3章：監査公準

近澤 (1966, 30) は「監査公準論の方はこれまでのところ内外の諸学者による研究成果の発表は寡聞でありおそらくマウツ博士による試案の発表がその嚆矢ではないかと思う。監査の純粋理論的な研究発表が乏しい折，マウツ博士の監査公準論はきわめて意義深いものとして高く評価される」と言う。

訳文の確度に関わっては検討余地が残されてはいるが，マウツらの公準に対する近澤 (1966, 34)[11] の解釈は以下の如くである。

〔1〕財務諸表および会計データは検証し得るものでなければならない
〔2〕監査人と企業経営者との間において必然的な利害の衝突があってはならない
〔3〕検証のために提出された財務諸表およびその他の情報は，共謀その他の異常な不正の施されたものであってはならない
〔4〕満足するに足る内部統制組織の存在は不正の蓋然性を排除する
〔5〕一般に承認された会計原則の首尾一貫した継続的な適用は財政状態および経営成績の適正表示をもたらす
〔6〕反証のない限り，被監査企業にとって過去において真実であるとされたことは将来においても一応は真実なものであると推定して監査業務が行

われる
〔7〕独立的意見の表明を与えるべく財務データを検査する時は，監査人は監査人としての能力において行動することが絶対に必要
〔8〕職業専門家としての地位は職業専門家としての責任と義務を伴う

以上の暫定的監査公準に関し，ことに第〔2〕および第〔6〕公準は懐疑主義と整合しない[12]。マウツらは第〔2〕公準として，監査人と経営者との間に利害の衝突があってはならないと考えているが近澤はそれらの公準を批判するに及んでいない。

むろん，公準は未来永劫に不変なものではない。新しい事象の出現さらには環境の変化が生じて公準の妥当性が失われる場合がある。事実，当該第〔2〕公準についてはその後『基礎的監査概念』（AAA, 1973, 27）がそれらを有害であると批判している。

他方で「反証のない限り，過去において真実であるとされたことは将来においても一応は真実なものであると推定して監査業務が行われる」の旨を言う第〔6〕公準も，不正リスク要素に晒される被監査経営者の誠実性を見る上では不適切である。

以下は第3章の文脈から読み取れるマウツらのメッセージである。

監査人と経営陣との間には必然的な利害対立がないこと：監査人と経営者との間には利害対立が無いと想定するに足るだけの相互関係がある。(52)

反証する証拠なくして我々は，経営者は正直であり不正に関わっていないと想定する。(53)

もしも監査が経済的かつ実行可能なものであろうとすれば経営者と利害が対立しないと考えることは必須である。しかし，かと言って我々が経営者を疑いなく見るものでもない。(53)

過去において真実とされたことは将来も真実と想定されること：この公準を受け容れることで監査人の責任範囲を制限することが可能になる。(57-58)

厳格監査の基調にある現在に至っては特に，マウツらの第〔2〕，第〔6〕公準は容認されない。監査人の責任範囲を限る意図の下，反証する証拠なくして経営者は正直であり不正には関わっていないと考えるマウツらの前提は，その後1973年エクイティ・ファンディング社事件の惨禍を経験し，コーエン委員会により棄却される。

　マウツらの監査公準が経営者の誠実性を前提としていたこと，またそれがいわゆるアンカリング・リスクに繋がる監査人心証の累積を許している点，その後は『基礎的監査概念』（AAA, 1973）に止まらずRobertson（1976）[13]さらにはGray and Manson（2008）他から批判されるところとなる。

(4) 第4章：監査理論中に見出せる概念

　マウツらの第4章に関わり近澤（1966, 47）は，「概念は観察および経験から引き出される抽象的なものであり，類似性なり特異性をみて問題を理解するに役立つところの一般的かつ普遍的なものである」と言う。その説明の通り，マウツらの概念獲得の方法は近代哲学において主流と思しきアプローチを辿っている。

　彼らの所論に帰依して近澤（1966, 52）は，「いかなる組織化された学問分野においても基本的な所論は，その背景として，これらの不特定な哲学的概念に対してある程度まで依存性を持っている」とする。そして「マウツ博士は理論を打ち立てる方法として概念上のアプローチと数学上のアプローチがあることを述べている。社会科学では概して前者のアプローチに依存することが多い。特に監査においてはそうである。けだし監査理論の発展と展開は言葉および論理に依存する割合が非常に多く，数学に依存する割合は僅かである」と言う。

　ところで第二次世界大戦後の米国にては，1946年にノーベル物理学賞の栄誉を受けたブリッジマン［P.W. Bridgman 1882-1963］の操作主義が科学観の一大勢力となっていた。ブリッジマンは言語による抽象的理念の表明ではなく概念の操作プロセスに注目していた。結果，トールマン［E.C. Tolman 1886-1959］らを始めとする心理学者も一斉に自らの領域に操作主義を導入する方策を検討し始めた。マウツらはその時代の科学の流行を十分に意識していた。以下はマウツらの操作主義に対してのコメントである。

概念的アプローチ：概念たるべき第1の要件としてブリッジマンはそれが一連の操作を含むものと考えた。第2の要件はその操作が代替不可能な唯一の操作であることである。操作の差が概念の差を生む。(79)

しかし操作主義によっては表現し得ない他の重要な概念領域も存在するだろう。(80)

マウツらの書が操作主義の議論に及んだのは，科学者らが観念の明瞭性を追求し，マウツらがその姿勢に関心を示したからである。しかし，彼らの理論構築上は操作主義の導入を諦めた。マウツらは監査が事実のみならず価値を扱うことを重んじたのである。

ここで本邦，佐伯（2004, 123）の言を借りるなら，「価値に関る問題は論理形式にあてはめられない。それは論理的言語によって記述できるものではない」から，その「問題については沈黙せねばならないとウィトゲンシュタインが言う」のもしかりである。マウツらは熟考を経た上で，数理的エレガンスを標榜せずむしろ価値を重視した。彼らはウィトゲンシュタインとブリッジマンの枠組みにはそれ以上近づかなかったのである。

(5) 第5章：監査証拠

マウツらの第5章に関し近澤（1966, 58）は以下を言う。「博士らによると証拠は信念の正当性を証明する支柱となる。証拠の類型には（1）自然上の証拠，（2）創造上の証拠，（3）合理的な論議，の三つがある。自然上の証拠とはテーブルとか棚卸資産の如く利用可能で最も確信し得る証拠である。創造上の証拠は科学者による実験などの努力によって生み出される。熟練した弁護士が納得し得るケースを，合理的な論議が生み出すが如く，観察された事実から論理的な思考が生まれる。これら三つの証拠は同じ程度には強制的ではない」。その上で近澤（1966, 72, 修正）は「懐疑主義とは信頼性を確立するまで証拠に対し疑問を持ち続けることを言う。それは疑問を持つ必要がないのに単に疑わんために疑問を持ち続けるということではない」と述べ，彼らの懐疑が猜疑とは峻別されるものであるとした。

ところでマウツらがモンタギューから援用した方法は，肯定的方法5種類に

否定的方法1種類をプラスした6種類だった。すなわち（1）権威主義（証拠の権威性に関るauthoritarianism），（2）神秘主義（直感に関わるmysticism），（3）合理主義（再計算や仮定からの結論の導出に関わるrationalism），（4）経験主義（知覚された経験に関わるempiricism），（5）実用主義（結果の尊重に関わるpragmatism），そして最後に，知識の硬度を高めるための反証技法たる（6）懐疑主義（skepticism），が措置されたのである。

図表2-1では近澤（1966, 71-77）の訳文通り，マウツら（1961, 122, II）の第5章図表「論理的方法，監査証拠および基本的な監査技法の相互関係」を示す。

権威主義とは他からの証言に依存する方法であり，この種の方法で得られた証拠はせいぜい説得的たるに過ぎない。

神秘主義とはわれわれ自身の中から来る直観による方法であり，一種の霊感に繋がる第六勘を働かせることであると言えよう。

権威主義と神秘主義の2方法は有用であるがそれぞれ独立した信頼できる方法ではない。これら2方法によって確証証拠が得られるとは限らぬ。

合理主義とは全般から個別を推論することを言い，例えば内部統制を調査して不正の余地を推論することを言う。

経験主義とは個別から全般を推論することを言う。

合理主義と経験主義はしばしば結合されることがある。例えば監査人は内部統制を調査し，与えられた説明なり記述から当該組織が良好であることを推論する。

合理主義および経験主義は真実の発見のための補完的な基準である。合理主義は演繹的で総合的である。

経験主義は帰納的で分析的である。

実用主義とは実用性とか実行性とか活動性に繋がる言葉であり，経験によって主張をテストする方法である点でそれは経験主義と共通する点が多い。しかし経験主義は現在の経験によって信念をテストするのに対し実用主義は将来の結果によっ

て信念をテストする。

知ることについてのこれら六つの方法はいずれも結合され全一体となって初めて価値の高いものになる。これらの方法に基づく証拠の方法も同じく結合されて初めて高い有効性を発揮する。

監査上の各種の証拠の中で十中八九まで集めることができ，かつその証拠のいずれもが互いに相容れぬものでない限りは，その主張はおそらく間違っていないという蓋然性が得られる。

ここに挙げた全てのアサーションに対し適用可能なものとして，懐疑主義が当該図表内で上位に示されていることに注意を要する。懐疑主義の地位は方法と言うよりもむしろ監査上の態度に見出される。

図表2-1　監査証拠の信頼性を高めるための技法（Mautz and Sharaf, 1961, 122, Figure II）

	論理的方法	アサーションの性質	監査証拠	適応可能な技法
懐疑主義	経験主義	I. 被監査企業内の物質的事物の存在 単純に量的な状況	監査人による検査 監査人による検査	実地検査および計算
	合理主義	II. 数学的	監査人による計算	再計算
	権威主義	III. 被監査企業にない物質的事物の存在 過去の出来事	独立第三者の陳述 独立第三者の書類 企業内の人の陳述 補助細目的記録	確認 書類の検査 質問 記録の検査
	権威主義 直感 合理主義 実用主義	IV. 非物質的事物の存在 物質上及び非物質上の事物の非存在 質的状態 価値判断による数量	独立第三者の陳述 独立第三者の書類 企業内の人の陳述 補助細目的な記録 満足する内部統制手続 貸借対照表日後行動 他データとの相互関係	確認 書類の検査 質問 記録の検査 質問,帳簿記録手続の遡及調査,走査,視察 確認,質問,書類の検査,視察 関係データとの調整,走査

マウツらは実用主義に共鳴して以下の考え方をとる。「モンタギューは絶対的確実性には到達できないと述べていた。しかしそれ故に疑念を深める必要はない。蓋然性があるにせよアサーションが真実である可能性が残される。証拠は命題を受け入れ得る程度の説得性を備えていればよい」。彼らは実用主義を是としながら他方では無限背信性[14]を帯びた懐疑主義を利用してこそ証拠の説得力が増すと考えた。以下，第5章「監査証拠」のレンズ・パースペクティブである。

　知識についての理論：多くの米国の哲学者は，知識源泉を分類する上では実用主義哲学者パースに依拠してきた。しかし現代にあってこの問題についてはモンタギューの取り扱いが最も包括的だという意見の一致を見ている。モンタギューの分析，評価，そして知識源泉についての客観的な批判はモンタギューの作品を卓抜なものにしている。（107）

　懐疑主義：その認識方法に価値があることは明らかである。哲学者の中には何事も全く信じず完全な懐疑の状態にまで突き進んだ者もいる。モンタギューはいかなる探究においても人間心理が絶対的確実性を得ることはできないと認めているが，だからといって完全な懐疑に至る必要はないと言う。主張された真実が真であることの可能性はいまだ残されるしそのことの蓋然性さえあるのだから，結局は証拠によって命題を受け入れるように知性の側が説得されるかもしれない。従って，証拠が十分であるならば証拠を受け入れず疑い続けることは誤りである。このように，懐疑主義はそれを賢く利用する場合に限って思索を巡らす者の重要なツールとなる。懐疑主義は，他の認識方法によって証拠の信頼性が確立される時点まで疑うということであれば有用である。しかし合理的な人間であればその証拠によって納得したであろうにもかかわらず，疑うことを目的に延々と疑い続けるのであれば有用な範囲から逸脱してしまう。このことは監査人についても当てはまる。監査人は容易には納得しない姿勢を持つべきだがしかし何事につけ全く納得できない人であってはならない。全ての証拠は批判的に検証されるべきであり一部の証拠には却下されなければならないものもあるかもしれない。しかしながらいかなる証拠も，単にそれが確定的ではないというだけで却下されてはならない。哲

学者らはどのような証拠が想定しうる全ての懐疑を払拭し，絶対的知識をもたらすか否かということについて意見が一致していない。しかしながら我々は，ほとんどの証拠は説得的なものに過ぎないことについて同意をしている。監査人は入手し得る証拠を入手し，可能な限りで最善の決定をしなければならない。我々には判断すべき命題がありまた実際に判断を下さなければならない。説得力ある証拠が入手できないのであれば入手可能な証拠によってできる限りの判断をしようではないか（Mautz and Sharaf, 1961, 117, 抄訳）。

しかるにマウツら第5章「監査証拠」の主旨は以下の通りである。
・包括的な知識の議論に関してはモンタギューの見識が卓越している
・哲学的懐疑主義には価値がありそれを監査に応用することができる
・確定的な証拠たらずとも価値ある証拠を見出して心証形成をすることが可能である
・証拠価値は説得的であるという程度を限度とする
・入手し得る証拠を入手して可能な限りの判断に及ぶ態度が望ましい

　マウツらは懐疑の価値を論じつつも結局は懐疑の働きを制限した。彼らが指向する懐疑はピュロニストの，カントの，ヒュームの，いずれの懐疑の水準にもない。彼らの態度はモンタギュー論における懐疑を上限にした実用的なものである。彼らによって斯界初めて措置された懐疑心の水準は，哲学的懐疑主義のそれからはあまりに遠い。

(6) 第6章：正当な注意義務

　正当な注意義務に関して近澤は，「マウツ博士によると，監査上の正当な注意義務という概念は（1）法律上の概念としての合理的かつ慎重な実務家，（2）各種の条件下における注意の表示，という二つの立場から検討してみる必要がある」と言う。すなわち「慎重な監査人は一般の人の持つ遂行および判断の基準より多少とも高い基準を持つものであり」，「法律上の概念に基礎を置くところの正当な注意義務という概念は，いかなる場合においても監査人の責任とい

う問題に対する客観的かつ進歩的な答えを与えることのできるものでなく，それよりもむしろ監査人自身にとって，また監査の質を判断せねばならぬ人に対して有用な基準を与える程度のものである」と（近澤, 1966, 95-96）と。

以下はマウツらの第6章「正当な注意義務」に関わる筆者の訳文である。

> 責任限度を確立する際，職業専門家が困難を感じることは容易く想像できる。専門職業において判断が果す重要な役割は，それが時に不運な結果を避け得ないことからも理解される。プロフェッションは変化に継続的に適応していかなければならない。(134)
>
> **慎重な人**；慎重で合理的に能力ある実務家についてはおよそ暗喩的なイメージがある。そうした人のスキルの程度は，他の実務家のパフォーマンスを測る上での尺度となる。(158)
>
> **慎重な監査人**；慎重な実務家は，意見形成に大きく影響するような疑わしい印象や，答えられない質問を取り除こうとして必要なステップを採るだろう。(164)
>
> 職業専門家は直感的に知識を得ていると推察できる。(164)
>
> **まとめ**；正当な注意の概念が，平均的な知識を持ち，特定の状況下で平均的な判断をする，合理的に振舞える慎重な人という法的概念に基づいていることが認識されなければならない。(167)

第6章にてマウツらは，法的概念から演繹し，正当な注意義務[15]の枠組みを敷衍した。しかし正当な注意義務と懐疑心との関係性については説明されなかった。マウツらは監査人が懐疑心を保持し不正を発見することに賛同し，しかるに当時の手続書よりも進歩的だった。しかしながら他方では，不正発見上は妨げになりかねない監査公準を措置するという矛盾を曝け出したのである。

(7) 第7章：適正表示

近澤（1966, 112）は第7章「適正表示」に関わり，特にマウツらの「独立性を保持する上からみて会計と監査とは全く別個の学問[16]であることに注意を要

する」という見識に着目している。以下，当該章の抄訳である。

会計的な妥当性：監査はその重要な源泉を会計学ではなく論理学に拠っている。(192)

会計と監査との関係；監査人は最初は例外なく全員が会計人であるかあるいは会計人として訓練されている。なぜならデータがどのように収集，要約，分類，表示されているのか理解せずしてそれらを検証することはできないからである。監査人は会計手続と実務に精通し，係る装置や技術に慣れ親しまなければならない。かくして会計学は監査研究に必要な背景となる。監査人は会計人としての能力を身に着けて初めて監査人としての能力を持つ。実務家は会計に関わる練習や経験がどれ程あろうとも監査人の立場にある時は会計人を超える仕事をしていることとなる。(193)

監査人は会計人としてのバックグラウンドを利用するだろうがしかし監査人の態度や視点は会計人のそれとは全く異なる。監査人は経営陣から超然と距離を置くかのような態度を採らなければならない。証拠を収集しそれらを慮る上では不偏性に徹しなければならない。監査人がする評価は単に会計人が済ませた仕事を会計原則と比較する水準を超えるものである。(194)

マウツらは，監査人は経営陣から超然と距離をとる（detachment）べきと述べた。しかしマウツらの監査公準では監査人と経営陣との間に利害対立はないと前置されていた。しからばなぜ監査人が超然とした態度を保持しなければいけないのか。マウツらはその点について説明を加えていない。

(8) 第8章：独立性

近澤（1966, 134）はマウツらの第8章「独立性」から引用しつつ，以下の旨を言う。「マウツ博士らは専門職業の独立性理論の中に多くの反独立性要素たる特徴が内在していることを取り上げていた。利害関係者にとっては企業から十分に独立したものとして監査を見ることが困難であるほどである。言わば被監査会社からの料金で会計事務所が繁栄をきたしているという状態である」。

マウツらは監査人の業際拡大に賛同していたが，近澤はそうしたマウツらの

考えを批判しない。以下，第8章「独立性」の部分抄訳である。

> 会計士とビジネスとの近接関係；会計士は顧客との関係が深く彼の仕事は経営者に対するサービスに重点を置いている。(256)

> 監査人は経営者と直接的に関わる。会計士は年次報告書をプランし官庁宛の報告書を準備する上で経営者と密接に関わる。税務上の問題が生じた場合には経営者の視点に立つ。我々はこうした緊密な関係が会計士の独立性を損なうという議論に興味が無い。(256)

> 彼らは結局，監査人が顧客に近づこうとする態度を全く警戒しなかった。

(9) 第9章：倫理的行為

近澤 (1966, 152-154) は自著第8章にあって，哲学思想に対するマウツらの評をおよそ以下のように記している。

> マウツ博士は倫理行為の背後にある基本原理の糸口としてソクラテス，ヒューム，ロック，カントなどの倫理観に触れている。

> ソクラテスは倫理行為に対する指針を知識理論に求めており，美徳主義的な倫理観を展開している。

> ヒュームは経験的に検証できる観察および関係に引き直して倫理行為を説明している。

> ロックは真実，倫理および道徳上の原理は全て本有的なものではなく，知覚および概念づけによってのみ得られるものであり良心は道徳的知識の唯一の源泉ではないと説明している。

> カントは，義務については法律の見地に基づき行動するものであると考えている[17]。

近澤はロック以来の経験主義について，マウツらの発想を基に以下，指摘す

る。すなわち経験主義的な方法では，「（1）倫理上の行為または健全な実務に対する信頼し得る指針を往々にして与えない。（2）もし経験主義的アプローチが基本的な指針として規定されるなら実際上の行為なり実務の水準を引き上げる途が無くなるという欠陥がある」(1966, 153, 修正) と。しかしロックとヒュームについては彼らが採った観察方法が経験的[18]であるに過ぎない。また，果たして観察結果には応用性が見出せないと言いきれるのか。観察が現状肯定的な態度を導くとする解釈に対しては反論の余地があろう。

以下は，マウツ第9章「倫理的行為」の抄訳である。

倫理的行為については，倫理の一般理論からその正当化の理由と基本性質が引き出される。我々は皆この主題について偉大な哲学者の考えや推論に留意すべきである。(280)

ヒュームは善が人間の感情，自らの嗜好や感情に端を発して，最後には徳を形作ると主張している。(282)

ロックは真実と倫理的行為，道徳的原則は，人間の生得的な性質ではないと言った。(283)

カントは，道徳的行動はそれを実践する個人の成功や幸福だけに関わらずそうすることが人の義務だと信じ込んでいた。(284)

こうした偉大な哲学者の広範な理論を一つに統合することは困難でありまたその必要も無い。(285)

プロフェッションの性質：我々は専門家の責任について次の如く考えている。(1) 顧客への責任，(2) 社会への責任，(3) 当該プロフェッション団体の，他のメンバーに対する責任。しかしながら，加えて (4) プロフェッションたる彼自身への責任，の側面が考えられなければならない。結局そうした責任は一つの要件の上で表わされる。それは会計プロフェッション業界の継続と，プロフェッションが提供できるサービスを一層容易ならしめることだ。(286)

以上のようにマウツらは，ロック思潮の内に生得観念否定説が包摂されていたと認め，さらにヒューム論をも意識していた。しかし，たとえいかに倫理を強調しようともマウツらの目標は明確だった。上記文脈において社会的責任の議論がされていないことからわかるように，マウツらの優先課題がパブリックの利益擁護にあったと推察できる箇所はない。

(10) 第10章：監査展望論

　近澤は各々独自の専門分野にあって哲学が確立されるべきと考えたマウツらの見解を支持し，「特定分野で活動する個人が彼らの主題，他の学問分野との関係に深い関心を持ってきていることをマウツが指摘している」と言う（近澤，1966, 157, 中略）。以下はマウツらの第10章主要部分についての筆者の解釈である。

知識フィールドとしての監査：実務上も学問上も監査は会計の一分野と考えられてきた。初めはそうだったかもしれない。しかし監査はもはや会計とは別の学問分野になってしまっている。(294)

監査は多分野から支援を受けている梗概的な一分野であり特定の分野の下には収まりきれない。(295)

監査知識のスキームは円チャートの如く表される。その核にあたる部分には形而上学，論理学，そして数学がある。哲学的基礎を得てこの核に触れ，力を得る局面こそは監査学の土台である。(297)

監査学の中核の周囲に広がる分野には会計，法，倫理，経営学，コミュニケーション論，他の隣接する学問領域がある。しかしそれらを2次元で表すことには無理がある。むしろ球体のようなものを想像する必要がある。(299)

　彼らは隣接諸科学と監査学との関係を，哲学，論理学，数学を中核にした球体イメージで捉えた。彼らは，研究範囲を説明する上では他の学問的基盤までを前提に置き，隣接諸科学の知見を監査学に反映させようとした。

（11）第11章：マウツ＝シャラフ『監査哲理』の総括

　マウツ＝シャラフは，懐疑心は賢く利用されてこそ有用なツール足り得ると言い，懐疑主義の導入には制限が必要だと考えた。しかるに彼らはモンタギュー論の応用を志したが実は哲学的懐疑主義の究明を意図していない。彼らはヒュームらの懐疑を第9章「倫理的行為」の中に封印し，実際にはいささか批判的に懐疑主義を見たのである。

　米国会計学会はその後1973年に『基礎的監査概念』（AAA, 1973; 訳書, 1982）を刊行している。その書はマウツらが挙げる公準の一部に拒否感を示しながらも，しかし監査の「概念的基盤の貢献に確立したパイオニアとしての業績はマウツ＝シャラフに見出される」（AAA, 1973, 序章）と述べて彼らに賛辞を与えた。それが故にマウツ＝シャラフの書は後にまで影響するトレンドを決し，哲学の批判的態度が監査界に受け継がれる。

　ところで彼らは自著巻頭にて，「我々が執筆した書のタイトルによってあらぬ誤解が生じないよう望んでいる。我々は当該研究が監査哲理の完成形を示すとは全く考えていない。監査哲理という本書のタイトルに関して言えば我々の努力は不完全に終わっている」と言う。しかるにマウツらの書が監査の哲学を全て説明し得たと考えてしまってはマウツらの思いにも反することとなろう。

　マウツらの後はSchandl（1978, preface x, 抄訳）が，「ガリレオが彼の革新的な見解の故に罪を問われた」逸話をも引き合いに，彼らの挑戦を引き継ぐことを目論んで刊行された。しかしながら「基礎的監査概念」（AAA, 1973）を別格にすれば後続書はいずれも，彼らの書に比肩されるインパクトを持ち得なかったのである。

3．マウツ＝シャラフ監査公準の死角－被監査経営者との利害関係性

　米国会計学会『基礎的監査概念』はマウツらを讃えつつしかしヒュームをも視野[19]に入れて次を言う（AAA, 1973, 27-28, 抄訳）。「マウツ＝シャラフは監査人と経営者との間に利害対立は無いという有害な仮定を披瀝している。われわれ

基礎的監査概念委員会の目標は，十分な証拠に基づく判断と，単なる仮定から導かれる判断が異なることを示す点にある」。要するに米国会計学会はマウツらが掲げた第〔2〕公準,「監査人と被監査経営者との間に必然的な利害対立が無い」を問題視したのである。

懐疑心との整合性の見地からはさらに彼らの第〔6〕公準,「反証のない限り，被監査企業にとって過去において真実とされたことは将来においても一応は真実である」が疑問視される。彼ら自身は当該「第〔6〕公準は継続企業の公準の如き趣旨のものでありこれを承認しなければ監査の実施が不可能になってしまう」(Mautz and Sharaf, 1961, 57-58, 抄訳) と主張するが，それでは監査人が誤った心証を積み上げるリスクを生じさせる。

1960年代にあっては，監査人責任の拡大に慎重なSAP第30号が不正に関わる唯一の監査規範だった。その時代に彼らは，結局は監査人の責任範囲を限るために第〔6〕公準を措置した。しかし当該公準を是認してはアンカリング効果として知られる心証形成起点の切り上げを許し[20]，監査人が誤った心証を累積するリスクを抑えられない。

他方で実のところマウツ自身，その後はプロフェッション界の牽引役として活躍する。彼は1965年に米国会計学会会長に就き『基礎的会計理論』(AAA, 1966) に序文を奉じた。1968年には財務担当役員協会の基金を得て，産業界向けの『多角経営企業による財務報告』(Mautz, 1968) の書を刊行しており，さらに1980年代に至ってはPOBの委員をも務めた。

結論的にマウツらの書の内容は，21世紀の今日その全てが適合することはない。今日の監査人には，過去に得た知見に縛られず自らの判断に対してさえ批判的になるよう求められている。環境は刻々と変化し，監査人には信念の改訂[21]にまで及ぶ柔軟性が求められている。会計プロフェッションに対する懐疑心の要請は半世紀以上も前の非懐疑的な監査公準とは共存し得ない。マウツらの書は，その全体的構造については依然妥当であろうとも，部分については悉く時代遅れになっている。

● ── 注

1）【ウィーン学団】ウィーン学団（独Wiener Kreis）とは第一次世界大戦後ウィーンおよびベルリンに興った論理実証主義学派である。当該研究グループは，第一次世界大戦の前後からマッハやラッセル，アインシュタインらの研究成果に影響されたウィーン大学のサークルを母体にしたが，1930年代，ナチズムによる執拗な干渉を受けて終息する。ウィーン学団の後裔は米国にて，「自然科学的な方法を用いた上での社会科学の統合」を掲げて活動し，米国における実用主義，操作主義，行動主義の表象に関わり影響を与えた。ウィーン学団の末裔は1960年代前半まで，実証主義が対峙する問題を経験主義的仮定に沿いつつ言語や論理の分析方法を用いて解析しようとした。そこでの態度と目標はラディカルでありその方法は科学への復帰である。当該学団の系譜を辿る上ではクラフト（Kraft, 1950; 訳書, 1990）の文献が役立つ。

2）【ケンブリッジ分析学派】当該ケンブリッジ・グループは英国20世紀哲学思潮の主流であり新実在論の立場を採っている。それはカント的観念論に対抗するロックの延長上にあり，知覚対象そのものと，対象を知覚することとを峻別しようとする。彼らは判断が依拠する事実構造の解析に取り組もうとしていた。

3）【因果関係の態様】Bunge（2009, 133）はしかし因果対応のリニア関係（linearity of causation）についてそれらを，(a) 1対1の因果（unilinear），(b) 1対複数の因果（multi linear），(c) 1対多数（divergent）の因果，(d) 多数対1の因果（convergent），さらにいわゆる (e)「ブラウン運動」的結果をもたらすリアル，に識別している。

4）【功利主義】Sandel（2009, 34）曰く功利主義（utilitarianism）の下では「モラルに関する最高の原則は幸福の極大化である」。そのような功利思潮は米国に根をおろした実用主義に通底する。ところで功利と言えば日本語の下では非倫理的な印象さえあるが，最大多数の最大幸福を批判することが一概に悪いとは言えない。実際そうした議論の核心の重要性はSandel（2009）の議論が本邦にても人気を博しいわゆる「白熱教室」ブームを呼んだ背景であろう。『哲学事典』（下中, 1971, 1284）は実のところ「ベンサムの代表作『道徳および立法の諸原理序説（1789）』の基底をなす功利性（utility）の概念は，ベンサム自身が告白するよう，ヒュームの『人間本性論』第3巻道徳編から採ったものである」と指摘する。

5）【マウツらの書の題名】当該翻訳版は近澤（1987）『マウツ＆シャラフ　監査理論の構造』の題名で刊行された。近澤の邦訳書名はマウツらの原題を表してはいない。他方，『モントゴメリーの監査論』の翻訳書もマウツらの同書タイトルを『監査の理論』と訳出していたが，しかしマウツらの書の題名には理論（theory）という語は付されていない（O'Rally, 1992; 訳書, 1993参照）。筆者は本書にて当該書を『監査哲理』と称している。

6）【会社財務諸表の会計および報告基準】Accounting and Reporting Standards for Corporate Financial Statements（AAA, 1957）.

7）【監査フィロソフィーの訳】近澤（1966）はマウツらの第1章の章題Toward an Audit Philosophyを「監査理論の探究」と翻訳し，自著全編にてフィロソフィーを哲学とせず理論と訳している。しかし筆者はこれを哲学に立ち戻って解釈したい。マウツらはその書名および章題の通り，監査の理論構築に留まらず監査のための哲学を希求していた。

8）【本邦の学風に対する太田の見解】1956年，太田哲三は岩田巌著『利潤計算原理』の序文にて，「我国の学風はひとり会計学ばかりでなく，外国の研究のつぎはぎであることが多い。外国の学風がさかんであれば無批判にこれを採入れ，外国における末梢的な問題までが日本の雑誌論文の課題となって宣伝される」の旨，記している。

9)【会計・監査学者から見た実務家の姿】この部分はマウツらによる辛らつな実務家評であるが，Moonitz（1974；訳書，1979, 20）は1973年初頭の学会にてゼフ（Zeff）も以下のことを述べたと伝えられている。「学術組織の意見や理論が会計理論の発展過程には重要であるというムーニッツの明確な信念に私は共鳴していないことを明らかにしなければならない」，「合衆国での経験からすると学術論文は明らかに，実務家の文献にほとんど影響を与えず，かつAICPAの会計作業やSECにもほとんど影響を与えていないのがわかる。（中略）会計理論は論争を明らかにするものとしてではなく既に結論の出ている考えを支持させるための戦術として役立っているとみられる」。

10)【監査判断と証拠および信念との相互関係性】マウツらの監査判断の考え方は後のベルらに影響していると察することができる。すなわち「証拠や心証，リスク・アセスメントは監査の礎石となるものであろうが，監査判断はそれらを繋ぎ留めるモルタルである」（Bell et al., 2005, 18, 抄訳）。監査証拠それぞれの信頼度が高かろうとも，判断が歪んでは監査の質は保証されない。そして判断の質を高めるべく持ち出されるテーマが懐疑心である。

11)【近澤訳の（マウツ＝シャラフ監査公準の）確度】ここに筆者が示した監査公準の文脈は近澤（1966, 34）に依拠している。しかし近澤の〔1〕「しなければならない」，〔2〕「あってはならない」，〔7〕「絶対に必要」，という要請的な表現に落とし込んでは，客観基盤の概念たる公準が果す価値と機能を損ねるおそれがある。それ故，読者はマウツらの原文にあたることが賢明であろう。原文にてマウツらはshouldではなくbeに揃え表記している。すなわちマウツらは「そうあるべき」とは言わず，むしろ「そのものである」の旨にて監査公準論を展開している。

12)【非懐疑主義的なマウツ監査公準】第〔2〕，第〔6〕公準のみならず，実際には第〔4〕公準すなわち，「満足するに足る内部統制組織の存在は不正の蓋然性を排除する」の言明も懐疑主義とは整合しない。どれ程十分な内部統制であれ経営陣に因る無視や蹂躙（override）が為されれば有効ではなくなるからである。しかし，筆者は蓋然性と内部統制との関係性に関し深く言及していく意図が無く，しかるにここにおいては第〔2〕，〔6〕公準に集中して検討を進める。

13)【マウツらの監査公準に対するロバートソンの批判軸】Robertson（1976, 31, 抄訳）はマウツらの監査公準にも関わり「1970年代半ばまでは，監査人は被監査経営陣との間に利害の対立が無いと考える傾向にあった」と述べる。ロバートソンの見解は徐々にマウツらの監査公準への対抗軸を形成していった。

14)【無限背信性】いわゆる「アグリッパのトリレンマ」の構成要素である。懐疑主義の最終到達点とされる判断保留へ至る3方法には無限背信性，ドグマ的仮定，循環論法がある。そして「ミュンヒハウゼンのトリレンマ」に至っては，知識と論理に確実な根拠が得られることはないという結論になる。

15)【正当な注意義務】due professional care. 鳥羽ら（2015, 153）は「正当な注意の概念は監査人の過失責任の有無を判断する際の重要な基準となっていたという事実を踏まえ，アメリカにおける監査基準の設定の歩みの中で，ブロード［S.J. Broad］によって初めて監査基準として認識されたものである。その意味で（中略）極めて法律的な色彩の強い概念である」と説明する。ところでAU230.03に収められているthe degree of skill commonly possessed by othersという表現はミシガン州最高裁判事CooleyのLaw of Tortsに記された表現であり，従来，その文脈が正当な注意義務レベルの測度となってきた。ところで正当な注意義務が法的思考を根本に置くということは逆に，正当な注意義務だけでは最善の実務遂行のインセンティブにはなり得ないということである。

16)【会計と監査の成り立ちの区別】それはリトルトンの見識であり，マウツらのこの考え方はLittleton（1933；訳書，1952, 371）の言う「会計を簿記からはっきりと区別すべき一つの規範は会計監査で

ある」の解釈に影響されている。

17）【マウツ＝シャラフによるカントへの論及】マウツらによるカント［I. Kant 1724-1804］への論及はその点のみである。カントは突如ヒュームから，ドグマ主義から離脱すべしというインスピレーションを得て『純粋理性批判』（1781）の書によって形而上学を否定し，批判哲学を確立したと伝えられる。しかしカントはヒュームとは異なり帰納推論を拒否しなかった。

18）【経験主義とプラグマティズム】『哲学事典』曰く「人間の行動や認識の全てを，より望ましい経験を獲得しようとする効率的経験の系列中に位置づけようとする点で，経験主義はまさにプラグマティズムである」（下中, 1971, 391）。結局，経験論（empiricism）の類は全てプラグマティズムと相性が良い。現代英米の会計学研究の趨勢をみれば自明であろう。

19）【ASOBACのヒュームに対する評価】ASOBACがヒュームを肯定したと判断できるのは以下の観念連合構造への言及の故である。すなわち「知覚は知覚する者の様々な判断と信念の連合を要求する。監査人に知覚された知識は絶対的足り得ない。例えば人はテーブルの上にあるものを見てそれが本であると観察することがある。彼の信念は彼自身が記憶している他の判断結果からの推論による」（AAA, 1973, 28, 抄訳）。知識形成過程にてヒューム論を源にする観念連合論を持ち出している点，ASOBACはヒュームに影響されている。

20）【アンカリング効果】Kahneman et al., 1982; reprinted, 2001, 14, 抄訳）のanchoringたる用語を指す。すなわち「多くの状況下で人は，最終的な判断の拠り所となるはずの当初のバリューを漸次調整し，先に来る事柄を見通していく。ところがその都度調整された結果，すなわちその都度の判断の起点は異なる将来事象の見通しに繋がり，当初の起点からの乖離は激しくなる」の旨である。ところでSAS第99号にみられるいわゆる心証のリセット要請は，監査人心証を常にイニシャル・バリューに戻すべきと解釈し得る点，アンカリングを回避しようとしている。

21）【信念の改訂】Bell et al.（2005, 23-25; 訳書, 2010, 38-41）には，"recursive, evidence driven, belief-based risk assessment" の文脈により信念の改訂が議論されているが，それはクワイン［W.V.O. Quine 1908-2000］の所論そのものである。坂部・加藤（1990, 296-299）では「言明に対して反証例が挙がったとすれば再調整が引き起こされる。その場合には信念体系をそのまま保持しておくことはできない。いかなる言明も改訂を免れられない」旨，監査に応用され得るクワインの所説の核心が説明されている。

第3章
米国の現代監査史

「人は事件が相互に関連のあることを見つけたことにスリルを感ずる。歴史を書く人の野心は一部分は確かにこのスリルを刺戟することにある。しかし歴史は我々の興奮をそそるというだけでなく同時に我々の役に立つものである。」

(Littleton, 1933; 訳書, 1952, 序文)

1．1970年 ペン・セントラル鉄道会社事件－嵐の始まり

　1970年代を挟んで，会計プロフェッション界は Previts and Merino（1979）『アメリカ会計史』により「アイデンティティの危機」と命名される事態に直面する[1]（久野, 2009, 226）。鳥羽・村山（2000a; 2000b）は「アメリカにおける本格的な改革は1970年代から始まったと言っても決して過言ではない。最も注目すべき時代である」の旨を言う。

　第35代大統領ジョン・F・ケネディ［J.F. Kennedy 1917-1963］の就任前から1970年代にかけ，米国の民衆は意識を高めて権利を主張し始めた。1950年代から始まっていた公民権運動はキング牧師［M.L. King, Jr.1929-1968］率いる1963年「ワシントン大行進」によってピークに達し，さらにその時代，社会運動家ラルフ・ネーダー［R. Nader］[2]が「米国製自動車に仕組まれた危険」（1965）を告発したことに象徴されるように，米国内ではベトナム戦争に対する厭戦ムードも嵩じ，あらゆる財とサービスの質さらには権力に対して懐疑の目が向けられていた。

　時代の境目にあっては会計プロフェッションをも被告席に見出す法整備が進む。原告は被告会計士に対し証券取引所法の下で詐欺防止規定ルール10bおよび10b－5違反を問うのみならず，州法適用下，慣習法[3]の判断の下での過失認定や不実表示，さらには「事業への犯罪組織等の浸透の取り締まりに関する1970年法」（Racketeer Influenced and Corrupt Organization Act of 1970, RICO法）による提訴手段を持つに至った。懲罰的損害賠償[4]を求める雰囲気が広がり，プロフェッション界は過重な賠償に繋がる1970年RICO法を特に脅威に感じ始めていた。

　そうした状況下，SECによる行政処分件数は顕著に増える。さらにその後は貯蓄金融機関（S&L）等の破産が相次ぎ，会計プロフェッション界に対するディープ・ポケット訴訟が頻発[5]する。

　以下，米国現代監査史にあって記憶されている監査の失敗事例[6]を列挙する。1966年提訴のコンチネンタル・ベンディング・マシン社事件はプロフェッション界に対する責任追及の契機になった[7]。1970年ペン・セントラル鉄道会社事

件は世界最大の鉄道会社の利益操作の果ての倒産とされ，会計プロフェッション界に嵐が襲う。さらに1973年エクイティ・ファンディング保険会社事件はプロフェッション界に懐疑心のニーズを意識させ，その後「監査人の責任委員会」を組織させるに至る一大事件となった。

　ペン・セントラル鉄道会社事件の詳細はASR第173号に詳しい（鳥羽・村山, 2000a）。同号はピート・マーウィック・ミッチェル会計事務所が不適切な実務を黙認していたと咎め，契約の法的形式さえ整っていれば何も問題にしない姿勢を採っていたと批判した。

　後にSECの委員長となったレビットは事件を振り返って次のように述懐している。「世間を震撼させた企業破綻はニューヨーク・セントラル鉄道とペンシルバニア鉄道の合併後に起きた倒産劇だ。合併後のペン・セントラルはタイタニック号のように沈没した。船長以下，指揮にあたった者たちの不注意で船は氷山に衝突した。責任者は救命ボートに乗ってこっそり逃げて残された会社はずぶずぶと沈没した。負債の急増で流動比率が悪化しているのにペン・セントラルの取締役達は金をかき集めるのに忙しかった。急遽，1億ドル以上の配当金の支払いを決めたのだ。1970年，ペン・セントラルは周りの企業を全て道連れにして破産を申し立てた。国内最大の企業だった同社はなす術もなく海の藻屑と化した」（Levitt, 2002; 訳書, 2003, 279）と。

　往時最大の倒産劇となった同鉄道会社事件により不動産市場は混乱した。そして時代は不動産王ドナルド・トランプ［D.J. Trump］を生む。トランプ曰く，「ペン・セントラル鉄道倒産の後の1973年夏，空気は重苦しく暗かった。新聞の一面は毎日，倒産の記事ばかりだった」。「ニューヨーク市が生き残れるかどうかさえ不安視されていた」。「ウェストサイドの荒れ果てた広大な跡地を見て私はふと気づいた。当時の人々はそこを麻薬の売人がうろつく危ない場所と考えていたのである」。「私が手をつけた最初の大一番の取引は，ニューヨーク市に未払税他15百万ドルを弁済できないでいたペン・セントラル鉄道保有のグランド・セントラル駅付近42ストリートの土地を1,200万ドルで買い，廃れたコモドール・ホテルを補修してグランドハイアットホテルを建てることだった。危機にあったニューヨーク市のウェストサイドは誰かが手をつけなければスラ

ム化してしまうことが目に見えていた。私はその近隣一体にあっと驚くリニューアルを施すプロジェクトに賭けた」。「私はリバーフロントが可能性を秘めているという直観を信じ，その後の1974年7月にウェスト59街区から72街区，ウェスト34街区から39街区の全部を頭金無しの6,200万ドルで買い入れるオプションを得た。そのプロジェクトで私は1970年代初め，不動産デベロッパーとしてのジャンプ・スタートを切ることができたのである」（Trump, 2004, 155-157; 2007, 23, 44, 79-81, 抄訳）。言わば，1970年のペン・セントラル鉄道会社事件が，後の第45代大統領ドナルド・トランプを生むのである。

2．1973年 エクイティ・ファンディング社事件－懐疑心の欠落

　図表3-1内（9）に表したエクイティ・ファンディング社事件は，1977年に"ビリオン・$・バブル"のタイトルで映画化された不正事件である。同社事件につきムーニッツは，「エクイティ・ファンディング生命保険会社の財務諸表が主にニセの保険契約書に拠っていると明らかにされた粉飾事件である。監査人はこの粉飾を見逃し無限定適正意見を与えていた」（Moonitz, 1974; 訳書, 1979, 12-13）と言う。

　本事件が懐疑心の欠如による監査の失敗事例と見定められる理由は以下六つであろう。
　〔1〕プロフェッションが複数名刑事訴追された事実
　〔2〕公開企業の経営者不正事件であること
　〔3〕内部統制が問題視される不正事件であること
　〔4〕コンピューター環境下の犯罪であること
　〔5〕プロフェッション界側からの調査報告書が批判されたこと
　〔6〕本事件を契機に懐疑心要請が監査基準書に記されることとなった事実[10]

　渦中，1970年代初めにSECの主任会計官[11]を務めていたバートンは，「問題にする訴訟の大部分は民事的性格を有する事件であるが，まれには或る訴訟内容が重大であるために刑事訴追を検討するように，SECが司法省宛に付託を決

60

米国の現代監査史 第3章

図表3-1　1960年代後半からの会計士訴訟例

提訴・判決時期	事件名	被告	損害賠償額	主要原因事由と背景
(1) 1967年提訴 (原告；株主社債権者)	Yale Express社事件	役員およびPMM	$1,010,000.-	・粉飾と不正発見義務 【SAP第41号刊行原因】
(2) 1968年NY地裁判決 (原告；社債権者)	Barchris社事件	役員およびPMM	—	・虚偽記載（セール・アンド・リースバック取引の資産売却益否定に起因）
(3) 1966年提訴－1969年控訴審判決 (原告；合衆国政府)	Continental Vending Machine社事件	LRM（3名の会計士に有罪判決）	$1,960,936.-	・利害関係者取引注開示の不足・経営者誠実性確認義務の認識【SAP第30号への疑問】
(4) 1970年NY地裁判決 (原告；アパート所有者組合)	1136 Tenants' Corporation事件	公認会計士Max Rothenberg & Co.	$174,000	・監査契約範囲の解釈と横領発見義務（社長の費消の発見義務）
(5) 1971年提訴－1976年控訴審判決 (原告；Herzfeld)	Herzfeld事件	LKHH[8]	$97,500	・十分かつ適正な開示義務違反
(6) 1972年提訴－1974年地裁判決 (原告；SEC)	National Student Marketing社事件	PMM	$12,500	・（委任状勧誘資料たる財務諸表の粉飾が看過された）監査判断上のミス
(7) 1970年調査開始 1973年提訴（原告；SEC）	Talley Industries社事件	PMM	—	・売上原価の過少表示（経営者説明を鵜呑み。条件付意見を出す上での監査人の検証不足） ・ASR第173号（1975）
(8) 1970年6月破産法申請 1974年提訴（原告；SEC）	Penn Central鉄道事件（世界最大の鉄道会社の利益操作事件）	PMM	—	1970年5月倒産 ・「形式よりも実質」を求めるディスクロージャー方針に対する非準拠 ・ASR第173号（1975）
(9) 1975年連邦地裁判決 (原告SEC)	Equity Funding保険会社事件	Haskins & Sells, Seidman & Seidman	$44,000,000.-	1973年4月倒産 ・監査体制の不備 【SAS第16号前夜－新監査基準書刊行の期待】 ・ASR第196号（1976）
(10) 1975年調査開始 (原告SEC)	Stirling Homex社事件	前任監査人はHKM 1971年よりPMM	—	1972年倒産 ・前任監査人の交代理由他に関する正当な注意義務違反・不適切な収益認識・架空の住宅売上げを看過
(11) 1976年最高裁判決	Hochfelder事件[9]	Ernst & Ernst	—	・監査人責任を追求するためには監査人側の詐意の立証が必要（34年法ルール10b-5に関しての監査人側に有利な解釈）
(12) 1982年控訴審	Solitron Devices事件	—	—	詐意の立証までは不要でありrecklessnessさえ立証できれば34年法10b-5の訴追要件が満たせるとする判決
(13) 1994年	Worlds of Wonder事件	—	—	監査人の不適切な判断は詐意とは解釈されず，しかるに34年法10b-5の訴追要件は満たせない
	Software Toolworks事件	—	—	

断する場合がある。そのような付託は会計プロフェッションが虚偽表示を知りながら証明した証拠があると確信した場合にのみなされる」(O'Ralley et al., 1992; 訳書, 1993, 165, 修正) と言う。同社事件にてSECは監査人が不正を知っていたであろう性質の悪さの故に刑事訴追を決断したのだった。

　以下，ASR第196号，Knapp（2006, 425-429, 抄訳）を参考に，「懐疑心ゼロ」のマインドに災いされた事件たるエクイティ・ファンディング社事件の実像を記す。本事件がコーエン委員会招集の契機となり会計プロフェッションに対する懐疑心要請を生んだ。

1973年米国【Equity Funding Corporation of America 倒産事件のあらまし】

　エクイティ・ファンディング・コーポレーション・オブ・アメリカは1960年設立。1万ドルの資金で営業を開始した。1964年株式公開，1966年アメリカン証券取引所上場。1970年NYSE上場。1973年には10億ドルの資産を管理するに至り保守色の強い生命保険業界にあっては急速に全米の注目を得るまでに成長した。同社は会長スタンリー・ゴールドブラムと執行役員フレッド・レビンの指揮の下，アグレッシブな経営方針を取り，瞬く間に生命保険会社トップ10入りを果たした。

　株式公開時には総資産900万ドル，税引前利益62万ドルであった同社は，1972年に総資産5億ドル，税引前利益2,600万ドルを報告するまでとなった。執行役員フレッド・レビンの性格はとりわけ熾烈でありロサンゼルスにおいてはセレブリティーの一員として広く認知されていた[12]。彼はとある業界コンファレンスにて，「わが社は財務的には保守的な方針を採っているが商品開発にあっては革新的である。そして顧客の真のニーズを満たすことを社是としている」と吹聴した。その後1970年代前半に至り同社会長ゴールドブラムの個人資産は3千万ドルを超え，彼は全米証券業者ロサンゼルス支部倫理委員会の委員長を務めるまでになった。

　1973年4月，元従業員の密告[13]により同社とその連結子会社3社の総額20億ドルに及ぶ保険証券が架空であったことが判明して同社はその後数週間で壊滅した。破産管財人に指名されたトゥーシュ・ロス会計事務所は，その後同社が10年に満たない間に20億ドルを超える虚偽の再保険契約をしていた事実を明らかにした。

同社は1972年に創業以来最高の業績を公表したが実際には株式公開時以来黒字の年が一度もなかった。1973年4月，同社の成長は全て虚構であると暴露された。決算修正を受けて同社1972年度末の純資産は1億4,340万ドルからマイナス4,210万ドルに訂正された。一株あたり80ドルの高値で取引されていた同社の株価は無価値になり会社は破産した。

本事件で注目すべきは，不正を知っていた関係者の数の多さである。不正に直接関わった，あるいはその事実を知っていたのは幹部や従業員，外部者を含めて50数名に及んでいた。同社の経理システムと不正の隠蔽にはエレクトロニック・データ・プロセシングが利用されていたことから，当初は新手の高度なEDP犯罪[14]ではないかと騒ぎたてられた。だが実のところはきわめて単純なスキームの犯罪であった。

不正の手口には保険加入者を記録上で死亡させたことにして再保険会社からキャッシュを得，他方で証拠をシステム上で追跡できないようにする方法が含まれていた。法廷記録によれば同社は1965年の早い時期から一部の債権勘定と利益勘定に虚偽記載をしていた様子である。帳簿上に記された保険証券35億ドル相当99,000通のうち20億ドル相当の56,000通が架空だった。同社は結局1億ドル相当の資産を捏造し，債権や死亡証明書を偽造していた。

検察官は同事件に関わり1973年11月，詐欺と共同謀議に関する105項目により22名を起訴した。その中には同社の従業員以外に3名の公認会計士も含まれていた。関与者はいずれも粉飾により同社の株価が暴騰することで得られる利益をインセンティブにしていた。他方で関与者のうちの一部は，かねてよりゴールドブラム会長が株の値上がり益を不正に追求している事実を掌握した上で，何とか全うな会計方針の適用に戻して犯罪を阻止すべく進言をしていた様子であった。

同社の監査を担当し，1976年1月SEC会計連続通牒第196号（第12752号AS-196§3199）によって行政処分対象となり，さらに実刑判決を受けたセイドマン＆セイドマン監査法人ら外部監査人の多くは不正とその原因を積極的に見つけだそうとするしかるべき懐疑心を持たなかった。顧客のオフィスにて監査人はサンプリング途中に突然豪華な昼食に招待され，その際，監査調書のファイルには鍵がかけられなかったことも報告されている。監査人らが経営陣と昼食に出ている間，サンプリング対象となっていた保険証券とその番号はコピーされ事後の偽装が可能となった。監査人は結果的に不正の協力者となる罠に陥った。

同社株主約7千名の事件被害総額は数億ドルにのぼった。証券市場全体では

> 一週間のうちに150億ドルの価値が消失し大きな社会・経済問題になった。本事件でゴールドブラム会長は8年の拘禁刑を受けたが実際には連邦刑務所での4年間の収監，レビンについては2年半の実刑しか受けなかった。主犯者であった二人はその後実業界に復帰して懲りもせずに豪奢な生活をしていたと伝えられるが，またもやそれぞれ別の詐欺事件に関わり再逮捕されたのである。

　事件発覚直後の1973年4月30日，SEC委員長クック［G.B. Cook］はAICPAに対し，監査人責任の範囲について急ぎ検討を始めるように指示を出した。
　SECが抱いた危機感により1973年5月，M.L. ストーンを委員長とする「財務諸表において現在適用されている監査基準および監査手続の可能性特別委員会」たるエクイティ・ファンディング社事件調査特別小委員会が召集される。しかし，事件の重大さにも関らず調査チームは総数たった5名という小世帯だった。調査小委員会にてAICPA会長は監査基準や保険規制に対する抜本的改革に及び腰だった。その期に至ってもAICPAは，州法下で監視されている生命保険業界のことだから大丈夫だろうと高を括っていた様子である。
　結局，本事件発覚を契機にしてAICPAは監査基準の改訂を考えなければならなくなる。しかし同調査特別小委員会は，驚くことにその一部を除き，一般に認められた監査基準は適切であり監査人が利用する手続について変更を必要とするものではないと結論づけた。また学界にあっても（Moonitz, 1974; 訳書, 1979, 13）は「プロフェッション界が迅速に反応している。解決策は間もなく出されよう」という楽観論を述べ，かかる状況をシリアスに受け止めようとはしなかった。
　しかしその後，議会はプロフェッション界の動向を制限しようとし，結果，後述1976年モス小委員会報告書にてはSECが監査基準を設定すべきとする初の勧告が出された（Moss Subcommittee, 1976）。さらに1977年メトカーフ小委員会報告書にても同様に，政府機関が基準策定権限を担うよう勧告が出された（Metcalf Subcommittee, 1977）。
　モス下院議員は会計プロフェッション界に対する監視を強めようとしたが，その段にては実現できなかった。識者によればその理由は，「基準作成をプラ

イベート・セクターに委ねてきた歴史的事実にある。政府強権による融通の利かない法文に拠った統制を避けるためであった。合衆国の私的自由に対する根強い信念に基づいていた」(小森, 1989, 170) との由である。

3．1975年 事件調査報告書－責任回避の顚末とSECの態勢

　エクイティ・ファンディング社事件の衝撃はプロフェッション界を震撼させるにあまりあった。マスコミは同社の10年間にわたる詐欺を監査人が見抜けなかったことを厳しく批判しその後も叩き続けた。

　事件調査報告書は1975年2月に提出されたが，それは会計プロフェッションの従来通りの手続を前提にしたもので何ら抜本策を示せてはいなかった。そうした状況に対し後述コーエン委員会は，「エクイティ・ファンディング社事件調査報告書は責任を回避し，それを制限することに重きを置いていた」(Cohen Commission, 1978, 31, 脚注1, 抄訳) と述べて批判を浴びせる。

　1975年当時にあっては他にもいくつかの不祥事が世間を騒がせていた。架空の住宅売上を計上して倒産したスターリング・ホメックス［Stirling Homex］社に対しては監査人交代に関わる正当な注意義務違反の調査が始まっていた。そのような状況下でSECは，アグレッシブな第19代SEC委員長レイ・ガーネットの下，主任会計官にはバートン，そして調査・執行部長にスタンリー・スポーキンを擁した。彼らは，「一緒になって会計士業界にプレッシャーをかけた。それは以前には見られなかったサツによる捜査」(千代田, 2014, 138) だった。会計プロフェッション界は1970年代半ば，スポーキンら「SECの警察官」に狙われたのである。

4．1976年 モス小委員会報告書－SECへの批判

　1970年代，監査の失敗の故に議会は危機感を抱き，SECは提訴事件を抱え，その結果いくつかのスタディ・グループが組織された。注目すべきはペン・セントラル鉄道会社事件の惨禍を背にして組織されていた下院モス小委員会である。

同鉄道会社事件が惹き起こした不動産市場の混乱により，ミシガン州選出民主党下院議員ジョン・E・モス［J.E. Moss］を委員長として他15名の委員からなる調査小委員会が組織された。そして同小委員会は1976年10月，「合衆国下院の州際および外国商業取引委員会の監視および調査に関する小委員会報告書」（モス小委員会報告書）（Moss Subcommittee, 1976）[15]を提出する。

1976年　モス小委員会勧告の骨子
〔1〕統一的な会計原則の設定
〔2〕企業行動倫理規定の作成と実行および内部統制の確立と独立監査人による監査
〔3〕虚偽表示に協力した監査人のSEC業務停止措置
〔4〕取締役会については外部専門家に委嘱され十分な報酬と独立したスタッフが供されること
〔5〕SECが監査基準を設定し会計事務所の行動基準を規則化すること
〔6〕違法性あるいは疑問ある支出についてディスクロージャーを求めること

勧告上の重点は以下に集約されるだろう。すなわち（1）SECが監査基準等を設定すること，（2）企業がガバナンス体制を保持し監査人がそれを検証すること，そして原告側に被告の詐意があったことの立証負担を求める1976年Hochfelder判決を覆せるような（3）監査人責任拡大に向けた法整備をすることである。

後に米国会計検査院からディンゲル［J.D. Dingell］議員宛に提出された報告書 *The Accounting Profession*（GAO, 1996; 訳書, 2000）は，モス小委員会報告書につき，それら勧告のほとんどはSECという組織自体に関わるものであったと指摘している。すなわちモス小委員会はSECたる市場監督者がプロフェッション界を信頼し過ぎていると言い，SECを槍玉に上げて批判をしたのである。

しかし結局のところモス議員の願いは叶わなかった。当該法案はSECから議会宛に1978年7月に提出された「会計プロフェッションと監視任務に関する報告書」により見送られ，同年第95回議会にて廃案となる。

しかしながら嵐[16]の余波は続き，会計原則，監査規範，判例については順次新しい検討が加えられる。そして1977年3月，上院メトカーフ小委員会報告書により重ねて会計プロフェッション界とSECに対する不信が示される。

5．1977年 メトカーフ小委員会報告書－会計プロフェッション界への挑戦状

上院「メトカーフ小委員会報告書」[17]とは「アカウンティング・エスタブリッシュメント―合衆国上院の政府業務に関する委員会の報告書，会計および経営に関する小委員会によって作成されたスタッフ研究」を指す（Metcalf Subcommittee, 1977a）。

リー・メトカーフを委員長とする1977年同小委員会報告書の内容は「社会の人々に資するために既存の会計および財務報告実務を改善する方法」を要約していた。結果，メトカーフ小委員会勧告の向けられる先は，政府，会計プロフェッションさらにSECへと広範に及んだ。

メトカーフ小委員会報告書にあっても政府が会計原則と監査基準の策定権限を持つように記された。さらに，監査法人のコンサルティング兼業を拒否する方針を含め，全16項目に至る勧告が出された。

1977年メトカーフ小委員会勧告の骨子
〔1〕会計監査の強化
〔2〕政府機関等を指導する包括的会計目的の確立
〔3〕粉飾事件の被害者救済のための証券立法の改正
〔4〕大企業の監査人選定に際しての監査法人間の競争強化
〔5〕政府が会計基準を設定すること
〔6〕GAO，SECあるいは政府（連邦法）が監査基準を設定すること
〔7〕上場会社監査の毎期調査
〔8〕監査人行動基準の作成・実施
〔9〕ビッグ15会計事務所の営業・財務の公開
〔10〕監査人の責任についての定義

〔11〕会計基準設定方法への一般参加方式の導入
〔12〕上場会社の監査等の集中排除
〔13〕独立監査人の業務の再検討
〔14〕行政処分に際しての公平な措置
〔15〕CASBの基準設定に独立性を与えること
〔16〕政府役人のAICPA委員会等への参加の禁止

ディンゲル議員率いる改革派は当時次のように考えていた。

財務会計基準審議会（FASB）はAICPAの支配下にあって実質的には独立していない。そしてAICPAはビッグ8とそれに続く7大会計事務所の掌中にある。ところがこれら大手会計事務所，中でも特にビッグ8は大会社のために仕事をしており独立性は失われている。一方でSECは腐敗した状況を改革する責任を放棄しているのみならず，AICPAやビッグ8の支配下にあるFASBの発表する会計基準，つまり大企業にとって都合のよい会計基準をGAAPとして承認している。

パブリックの利益は守られていない。諸悪の根源はビッグ8と統治能力のないSECにある。議会や政府は積極的に介入すべきである。

(千代田, 1998, 68, 修正)

　下院モス小委員会に続き上院メトカーフ小委員会も，会計プロフェッションを野放しにするSECの姿勢を批判したのである。
　しかしメトカーフ小委員会にても結局，権限を公的機関に委譲する勇断はされなかった。重石となったのは会計士業界とSECにもう一度チャンスを与えるように望んだSEC委員長H.M.ウィリアムズの発言であった。SEC委員長が会計プロフェッション界を擁護する発言をすることで改革のチャンスは潰えてしまった。
　メトカーフ報告書が刊行されたその時代，「小委員会の調査に対して回答を拒んでいたビッグ8もあった。当時，ビッグ8の財務内容はともかく，所員の人数や規模について正確には知りえない秘密事項であり，またそれらの情報も

多くは噂の域を出ていなかった」(小森, 1989, 4)[18]。嵐の最中にあって会計プロフェッション界はなお強気だった。他方でSECは抜本的な手を打つ気概を持たなかったのである。

しかしながらAICPAは上下両院で公聴会が開かれるに至った事態を見て腰を上げる。そして1977年にSEC監査業務部会（SECPS）を立ち上げ，その後当該業務部会は継続的専門教育（CPE）の実施，さらにはピア・レビュー制度を導入する。

6．1978年 コーエン委員会報告書―期待ギャップの克服を目指して

吹きすさぶ嵐の最中の1974年1月，かつて第15代SEC委員長の重責を経験していた法律家マニュエル・F・コーエン［M.F. Cohen 1912-1977］[19]を座長に「監査人の責任委員会」が召集される。同委員会は委員7名から成り5名のカウンセルを従えていた。さらにイリノイ大学（UIUC）のジーグラー［R. Ziegler］とマウツ，さらに史実確認のため当時ニューヨーク大学にいたメリノ［B. Merino］も関った。

同委員会の目的は「監査人の責任に関する結論と勧告にある。パブリックの期待と監査人が合理的に実施できるところの間にギャップがあるかどうかが検討されなければならない。もしギャップがあればそれを如何に解消すべきかを検討する必要がある」(Cohen Commission, 1978, xi, 抄訳)。そしてパブリックからの期待を満たすために，「会計プロフェッションが経営者不正を見破ってくれるという期待を満足させられるよう，懐疑心の発揮を含む一層の努力がされなければならない」(Cohen Commission, 1978, xii, 抄訳) と記された。

1974年11月以来66回に亘る会議を開き，1977年3月[20]，委員会は中間報告書を公表した。そして都合123回の会合を経た1978年，「監査人の責任委員会報告書―報告，結論，および勧告（The Commission on Auditors' Responsibilities: Report, Conclusions, and Recommendations, 通称コーエン委員会報告書）」題の最終リポートが刊行される。

同最終報告書の第4章「不正発見のための責任の明確化」にてはプロフェッ

ションが不正の発見義務を負うと明記された。そして監査基準書と同委員会報告書との間の違いに関し,「コーエン委員会はSAS第16号公表前に結論を出していた。第16号と我々の立ち位置が大きく違うとは言えないが,しかし監査人の責任すなわち不正を捜索[21]する点について我々はもっと積極的である」と説明された。このようにしてコーエン委員会報告書は会計プロフェッション界に不正捜索（search）義務を認識させる初の意見書となった。

コーエン委員会は当時ほぼ並行して動いていたモス・メトカーフ両小委員会の目標をも視野に収めていた。そして監査基準の変更までは不要としていたエクイティ・ファンディング社調査特別委員会報告書の内容に疑問を投げかけたのである。

コーエン委員会報告書の特徴は,「監査人は経営者の代弁者であってはならないし逆に敵対者になってもいけない。経営者の代弁者かそれとも敵対者なのかという考え方は行き過ぎであり不健全である」と考える監査人マインドの中立性（neutrality）を希求する姿勢に見出せる（Cohen Commission, 1978, 9, 抄訳）。

その上でコーエン委員会報告書は,現実を見て,合理的保証に関わってはコストと便益のトレードオフ関係を意識した。例えば「経営者を不正直と考える前提でなされる実務は不正を摘発できず,もたらされる損失を遥かに超える程の費用を生じさせる」と述べて監査人が経営者を疑ってかかる態度をとるコストを懸念した。そして「何事にも限界がある。社会はプロフェッションに完璧な振る舞いを求めてはいない」（同, 37, 抄訳）と結論づけた。すなわちコーエン委員会は議会における下院モス,上院メトカーフ両小委員会報告書とは違い,純粋にコストと便益の最適解を追求したのである。

実際,コーエン委員会報告書は,例えば監査判断が被監査企業のゴーイング・コンサーン問題に及ばないように望んでいた。すなわち監査人には企業継続性を評価する能力は無いと言い,監査人が企業継続性の判断に関わるべきではないと意見したのである。

さらに監査人の任期の問題に関わり,同報告書は,監査契約の「2年度目までに生じる監査の失敗がそれ以降に比較して多い」（同, 108, 抄訳）という知見を示し,監査人のローテーションについてはコスト増が見込まれるだけでなく,

監査リスク上の問題があるとして反対した。コーエン委員会は，企業とプロフェッションとの利害は一致していると指摘するメトカーフ小委員会から距離を置き，独自の主張を展開した。

つまるところコーエン委員会報告書は会計事務所のコンサルティング兼業をも認めていた。曰く「ウェステック事件[22]を除けば，監査以外のサービスを供することによって独立性が損なわれた事例は発見できない。むしろ調査結果はコンサルティング・サービスが監査機能を改善して財務情報利用者に便益をもたらしていることを示している」(Cohen Commission, 1978, 102, 抄訳) と主張するのである。

コーエン委員会報告書はコンサルティング兼業という争点につきその後支配的となる論調，すなわち「コンサルティング部門を別にした上で監査法人が軽いコンサルティングを提供することは監査人の独立性には影響しない」ないしは「コンサルティング兼業は不正の余地を減らしひいては監査の質を良くすると考える財務諸表利用者がいる」(Ryan et al., 2001, 381, 抄訳) という考えに足場を供したであろう。

全11セクションからなるコーエン委員会報告書は，トレッドウェイ委員会報告書に先行し斯界初の多次元アプローチを採った。それは教育から合理的保証，適正表示，不正の発見，監査基準策定権限に至るまでの多岐の局面を論じていた。

<u>1978年コーエン委員会報告書の各セクション</u>
〔1〕社会における独立監査人の役割
〔2〕財務報告に対する意見形成
〔3〕財務報告における重要な不確実性に関する報告
〔4〕不正発見の責任の明確化
〔5〕企業の会計責任と法律
〔6〕監査人の役割とその拡張に際して見出せる境界
〔7〕監査報告書利用者と監査人のコミュニケーション
〔8〕教育，訓練，さらには監査人の開発
〔9〕監査人の独立性を維持すること

〔10〕監査諸基準確立のプロセス
〔11〕監査品質に資する実務を維持するための規制

　ところでコーエン委員会報告書は哲学的懐疑主義を論点として直接，扱ってはいない。その代わりに監査論の枠組みに収まるよう哲学懐疑主義の問題を矮小化させた。結果，同委員会は新たに職業専門家の懐疑心（professional skepticism）[23]という独立テーマを生み出す。そして問題の深層は，監査人が経営者の誠実性をいかに考えるのかという点にあると見出した。

　同報告書は次を言う。監査人マインドの中立性を前提にした上で，「経営者の誠実性について，監査人は，虚心坦懐な態度で臨むべきである」（Cohen Commission, 1978, 38, 抄訳）と。

7. 1978年 オリファント委員会報告書－監査基準設定主体の擁護

　コーエン委員会中間報告書の発表から間もない1977年6月，米国公認会計士協会は新たに一委員会を立ち上げる。W.J.オリファントを委員長に，他5名の委員からなる「監査基準常務委員会の構造の研究に関する特別委員会」（The Special Committee of the AICPA to Study the Structure of the Auditing Standards Executive Committee, 通称オリファント委員会）である。同委員会は監査基準常務委員会（AudSEC）の監査基準審議会（ASB）への改組を促し，新監査基準審議会の組織構造に関わる勧告を行った。

　オリファント委員会の立場はコーエン委員会のそれとは一線を画していた。オリファント委員会の目標はコーエン委員会の急進性に歯止めをかけることにあった。コーエン委員会勧告は当時あまりに急進的であったため，会計プロフェッションの大勢はコーエン委員会勧告に否定的だった。SECはこうした会計人の態度に満足しなかったが深入りを避け，他方でAICPAはコーエン委員会勧告の進歩的な内容を心配していたのである。事実，コーエン委員会報告書に対する支持と評価がその後，直に高まらなかった背景には，委員長であるコーエン氏自身が1977年6月に逝去した事実のみならず，オリファント委員会報告

書がコーエン委員会報告書の果実を隠してしまったことが影響している（Oliphant Committee）。オリファント委員会のメンバーらは，コーエン委員会報告書が求める不正の捜索責任にまではついて行けないと考えただろう。

その後1980年代に入ってからの展開はどうだったか。大統領選にては民主党カーターが共和党レーガンに敗れる。レーガン大統領はSEC委員長にジョン・シャッドを指名した。後の主任会計官ターナーは，「カーター政権下のSEC委員長ハロルド・ウィリアムズ，ロッド・ヒルズと，レーガン政権下のジョン・シャッドを比べては昼と夜ほど差があった」の旨，政権交代に際してのSECの態度変化について述懐している。

1981年1月から8年間続く第40代大統領レーガン政権下，責任追及の手綱は緩められた。「1982年1月，シャッドは公認会計士との関係開示に関するASR第250号を廃止する。これは会計事務所への支払いに占めるコンサルティング業務割合の開示を示すもので数年前にSEC自身が提案していた規制だった」（Brewster, 2003; 訳書, 2004, 246-247, 修正）。当該規制案の廃止によってコンサルティングへの傾倒にストップをかけるチャンスが失われてしまう。

他方で1980年代，実務界では効率を上げようとする動きが強まる。1983年からはSAS第47号「監査を実施する場合における監査上のリスクと重要性」を契機に監査資源の傾斜配分を認めるリスク・アプローチが普及する。そして会計プロフェッション界は「取引と残高の詳細に関する実証テスト」の追加よりもむしろ監査リスクなかんずく内部統制リスクの制御に邁進し，負担になる実証テストを減らそうとし始める。

8. 1986年 アンダーソン委員会報告書－職業倫理規範の再構築

1980年代に入って米国公正取引委員会（FTC）は，旧態化した職業倫理規範の故にプロフェッションの競争が妨げられていると考え始める。懸念を払拭すべく1983年10月，AICPAはジョージ・アンダーソン[24]を委員長に擁し16名の委員からなる「公認会計士の職業行為基準に関する特別委員会」（通称アンダーソン委員会）を組織する。

1986年4月，同委員会は「変動する環境下において職業専門家としての評価を確立するための職業基準の再構築」題の報告書を刊行する（Anderson Committee, 1986）。そして1962年以来の職業倫理規範（Code of Professional Ethics）が改訂される運びとなり，1988年に「セクション1─原則」および「セクション2─規則」からなる職業行為規定（Code of Professional Conduct）が定められた。

　しかしながらアンダーソン委員会は正面から期待ギャップの問題を受け止めてはいない。同委員会報告書において監査人と被監査経営陣との関係性が論じられることはなかった。既に1985年にはトレッドウェイ委員会が組織されていたにもかかわらず，アンダーソン委員会勧告により定められた職業行為規定セクションI-5.「正当な注意」および規則201.B「職業専門家としての正当な注意」（AICPA, 1992, 7-8, 13）には，関わりある懐疑心要請が見い出せない。

　以下，AICPA職業行為規定の部分抄訳を付す。

（1992年版）米国【公認会計士協会 職業行為規定セクションI─原則】

（5）「正当な注意」；会員には技術的および倫理的基準を遵守し，自らの能力とサービスの質を改善するための普段の努力が求められる。会員の能力の限り職業専門家の責任が果されなければならない。

　卓越さの追求こそは正当な注意の精髄である。正当な注意は会員をして能力と勤勉さをもって職業専門家としての責任を遂行することを求める。しかるに専門的サービスは会員の能力の最大値を求め，顧客の利益に最大限応え，さらにパブリックに対しては一貫して責任が果される必要がある。

　能力は教育と経験の統合から得られる。それはCPAたる呼称が要求する知識の共通基盤を習得することから始まる。能力の保持は継続的な学習と職業専門家としての改善を要求し，それは職業専門家としてのキャリアを通じ達成されなされなければならない。それは会員個々人の責任である。全ての契約と責任の下で会員は各自，当該の原則が要求するプロフェッショナリズムに見合ったサービスの質を確かなものにするよう，しかるべき水準での能力の発揮が求められる。

> 　求められる能力とは，会員をして才覚と洞察力をもってサービスを果せる程の理解度と知識に到達させかつそれらを維持することにある。それはまた，一人の会員あるいは一事務所の能力を超える要求を満たせない時に，他から支援や助力を得て自らの能力の限界をはっきりさせる態度までを求める。各会員は自らの能力を査定する責任を有している。そこでの能力は，引き受けられる責任を十分に果す上で求められる教育，経験，判断からなる。
> 　会員は顧客，雇用主，そしてパブリックへの責任を果す上で勤勉でなければならない。その勤勉さは，職務をすみやかに，最後まで注意深く遂行する責任を伴い，関る技術的さらには倫理的な基準への遵守を求める。
> 　また正当な注意とは会員自らが責任を持ついかなる種類の職業的活動にあっても，十分な計画性と監督責任の認識を求めている。

　直近における，正当な注意を求める文脈箇所（300.060.01 thru.06）を見ても，その内容は上記1992年のリリース時点から変更されていない。すなわち職業行為規範の本文に懐疑心たるキーワードは含まれていない。会計プロフェッション界は本心では懐疑心を前面に打ち出したいとは考えていないのである。

　実際，1986年アンダーソン委員会報告書はAICPA「公認会計士事務所による業務の範囲」報告書（POB, 1979）を引用しつつ，「監査への悪影響が生じていることを示す確たる証拠が無い限り，顧客へのコンサルティング業務の提供は否定されるべきではない」旨を記した。

　アンダーソン委員会は結局，パブリックの利益を最優先に重視すべく考えてはいなかった。当該報告書の実は，1987年に創立100周年を迎えた，AICPAによるAICPAのための報告書だった。すなわち（1）全てのAICPA会員に継続専門職業教育（CPE）を受けさせる，（2）SEC登録企業の監査に携わる全ての会計事務所にSECPS会員となるように求める，さらに（3）CPA試験受験者に150単位の教育履修を課すという，会計士協会の体制強化の措置を講じるに留まったのである。

　この時期，会計プロフェッション界のムードは高揚していた。100周年祭記念事業の一環たるべく出版されたザ・ボトム・ライン[25]（Weinstein, 1987; 訳書，1991）の書では，CPAがコンサルティングに取り組み，様々な局面において創

造性を発揮できるようにインスピレーションが与えられた（Weinstein, 1987; 訳書, 1991）。

9. 1987年 トレッドウェイ委員会報告書－不正な財務報告に関する全米委員会

　1980年代，米国内では金融機関の倒産[26]が続いていた。ワインスタインは「問題のある監査は問題ある産業に関連する傾向がみられる。1970年代は不動産業であり，その後は防衛産業，最近では銀行や貯蓄機関」（Weinstein, 1987; 訳書, 1991, 194）がその危機にあると指摘していた。ワインスタインは，監査の質が低下しているというよりも本当の原因はそれぞれ業界の体質にあるとみた。しかし，ペン・スクウェア［Penn Square］銀行倒産の際の監査人ピート・マーウィック・ミッチェル会計事務所に対しては，連邦預金保険公社が1億3千万ドルの損害賠償を請求するに及んだ。他方では1984年，連邦裁判所が会計プロフェッションに対し，パブリックの番犬（public watchdog）として働くよう促すステートメントを出す事態となり，いよいよ投資家もマスコミも警戒心を高めていた。

　そうした状況下，ディンゲル議員を座長にした1985年2月下院エネルギー通商委員会の監視・調査小委員会にては再び，会計プロフェッション界に対する不信が顕された。

　ディンゲル議員らが示した諸課題に取り組むべく1985年6月，米国公認会計士協会，米国会計学会，財務担当役員協会，内部監査人協会，全米会計人協会の5団体により，元SECコミッショナーかつペイン・ウェバー社上席顧問のJ.C.トレッドウェイを委員長に擁した「トレッドウェイ監視実行委員会」が組織される。同委員会には元NYSE理事会会長バッテン［W.M. Batten］を始め他5名の委員が加わり，当該委員会の正式名称は「不正な財務報告に関する全米委員会」（The National Commission on Fraudulent Financial Reporting, NCFFR．後にCommittee of Sponsoring Organizations of the Treadwey Commission, COSO）とされた。

　トレッドウェイ委員会はコーエン委員会の多次元アプローチを継承し，その

目的を「経営者，取締役会と監査委員会，内部監査人およびその協会，監査人と会計事務所，AICPA，各州会計審議会とSECを中心とする規制機関，大学人などが各々役割を強めることでディスクロージャー制度全体を向上させる」ことに見定めた。同委員会は不正防止のため全ての関係者が責任を果すよう期待したのである。

およそ2年をかけて1987年に刊行されたトレッドウェイ委員会報告書は，不正な財務報告についてそれを，「重大な誤導を与える財務諸表を招く，故意もしくは重大な不注意による行為」と定義した（Treadway Commission, 1987; 訳書, 1999, x）。不正な財務報告はこの先，将来に至ってもなくならないというリアリズムに立ちながら，それは可能な限り不正を減じる方策を示そうとした。そして具体的な成果が1988年刊行の期待ギャップ監査基準書によって実現されるよう目論まれたのである[27]。

委員会の名称に「不正な財務報告」と掲げられたことでわかるように，同委員会の姿勢は徹底していた。同委員会は経営者が不正を防止し発見するため第一義的な責務を担うよう求め，しかるに経営者マインドの見極めとコーポレート・ガバナンス，さらには内部統制を積極的に論じた。委員会は1987年2月に草案を公表し多くのコメントレターを吟味した上で，1987年10月に本報告書が刊行された。

具体的に同報告書の第2章「公開企業に対する勧告」では，「組織の基調」に留意した上で，監査人がいかに経営者の誠実性を見るべきか[28]という点にフォーカスがあてられた。

さらに第3章「公認会計士に対する勧告」の「Ⅱ．不正な財務報告の発見に対する責任を認識すること」では，「懐疑心を働かせること」が求められ，コーエン委員会報告書と同様，既存のSAS第16号では異常項目の発見について何ら具体的な指針が示されていないという批判が展開された。

同委員会報告書の第3章にて，懐疑心の核心部分は以下の通りである（同, 1987, 51; 訳書, 1999, 61）。

> 1987年米国【トレッドウェイ委員会報告書】「第3章 公認会計士に対する勧告Ⅱ.」
>
> 　大部分の不正な財務報告に最高経営者が関与していたことが明らかになったことを考えれば，監査人は経営者の誠実性を当然のこととして監査の前提におくのではなく，職業専門家としての懐疑心を働かせて経営者が誠実であるかどうかを確かめるべきである。（中略）経営者の誠実性を仮定した監査の指針は，変更を必要とする重要な領域の一つである。

　すなわち上記トレッドウェイ委員会勧告により，経営者の誠実性を見極めるためにこそ懐疑心が要請されるに至った。同報告書は，経営者の誠実性に関わる監査人の思い込みを改めさせようとした。そしてそのことにより再びマウツらの第〔2〕公準，すなわち監査人と経営者との間には利害衝突がないという前提が否定される。

　さらに監査報告書の意義については，「第3章 Ⅱ.不正な財務報告の発見に対する責任を認識すること」における以下の説明が重要になる（Treadway Commission, 1987; 訳書, 1999, 60）。

> 1987年米国【トレッドウェイ委員会報告書】「第3章 公認会計士に対する勧告Ⅱ.」
>
> 　一般に認められた監査基準の下で監査人は，財務諸表に重要な影響を及ぼす誤謬や異常項目を発見するため，監査を計画し，かつ監査の実施において正当な技量と注意を払う責任を監査固有の限界の範囲内で負っている。重要な誤謬もしくは異常項目の発見は，通常，財務諸表に対する意見を表明するために，監査人が当該事情の下で必要と判断する監査手続を実施することによって行われる。もし監査の結果，重要な誤謬や異常項目が存在している可能性があると思われる場合には監査手続をさらに拡大しなければならない。標準監査報告書は財務諸表全体としては誤謬もしくは異常項目による重大な虚偽記載は無いとの監査人の信念を暗黙的に示すものである。

上記勧告の文脈により「監査手続の拡大」が示唆され，かつ「標準監査報告書＝重大な虚偽表示が無いこと」という虚偽表示排除の解釈構図が成立した。そしてその趣旨が翌年のSAS第53号に反映されることとなるのである。

10. 1993年 公共監視審査会特別報告書－公共の利益のために

　しかしトレッドウェイ委員会報告書の勧告はその後直ちに会計プロフェッション界に浸透するに至らなかった。その後も紆余曲折は続く。

　1990年代にかけてメガファームは，監査とコンサルティング業務の同時提供のみならず，内部監査のアウトソーシング応需に積極的となった（補遺「被監査経営者の不誠実性―SEC委員長宛エンロン社元会長からの書簡」207頁参照）。しかし1990年には全米第7位のラベンソール・アンド・ホーワース会計事務所に対し，総額20億ドルあまりの過誤訴訟が起こされ，結果，同会計事務所は倒産してビッグ・ファームの実情に対する疑念が広がる。

　そのような渦中の1993年3月，公共監視審査会（POB）はトップにA.A.ソマーとロバート・マウツを擁しその他3名からなる特別委員会を立ち上げた。同委員会は程なく「公共の利益のために（*In the Public Interest of the SEC Practice Section*）」の報告書を公表し，特に期待ギャップ監査基準書第53号準拠の程度を吟味するに及ぶ（POB, 1993）。

　下記，POB報告書第5章の抄訳，「パフォーマンスを改善し強めるためのその他の勧告」は，監査人が適度な懐疑心を維持し，不正の発見に責任を負うことを求めている。

> 1993年米国【POB特別報告書】「公共の利益のために」
>
> （第5章, 41, 抄訳）
> 　我々公共監視審査会は，監査パフォーマンスの改善という目的の故に企業が監査人を選べなくなる制度や監査報酬の交渉ができなくなるような急進的な提案は受けつけない。しかしながら急速な変貌を遂げる社会にあって，プロフェ

ッションは積極的にその役割を担いパフォーマンスを強めて行かなければならない。そうすることができればきっと期待ギャップは縮小され，訴訟リスクは減じ，プロフェッションに対する公共の信頼は高まるだろう。

　我々POBは公共の信頼を改善するプロセスは継続的なものであることを強調したい。（中略）近年に至ってもなお訴訟が続く重大な虚偽表示という結末を迎えた経営者不正について，社会はそれらの事件を大きく報道し，また実際に投資家と債権者は多大な損失を被っている。こうした不正は監査職能に対する公共の信頼を大きく損なう。そうした事態を見ている人々は重大かつ意図的な虚偽表示を看破できない監査サービスの価値を疑問視し始めている。（中略）新世紀を迎える前に，監査人も財務情報の利用者も不正の発見こそが監査にとって最も大事な目的の一つであると考えるに至った。

　監査基準は1989年から，経営者不正が重大な虚偽表示に繋がるそうしたリスクを査定できるように強化された。そのような査定に基づき，監査人は重大な誤謬や異常項目が発見されることの合理的保証をなし遂げられるよう，職業専門家の懐疑心を適切な程度で発揮できるよう監査をデザインすることが求められる。（中略）我々審議会は，適切に監査基準が打ち立てられそれらに監査人が従うのなら不正摘発の可能性が高められることと信じている。現状にて審議会は，監査人が監査基準に首尾一貫した姿勢で準拠をとっていないし，職業専門家に求められる懐疑心を適切な程度に保持する要件に対して監査人が十分なまでには敏感ではないと感じている。（中略）我々は，経営者不正を発見する責任を，会計プロフェッションが今よりももっと積極的に受け入れなければならないと考える。

【勧告V-1.】
　会計事務所は監査人が一層首尾一貫した形で，要求されている職業専門家の懐疑心が発揮されるようにし，懐疑心を発揮するためにもっと敏感になれるようにすべきである。そのために監査基準は，監査人の誤謬と異常項目発見の責任についての指針を提供する必要がある。

【勧告V-2.】
　ASB監査業務部会エグセクティブ委員会他の団体は，財務情報に影響を与える経営者不正が起こる余地について，監査人の査定を支援するガイドラインの策定をすべきであり，経営者不正の可能性が高まったと判断された時の追加手続を特定すべきである。

当該POB特別報告書は懐疑心たる語を用いるに止まらず，懐疑心識閾の拡大と監査人の敏感さの高揚を求めた。POBがそうした報告書をまとめたことはマウツが副委員長を務めていたからには当然だった。
　同POB特別報告書はSAS第53号がその後さらに第82号へと改訂されていく流れを作った。すなわち同特別報告書は，「第53号に適切に準拠されれば不正摘発の可能性を高めるだろうと述べている。しかし監査人は特に高度な職業専門家としての懐疑心をもって監査を行う場合でもこの基準への準拠に一貫性が見られない」(GAO, 1996; 訳書, 2000, 53-57, 修正) と結論づけた。米国会計検査院も，現場ではSAS第53号が促していた懐疑心が不足していたと知り，それ故に基準書のさらなる改訂を望んだ。そして当該特別報告書の公表を境に，監査書の類はいささかの躊躇も無く懐疑心という語を奔出させ始める。
　しかし当時，会計検査院副コントローラーの職責にあったシャピンは以下を言う。すなわち当該1993年のPOB勧告では，「プロフェッションが果すべき役割の変化については言及されていない。当該勧告は従前の考え方から抜け出せていない。勧告たるものはプロフェッションが公共の利益を満たしているかどうかについての根本原因を十分に検討した上で評価されなければならない」，「不正会計を忌み嫌うのであればSECは，POBが焦点をあてた内部統制を検討するだけでなく，追加措置を検討すべきである」(Chapin, 1993, 抄訳) と。
　議会への明確な回答を迫られる会計検査院にとって1993年POB 特別報告書はそれ自体，必ずしも満足できる出来映えではなかった。そして当該1993年はレビットが第25代SEC委員長に任命されたその年であった。

11. 1994年 カーク・パネル－プロフェッショナリズムの高揚

　カーク・パネルとは1994年1月に任命された「独立監査人のプロフェッショナリズムの強化」委員会のことであり，それは元FASB委員長であり，後にPOB副議長，コロンビア大学教授を務めるカーク [D.J. Kirk] 他2名からなる小規模なパネルだった。
　カークはプロフェッション界の願望[29]を次のように表現していた。「監査人

がコーポレート・ガバナンスの中心に位置づけられれば，アカウンタビリティーは改善されプロフェッショナリズムは高揚する」（Kirk, 2000, 103-106, 抄訳）と。実際，カーク・パネルは「法が許容する範囲で求められるあらゆる方法を用い，被監査会社に直接の利益をもたらそうとする」（GAO, 1996; 訳書, 2000, 42-43），被監査会社擁護の意向に関わるPOB勧告をも支持していた。

1978年オリファント委員会報告書，1986年アンダーソン委員会と同様，カーク・パネルもまた米国公認会計士協会の政策推進の器だった。カーク・パネルはSEC委員長の職責に就いたばかりのレビットの疑念を否定し，1994年の段階では監査人の独立性を扱うさらなる規則や法律は必要ないと言い切った。

1994年9月刊行のカーク・パネル報告書は，監査人の保証責任が将来予測データや非財務情報等の脆弱性ある領域にまで及ぶことに消極的であった（POB, 1994）。他方で同パネルは監査人が様々な付加価値を提供できることを目指していた。さらにSECが積極的にプロフェッション界を支援すべきと考え，1995年民事証券訴訟改革法の通過に向けて加勢したのである。

AICPAはその後1997年に，エリオット委員会たる「会計プロフェッションの業務領域の拡大を想定した保証業務に関する研究」特別委員会からの報告書を刊行した（Elliott Comittee, 1997）。同報告書では「監査の客体，方法および目的の三次元それぞれにおける変化による監査機能の拡張」が主張される（伊豫田, 2009, 149）。しかしそうした方向性こそ実のところ業際拡大の趨勢に他ならないだろう。

結論的に1994年カーク・パネル報告書は，モス・メトカーフ両小委員会報告書，コーエン委員会報告書，トレッドウェイ委員会報告書の類とは違う性質を持っている。オリファント委員会報告書，アンダーソン委員会報告書，そしてカーク・パネル報告書には，会計プロフェッション界のプロパガンダが巧みに託されていたのである。

12. 1995年 民事証券訴訟改革法ープロフェッションの保護主義

創立100周年の勢いを維持し，米国公認会計士協会（AICPA）は1995年10月，

300万ドルの予算をつけてイメージ高揚のためのキャンペーン[30]を開始した。会長メランコン曰く，キャンペーンの主旨は「公認会計士の専門性の発揮に止まらず，会計プロフェッションが多彩なビジネス・アドバイザーとして活躍できる環境作り」（*Jounal of Accountancy*, 1998年1月号, 4, 抄訳）をすることにあった。そして当時，AICPA会員が出入りする至る所，数多くの広報物上にて，「公認会計士。その価値を見くびるな（"The CPA, Never Underestimate the Value"）」という標語が掲げられた。

他方でAICPAはビジョン・プロジェクト（CPA Vision Project, Focus on the Horizon, 2011 and Beyond）の名の下で多くの計画を実施しようとしていた。それらの中にはAICPAとCICA協賛の「戦略ビジネス・プロフェッショナル（SBP）」資格立ち上げの構想も含まれていた。しかし当該クレデンシャルは2002年実施の会員投票の結果，否決される。エンロン社事件が発覚したタイミングであり拡大一辺倒のムードに歯止めがかかる。

ところで，会計プロフェッションに対する訴訟の背景には，監査法人を金持ちの被告あるいは都合の良い損失補填[31]先とみなす風潮があった。グリフィス曰く「安っぽい冗談の標的にされていた監査人は現代では高額な訴訟の標的」（Griffiths, 1995; 訳書, 2001, 11）となっていたのである。結果，訴訟を憂慮した会計事務所は賠償能力を蓄えるため巨大化[32]する。そのような環境下では，コンサルティングよりもむしろ監査の方がハイリスク（提訴）でローリターン（低報酬）なサービスになってしまった。

会計プロフェッション界はいわゆる泡沫訴訟を阻止して賠償額を減らすため，関連諸法の成立を目指していた。大手監査法人内ではパートナーの連帯責任を封じることが目標になった。関わる立法を願ってプロフェッション界はロビー活動を展開し，結果，議会にては上院68票対30票，下院319票対100票の得票差をつけ，クリントン大統領の拒否権をも覆して1995年12月に民事証券訴訟改革法（Private Securities Litigation Reform Act of 1995）が制定された。

当時，SEC委員長レビットはあえて同法の成立を妨げなかった。実のところレビットは集団訴訟の数を減らすべく提示された1995年民事証券訴訟法と1998年証券訴訟統一基準法の成立を支持していたのである。他方では上述カーク・

パネルの存在も後ろ盾となり，およそ1990年代半ば過ぎまで会計プロフェッション界は順風を背に受けていた。

民事証券訴訟改革法の狙いはパートナーの連帯責任の排除だけでなく業績予想に関する詐欺的行為禁止規定の免除までが含まれていたから，会計プロフェッション界は同法を大歓迎した。結果，民事証券訴訟改革法セクション201によってパートナーの責任の応分負担が認められ，その後，監査法人にあっては一斉にリミテッド・ライアビリティー・パートナーシップ（LLP）化が進む。

1990年代，プロフェッション界に好都合な環境変化は他にも見られた。1993年のReves v. Ernst & Young事件に対する最高裁判決では，たとえRICO法に基づく訴追のケースであれ監査人は企業のマネジメント活動に関わっていなければ責任が問われないという判断がされた。全てがAICPAのロビー活動の成果[33]だった。

民事証券訴訟改革法の成立により他方では将来予測情報を充実させようとするモーメンタムが強められる。そして監査人には，（1）重大な違法行為の発見，（2）重要な利害関係者間取引の特定，（3）企業の継続可能性の評価，が求められ，一見して監査の質向上に役立つ規定が織り込まれた。パルムローズは，「証券訴訟改革法の要諦は監査人の発見・開示責任である。違法行為の発見以外について同法は特にSAS第53号，第54号，第59号，第82号への準拠を求めている」（Palmrose, 1997, 69, 抄訳）と指摘する。実のところ民事証券訴訟改革法規定の多くは監査基準書のガイドラインと重複していた。

同法は監査人にすみやかな情報提供をするよう求めていたが，その要請に従う限り監査人はSECからのサンクションを免れられる仕組みになっていた。SECと会計プロフェッション間の司法取引かのように，1990年代半ば，プロフェッション界と市場監督者とが共に納得できる環境作りが目指されたのである。

13. 2000年 オマリー・パネル報告書－懐疑原理主義の起点

民主党ディンゲル下院議員と信条を共にするアーサー・レビットの指揮下，1990年代後半，SECのスタッフは積極的に動き始める。1998年9月28日，主任

会計官リン・ターナーからPOB会長A.A.ソマー宛の書簡に促されて新たに重要な一委員会が組織された。

当該委員会にては1991年までプライス・ウォーターハウスLLPの議長を務めていたオマリー［S.F. O'Malley］が委員長に就いた。会計プロフェッション界の重鎮ながらも改革に前向きだったオマリーは当時を振り返り，「トップになろうとして多くの人が業界に入ってきた。彼らは，事務所の売上げを伸ばすことこそが手腕を見せる何よりの方法だと知っていた」(Brewster, 2003; 訳書, 2004, 270, 修正) と述懐していた。

同パネルの委員には，訴訟件数を監査の質の測度に見出す研究に携わり，1990年代後半からは流行の実証研究テーマとなった利益修正に関わる市場感応度を分析していたパルムローズ[34]，そして独立性の問題についてはレビット以上に明快な見解を有しレビットを支援していたロングストレスら8名から構成された。結果，2000年8月に「最優秀」の意味を持つブルーリボン特別委員会の名を冠したPOB「監査の有効性に関する専門委員会」（通称 オマリー・パネル）報告書が刊行される。

同報告書の内容を検討する上ではあらかじめ，1998年9月28日のニューヨーク大学でのレビット講演[35]について承知しておくべきであろう。なぜならオマリー・パネル報告書それ自体がレビットの政策を具現する内容となったからである。

レビットの「ナンバーズ・ゲーム」講演は，オマリー・パネル報告書第3章「利益の調整と不正」にて紹介されている。曰く，「既に広まってしまっているものの，まだほとんど問題視されていない慣習たるアーニングス・マネジメントについてのお話をしたい。それはゲームの如き様相を呈しながら何年も続いている。それが正されない限りは悪い結果がもたらされる」(Levitt, 2002, 抄訳; 訳書, 2003, 114, 脚注4, 修正) と。

レビットは同講演で，「監査人やアナリスト，経営陣達は，頷いたりウィンクしたりするゲームを行い，グレーゾーンを作るために共謀し，損益計算書は企業の業績を示すというよりも経営陣の欲望を反映している」と述べた。実際，当時の企業ディスクロージャー環境が憂うべき状況にあったことは，「2000年

にかけての 4 年間で700社が利益を修正」(Levitt, 2002; 訳書, 2004, 158-159) していたことからも推測できる。

レビットの問題意識に鑑みてオマリー・パネルは，アーニングス・マネジメントについての注意を喚起するため，当該報告書第 3 章の全部を，「利益の調整と不正」を論じるチャプターとした。そして同パネルは端的に，以下の如き手続や行動を求めるのである。

〔1〕財務諸表監査に不正捜索型実務の局面を導入すること
　・不正発見を強く意識した実証性テストを実施すること
　・抜き打ちのテストを実施すること
　・監査終了時点近くにリスクの高い領域を再レビューすること
　・貸借対照表項目の期首残高について遡及的監査手続を実施すること
〔2〕不正に対する企業の脆弱性につき監査チームのメンバーで討議すること
〔3〕固有リスクを最大値に評価したままにせずビジネス・リスク全体をみること

しかるに懐疑心に関しては，同パネル報告書第 3 章の以下の文脈が画期的である（POB, 2000）。

2000年米国【POB監査の有効性に関する専門委員会報告書】（オマリー・パネル第 3 章）

(3.8) 職業専門家としての正当な注意に関する一般基準は，疑いを持つ精神と監査証拠の批判的な評価を含むことを意味する，職業専門家としての懐疑心を行使することを監査人に求めている。その基準は，監査人は，経営者が不誠実であるとも，あるいは完全に誠実な存在であるとも考えてはならないと述べている。これは通常，法律によって権限を与えられた不正捜索型の監査人や調査官によってなされる想定とは異なる。例えば不正捜索型の監査人にあっては，通常，反証がない限り不誠実を想定する。

> （3.51）不正捜索型の局面としてのGAAS監査の特徴は，監査人の懐疑心の程度における態度の変化を伝えようとしているものである。（中略）この局面の中では，監査人は，何もなければ中立的であるとする職業専門家としての懐疑心の概念を修正し，共謀，内部統制の無効化および文書の偽造を含む，さまざまなレベルでの経営管理者の不誠実の可能性を想定しなければならない。

オマリー・パネル報告書第3章では，裁判所における証拠採用を目的にしたフォレンジック（forensic）タイプの監査に及ぶ可能性が示唆された。そして，状況が緊迫していく中で監査人は，中立性を棄て，経営者が不誠実であることを前提にするという懐疑原理主義的な姿勢[36]が目指された。

エンロン社事件[37]発覚の直前に刊行されたオマリー・パネル報告書はSECの意向を反映[38]し，原則的懐疑の姿勢を提案し，パラダイムの転換を促した。オマリー・パネル報告書の最大の意義はかように，しかるべき局面に至っては躊躇なく，経営者を疑ってかかるよう求めたところにある。

果たしてコーエン委員会が求めていた中立性とオマリー・パネル報告書が促す疑ってかかる姿勢のどちらが妥当か。さらには遭遇される局面に応じ，フォレンジック型の監査アプローチをとることを是とした場合に，監査エンゲージメントの一体いつの段階から経営者を疑ってかからなければならないのか。懐疑心の保持，発揮は連続性[39]を帯びた信念の表象局面であるが故，この先も深慮検討が必要とされるだろう。

● ── 注
1）【プレビッツ＝メリノ著『アメリカ会計史』】久野（2009, 226）はPrevits and Merino（1979）による8番目の最後の時代区分「政治会計の時代：会計の自律性の危機1967-1978」を引用し，1960年代末からの会計の政治化とプロフェッションの危機に関する言及をしている。プレビッツ＝メリノは1998年に同書改定版を刊行したが，改訂版では時代区分が変わり，1946-72年については「拡大と論争：不確実性時代の会計人」，1973-95年については「会計と世界的資本市場」（久野, 2009, 235）という分類ならびに呼称が与えられた。
2）【ラルフ・ネーダーとパブリックの意識の高揚】千代田（2014, 205）は，R. Naderが「会計士業界は業界の本質を取り戻すために経営支援業務を分離しなければならない」と1971年度のAICPA大会にて訴えていた事実を伝える*Jounal of Accountancy* 1971年11月号記事を紹介している。また弥永

(2002, 279) は「1967年6月17日には，Naderと会社の責任グループの他のメンバーが上院通商委員会における証言の際に，公開会社に外部監査人を5年ごとに交替させることを求める立法が望ましいと指摘した」事実を伝えている。

3）【慣習法】オラン（1990, 49）はコモン・ロー［common law］につき，「制定法に対するものとしての判例法，英国に端を発する慣習法またはキリスト教会法をいう」と説明する。

4）【懲罰的損害賠償】punitive damage. *Journal of Accountancy* 1994年8月号記事において扱われた事例として「（破綻した英国スタンダード・チャータード銀行からプライス・ウォーターハウスが得た報酬は28万ドルに過ぎなかったが）裁判所が被告へ3億3千800万ドルの損害賠償を命じたケース」（Root, 1998, 83, 抄訳）がある。

5）【1980年代S&L倒産とディープ・ポケット訴訟】Deep pocket訴訟についてはRatner（1982; 訳書, 1984, 226）が，「原告は，その違反にある種の関係を持っていたより支払い能力の高い個人や法人，すなわち判決によって確定する賠償債務を履行することのできるディープ・ポケットをも被告として訴えようとする」旨，説明する。千代田（2014, 196-199）は，「1980年代後半から1990年代初頭にかけて貯蓄金融機関が700社以上も倒産した」と述べ，「その預金者に補償された税金は3,200億ドルという巨額である。そしてその税金をできるだけ回収するために政府機関はディープ・ポケットの公認会計士事務所や弁護士事務所をターゲットにしているのである。倒産したS&Lに関係したプロフェッショナルから政府機関が回収した金額は120億ドルである」というウォールストリート・ジャーナル1992年11月24日記事他を紹介している。Root（1998, 75, 抄訳）は「1980年代のそのような危機により納税者は結局1,500億ドルのコストを担った。原因には緩い金融規制，金利変動，不動産市場に逆風となった税法の変更，投機的態度，不正と様々な要因が失敗の背景にあった。その後の調査では，ほとんどのケースで監査人が赤旗を振らなかった」と指摘する。

6）【1960年代後半以降の会計不正と監査の失敗】千代田（2014, 第7章）に詳しい。Knapp（2004; 2006）は特に1136 Tenants, Equity Funding, National Student Marketingの事件概要を「クラシックな訴訟事件」に分類し，同書の§8にて詳説している。

7）【コンチネンタル・ベンディング・マシン社事件】Whittngton and Pany（2014, 119）他記載の通りの経緯である。本邦学会にても例えば「背景には，当時の会計プロフェッションが監査人の責任を限定することを目的としてGAAP準拠性以外の事項，特に不正の問題についてはほとんど関与しないという立場をとっていたことがあると言えよう。ところが1969年コンチネンタル・ベンディング・マシン社事件の判決においてそのような会計プロフェッションの認識が否定された」（町田, 2004, 22）とする見方が定説である。

8）【ラベンソール・アンド・ホワース会計事務所】75年の歴史を持つラベンソール・アンド・ホワース［Laventhol & Horwath］会計事務所は1990年末に破産した。同会計事務所はNYSE上場企業の10社を顧客にしてビッグ10大会計事務所の一角を占めていた。同会計事務所の倒産劇でパートナーは自らの投資額全額を失っただけではなく債務額に関しても一部，連帯責任を負った。

9）【Hockfelder事件判決】1976年に下された同判決は会計プロフェッション界に有利に働いた。千代田（2014, 133）は事件につき，「判決は天井知らずに上がっていく監査損害保険の保険料と法廷への呼び出しで貴重な時間をとられることなどで訴訟にはうんざりしていた会計士をほっと一息つかせた」と伝える。同事件にあって原告は被告に詐意があったことを立証しなければならなくなった。本事件に対する最高裁判所の寛容な判決はモス・メトカーフ両小委員会報告書に影響したとみられる。

10）【懐疑心要請の発火点たるエクイティ・ファンディング社事件】本事件が懐疑心要請に繋がったと主張する文献例としてKnapp（2006, xv）およびリッテンバーグ＝シュウィーガーがあり，後者

は「事件発覚によって当初プロフェッション界は事件のスキームの高度な複雑性にあるという反応をしていた。しかし実情は監査方法の欠陥と懐疑心不足によるものであった。それ以来プロフェッション界は状況を正すべきことを認識したのである」（Rittenberg and Schweiger, 2005, 290-291, 抄訳）と言う。

11）【SEC主任会計官】SEC chief accountant. 小森（1989, 161）は「最も華々しい活躍をしているのは主任会計官である。会計や監査に関する全事項のSECの第一の助言者で，（中略）SECの方針を決定しなければならない。さらに会計監査における研究を指導監督し，彼の意見の一部は会計連続通牒としてSECから出される」の旨，主任会計官の職責を説明する。

12）【エクイティ・ファンディング社の統制環境】Knapp（2004, 442）によれば会長ゴールドブラムと取締役レビン共に富裕層の出でもなく名家の出身でもなくそれ故彼らの勢いは注目されたようである。特に，シカゴのDePaul大学法学部を卒業してイリノイ州の関連市役所で数年務めただけの職歴のレビンは，「人前で従業員を叱責して恥をかかせてその場で直ちに辞めさせる」ことを厭わない性格で，会長ゴールドブラムに気に入られたとされている。

13）【エクイティ・ファンディング社事件の発覚】事件発覚の契機に関わり千代田（2014, 123）は「1973年3月6日，エクイティ・ファンディング社を解雇された一従業員がその恨みから同社の不正行為をウォール街の証券アナリストに漏らしたことによりエクイティ株の売りが殺到，マスコミもエクイティ集団の疑惑について報道したことから株価は暴落し，1ヵ月後の4月4日同社は倒産した」と伝える。

同社不正の起点に関し『会計学大辞典第5版』は，1964年頃から粉飾が始まっていたことを指摘する（安藤ほか，2007, 82, 山浦）。山浦は「複数の会計事務所が別々に連結会社の監査に当たり，相互の連携がなく，また途中で監査人が交代した際に，十分な引き継ぎが行なわれず，さらに親会社の監査人はEDPに対する十分な知識を持たなかったために，会社の説明を鵜呑みにしてしまい，さらに検査結果の内部審査も行われていなかったという事実も発覚するに至り，1975年には3人の公認会計士が実刑判決を受けた」と言う。

14）【EDP会計システムに対する監査人の考慮不足】『会計学大辞典第5版』はしかし「この事件は，コンピューターのアウトプットを無条件に信頼してはならない教訓となった。例えば，確認用の書類を監査人が自らプログラムを組んで作成していれば，保険証券との食い違いを早期に発見できた」と指摘する（安藤ほか，2007, 82, 田宮）。

15）【モス小委員会報告書】Moss Subcommittee（1976）GAO（1996; 訳書, 2000, 94）ほか，小森（1989, 63）にも詳しい。

16）【嵐の1970年代】1970年代の米国会計プロフェッション界が置かれた環境を表現する上で，例えば千代田（1998, 63）の第2章6.は「嵐」たる表現を用いている。

17）【メトカーフ小委員会報告書】1977年3月The Accounting Establishment: A Staff Study Prepared（Metcalf Subcommittee, 1977a）および，1977年11月Improving the Accountability of Publicly Owned Corporations and their Auditors（Metcalf Subcommittee, 1977b）は，メトカーフを委員長とした研究委員会により公表された。大石（2000, 155）は次を言う。「同報告書はほとんどの会計規制研究者たちを動機づけたといっても過言ではない。（中略）同報告書は被規制者である経営者や会計士が圧力団体となり，規制機関を征服し，自らに有利な規制を生み出させていると主張する。これは経済規制の理論における捕囚理論（支配エリート仮説）に他ならない。（中略）支配エリート仮説は棄却される」と。しかし，実のところ後のレビットは批判の対象を「支配エリート層」に見出し，その結果，新世紀の会計・監査体制が整備された。

18) 【ビッグ8とメトカーフ小委員会との対立】ビッグ8とはArthur Andersen & Co., Arthur Young & Co., Coopres & Lybrand, Ernst & Ernst, Haskins & Sells, Peat, Marwick, Mitchell & Co., Price Waterhouse & Co., Touche Ross & Co., の当時の8大会計事務所を指す。ビッグ8はこのようにメトカーフ委員会に対して非協力的だった。メトカーフ委員会がビッグ8を批判していたからである。

19) 【SEC第15代委員長マニュエル・コーエン】コーエンはWilmer, Cutler, & Pickering法律事務所のパートナーで，SEC第15代（1964-1969）委員長を務めていた。コーエンは1966年10月5日，AICPA年次総会にて独立性に抵触するMAS業務に言及するなど1960年代から動いていた。ところでコーエン委員会報告書の警鐘が必ずしもその後強く記憶されなかった背景には，コーエンが同最終報告書刊行の前年に没したことと，彼の頑固さが影響したと思われる。コーエンとSEC捜査局長とはウマがあっただろう（実際，コーエン委員会最終報告書の初頁にはコーエンの遺影に元SEC捜査局長Stanley Sporkinの*New York Law Journal*（1977年6月20日号）掲載の一言「彼は決して公共の利益を忘れなかった」が書き添えられた）。ところでスポーキンについては千代田（1998, 743）が「SECのコロンボと異名をとったあの捜査局長」と評し，スポーキンがレーガン政権下で，「同氏のやりすぎに対する産業界の要望」により解任要求をされた事実を伝えている。

20) 【改革の兆し—1977年】「上院メトカーフ委員会報告書」と「コーエン委員会中間報告書」は1977年3月のほぼ同じタイミングで公表された。ところでコーエン委員会はその中間報告書で，各種の基準策定権限がプロフェッション界に留まるべきと主張していた。「コーエン委員会中間報告書」の存在もモス・メトカーフ両小委員会報告書の意図に反し，諸権限がプロフェッション界に留まるという結果に影響しただろう。なお，1977年はAAAのSATTAの刊行年として記憶される。

21) 【監査実務の捜索的職能】Littleton（1933; 訳書, 1952, 375-376, 修正）は「初期の会計監査について考察すべきことは（中略）当時の問題は一般に財産上の責任を正直に遂行したかどうかということにあった。14世紀初期のころの不動産経営に関する著書は，監査人は誠実にしてかつ慎重でなければならぬとされている。（中略）16世紀の荘園勘定に係る関連書籍中にPeruse it and Serch itという辞句がみられるが，これは詮索による監査を意味するように考えられる」と言う。コーエン委員会報告書はその"Search"の態度を再び引っぱり出したのである。

22) 【Westec事件】1968年8月23日にヒューストンで提訴された「カーペンター対ホール事件」である。GAO（1996; 訳書, 2000, 37, 脚注15）によれば「この事件では，監査人が会社の合併・買収プログラムに関っている場合の独立監査人による会計上の助言は，その結果である取引に対して独立監査を実施する監査人の能力を低下させると主張された」。当時にあって早，MAS兼業の影響が懸念された象徴的な事件であった。

23) 【職業専門家の懐疑心というテーマへの矮小化】Chambers（1966; 訳書, 1984,〈下〉, 505）を参考にすべきだろう。曰く「職業専門家とは厳密に限定された領域内の専門家のことである。職業専門家には一般的な意味で賢くあれなどとは期待されていない。一般的な知恵を働かせることは万人の権限である。特定の知識を基礎に置いた技能を尊重する社会では哲人，先見者，預言者は専門家とは見なされない」。すなわち職業専門家の懐疑心と限定される限り懐疑心の含みは矮小化される。その局面において哲学思潮の出処は問題にされないのである。

24) 【アンダーソン委員長とAICPA年次総会】アンダーソン［G.D. Anderson］は1988年AICPA年次総会において「卓越した奉仕によるCPA金メダル」栄誉章を受けた（AICPA, 1986; 訳書, 1991, iii）。会計プロフェッション側の利益を意識して「アンダーソン報告書」が編纂された故と察することができる。

25) 【ザ・ボトム・ライン】Bottom Lineとは会計界にては損益計算書の当期純利益額を指すが，巷の

ニュアンスとしては広く「最も肝要なこと」という意味である。ワインスタインの書には業際を拡大するなどAICPA会員にとっての関心事が書かれており，内容に相応しい書名が付されたと言えよう。

26)【金融機関の倒産】千代田（2014, 181）は「1983年2月のユナイテッド・アメリカン銀行と関連3銀行の倒産」，さらに「1984年にはコンチネンタル・イリノイ銀行も銀行倒産としてはそれまでの最大である」の旨を伝える。なお全米第8位のコンチネンタル・イリノイ銀行が危機に陥った際には連邦政府が救済に乗り出した。そして1980年代前半にては金融不祥事を契機にして，米国伝統の自由放任政策そのものに疑問が投げかけられたのである。

27)【期待ギャップ監査基準書とトレッドウェイ委員会報告書との関係性】吉見（2005, 91）は「トレッドウェイ委員会報告書それ自体は期待ギャップ問題に対して直接的に対処，解題したものではない。しかしながら期待ギャップはもっぱら企業不正問題に関連して生じているのであるから，不正問題に対処するための同報告書は間接的に期待ギャップ問題への対処をなしたもの」の旨を言う。千代田（2014, 185）は，「新監査基準書はトレッドウェイ委員会の勧告の実践でもある」と言う。八田は1987年トレッドウェイ委員会報告書に関し，「積年の期待ギャップ問題の根幹をなす企業における不正な財務報告の摘発および，不正を防止するための内部統制の構築の重要性と，その評価に対する監査人の関与の必要性を指摘した」（八田, 2009b, 152）と言う。筆者は1987年同委員会報告書が1988年期待ギャップ監査基準書群の刊行に直結したと見る。

28)【被監査経営陣と監査人の関係についての本邦における解釈】トレッドウェイ委員会報告書（Treadway Commission, 1987;訳書, 1999, 61）にては「監査人は職業専門家としての懐疑心を働かせ経営者が誠実であるかどうかを確かめるべきである」と記されたが，しかしこうした態度について本邦内では慎重な向きもあろう。すなわち「基本的には会計士が監査の依頼人の誠実性を信じ，また経営者が監査人の誠実性を信じるという信頼関係が基礎となっているはずである。そのような信頼関係なしには財務諸表監査は成り立たない。したがって経営者の誠実性と絡めて懐疑心を説明したのでは，この概念を監査基準に取り入れた意味が大きく損なわれることになる」（鳥羽, 2009, 200, 中略）といった見識である。こうした意見は日本的な監査構造に見出される理念が論じられたものと言えるだろう。しかし，コーエン報告書以来少なくとも米国では，経営者の誠実性を信じるというその信頼関係は崩壊し，懐疑心の矛先は経営者の誠実性という一点に絞られたのである。

29)【会計プロフェッション界の願望―業際の拡大】米国のプロフェッション界にて業際の拡大は飽くなき目標であった。福島（2006, 1183）はかつてマウツらもそうした考え方をしていたことを「監査業務を伝統的な財務諸表に限定して狭く考える見解が主流であった時代にあって監査人の職域拡大の見地から捕えている」と表する。

30)【公認会計士のイメージ】AICPA100周年祭記念事業により出版されたWhinstein（1987;訳書, 1991, 5）にては「私は会計士みたいにロブスターを食べているのよと，食事が一番のろいといわれて反論したのでみんな大笑いした。この資質は融通が利かず」とある。AICPAはニュー・エコノミーの好況下「融通を利かせたかった」のだろう。CPA資格保有者のイメージを変え，コンサルティング受注の拡大余地を狙おうとしたのである。

31)【損失補填（保険仮説）】Ratner（1982;訳書, 226）は以下を述べている。「原告は（被監査企業だけでなく）その違反にある種の関係を持っていた，より支払い能力の高い個人や法人すなわち，判決によって確定する賠償債務を履行することのできる（十分な資力のある者，すなわち監査法人たる）ディープ・ポケットをも被告として訴えようとする」。

32)【ビッグ8からビッグ6へ】ビッグ8が合従連衡を経てビッグ6（Arthur Andersen World Wide

LLP, Coopres & Lybrand LLP, Deloite & Touche LLP, Ernst & Youg LLP, KPMG Peat Marwick LLP, Price Waterhouse LLP）に再編されたのは1989年である。訴訟続発の後，1987年トレッドウェイ委員会報告書が出されてから間もない時期だった。

33）【プロフェッション界によるロビー活動】Levitt（2002；訳書，2003, 307, 322）は「AICPAは重要なワシントンの特定利益団体」であり，「協会の年間予算は1億4,000万ドル。14人のロビイストを雇いそのうち3人はフルタイムである」，「2000年だけでもロビー活動に1,250万ドルを使っている」と記している。

34）【Z-V. Palmroseの研究】Palmrose（1988）の成果"An analysis of Auditor Litigation and Audit Service Quality"にては1960年から1985年までの当時の15大監査法人の計472件の訴訟事例が調査対象にされていた。そして訴訟を監査の質の代替プロキシーに見出し，大手監査法人に対する訴訟よりも大手以外の監査法人に対する訴訟の方が数多いとし，大手監査法人が提供する監査の質の優位性を論じていた。しかしLennox（1999, 780）はパルムローズの知見に反する視点を示している。すなわち「監査人が訴えられると評判が悪くなるというのは必ずしも正しくなく，また賠償に応じる監査人は大監査法人であることが多いので大監査法人をディープ・ポケットとしてますます頻繁に訴訟が起こされる」と言う。ところでPalmroseは1995年から99年までの利益修正再表示が株価に及ぼす影響を鑑みた"Determinants of Market Reactions to Restatement Announcementsの研究成果をリチャードソンとショルツと伴に発表している（Palmrose et al., 2004）。

35）【レビットのナンバーズ・ゲーム講演—利益操作への懸念】アーニングス・マネジメント（EM）に関してオマリー・パネル報告書は，様々な用語が適用可能であり，例えばシッパー［K. Schipper］は*Accounting Horizon* 1989年12月号で「ディスクロージャー・マネジメント」なる語を用いていたと伝えている（Schipper, 1989）。1980年代にあっては不正が異常項目と称されていたのと同様，シッパーはいまだ無難な語を用いていた。なおNelson et al.（2001, 1, 抄訳）はEMについて「経営管理者が私的利益を得んとし，財務報告過程に意図的に干渉する非中立的な財務報告」というSchipper（1989）の定義に依拠している。

36）【懐疑原理主義−プレサンプティブ・ダウト】当該用語（puresumptive doubt）はBell et al.（2005, 21-22）の「21世紀の公開会社監査」（2005, 21-22）にてIf the concept of professional skepticism continues to shift from neutrality toward presumptive doubt, the minimal amount of evidence required for the auditor to develop, and demonstrate to others, sufficiently well justified beliefs may continue to rise…と敷衍され厳格監査を標榜するキーワードになった。ところで当該用語訳について町田（2014, 23）他にては「推定上の詐欺」と付されている。しかし形容詞presumptiveの動詞形たるpresumeは「前提とする，みなす」という内包を持ち，プレサンプティブはおよそ（疑う態度を）「当然の如く前提とする。（しかるに）疑ってかかる」という意味になる。統計上の見積り推定たるestimateと，懐疑を引き出す前提たるpresumeの態度では実のところ意味の次元が異なる。また「推定」では統計学のニュアンスが強すぎる。そのような解釈にまつわる事情にて筆者は当該用語を直訳せず「原則的懐疑」と記し，あるいは時にそれを「懐疑原理主義」として説明する。

37）【エンロン社事件】Rittenberg and Schwieger（2005, 671）にて当該事件はエンロン社の監査シニア・パートナーであったD. Duncanによる監査調書毀損のケースとして紹介されている。「数万点に及ぶ関係文書の破棄とEメールの破棄は2001年10月10日から始められ，同月23日，アンダーセンのヒューストン事務所を始めシカゴ，ポートランドおよびロンドンで行われた」（髙柳, 2005, 114）。ダンカンが有罪を認めて司法取引に応じた日付は2002年4月9日であった。しかしエンロン社と監査人との癒着は長く続いていた。米国の監査書（Whittington and Pany, 2014, 79, 抄訳）は「過去，

アーサー・アンダーセンの監査人の立場を離れてその後エンロン社に雇用された会計士は86名」というThe Washington Post の記事を伝えている。
38)【オマリー・パネル報告書とSECの意向】2000年7月10日の同パネルの報告と勧告の試案についての公聴会は朝9時30分にオマリーの開会の辞で始められたが，開会直後9時40分からの50分がSECのアーサー・レビットとリン・ターナーの講演時間にあてられていた。そうした点からしてもオマリー・パネル報告書の実質は「レビット報告書」とさえと呼べるものとみられる。
39)【懐疑心の連続性】オマリー・パネル報告書第3章（POB, 2000; 訳書, 2001, 114）にては「利益の調整：合法から不正までの連続体（continuum）」に焦点があてられている。ところで橋本（2015, 83）は，「国際公共政策委員会（GPPC）基準ワーキンググループ」が2013年11月に公表した「監査人の職業的懐疑心を高めること」(Enhancing Auditor Professional Skepticism) の提案に関し，「職業的懐疑心の水準は，完全な信頼の領域を除く他の領域全般を範囲とし，その中のどの点をとってもその近くの領域と区別できないような連続体」に着目している。

第4章
期待ギャップと会計不正

「アメリカにては万事,科学が勝利宣言をした。しかし人それぞれの顔をのぞき込まずして,それは一体何のための科学か?」

(Mattessich, 2008, 180, 抄訳)

1. 期待ギャップの構造

　先述してきた如き監査の失敗事例により次第に，監査に対する社会の期待と実際の監査パフォーマンスとの間に大きなギャップがあることが認識されるようになった。グリフィスの表現によればそれは「グランドキャニオンのギャップに等しい」（Griffiths, 1995; 訳書, 2001, 11）と嘆かれる程である。会計プロフェッションが正当な注意義務[1]を果すだけではそうしたギャップが埋められることはない。

　期待ギャップについてはかつてコーエン委員会がそれを「社会の期待またはニーズと，監査人が合理的に達成できると期待でき，かつ期待すべきことの間のギャップ」（Cohen Commission, 1978, xi, 抄訳）と定義していた。また1992年10月の英国キャドバリー委員会報告書[2]は「監査人が遂行していることと，監査人が遂行しもしくは遂行すべきと考えられていることとの間の相違」と説明していた（Cadbury Committee, 1992; 訳書, 2000, 49-50）。

　期待ギャップを論じた米国外発の報告書には，カナダ勅許会計士協会の1978年「監査人の役割検討特別委員会」（アダムス委員会）報告書と，コーエン委員会報告書のカナダ版たる1988年「監査に対する社会的期待研検討委員会」（マクドナルド委員会）報告書がある。その後も英国では1992年12月，財務報告評議会（FRC）とロンドン証券取引所他団体の協働によって「最善の実務の規程（Code of Best Practice）」が公表されるに至った。

　1992年，英国キャドバリー委員会報告書が刊行された背景には，1991年バンク・オブ・クレジット・アンド・コマース・インターナショナル（BCCI）事件[3]や，同年に発覚したマックスウェル・コミュニケーションズ事件[4]があった。そしてカナダや英国，さらには南アフリカ「キング委員会報告書」（IoDSA, 1994）に至る関係書の刊行は，1990年代に至ってからもスキャンダルが止まずそれ故に1978年コーエン委員会報告書[5]さらには1987年トレッドウェイ委員会報告書に対する共感が深められたこと，そして往時日本経済の飛躍的成長との比較で，アングロ・アメリカの企業がグローバルな競争から取り残されていたという認識が生じていたが故である。

さて、期待ギャップの解消を目指す上ではここで二つのアプローチが考えられよう。一つは市場監督者や機関に頼る仕方であり、もう一つはプロフェッション界の自助努力に拠る方法である。

次の図表4-1は1988年マクドナルド委員会報告書関連の概念図を基としている（McDonald Commission, 1988）。ここで監査人のパフォーマンス・レベルはCを中軸に置いて想定される。他方でパブリックからの期待はAからEまでの幅を有する。期待ギャップをもたらす社会的期待は、端的には1974年アーサー・アンダーセン会計事務所の調査結果、すなわち「投資家の３分の２は、監査法人の最も重要な役目が不正の発見にあると考えている」（Cohen Commission, 1978, 31, 脚注2, *Public Accounting and Transition,* 抄訳）という状況に表されている。合理的な期待値Bから実際の欠陥を示すDまでは、プロフェッションは自らの努力によりそのギャップを埋めなければならない。

図表 4-1　期待ギャップの構成要素（1988 年 CICA マクドナルド委員会）

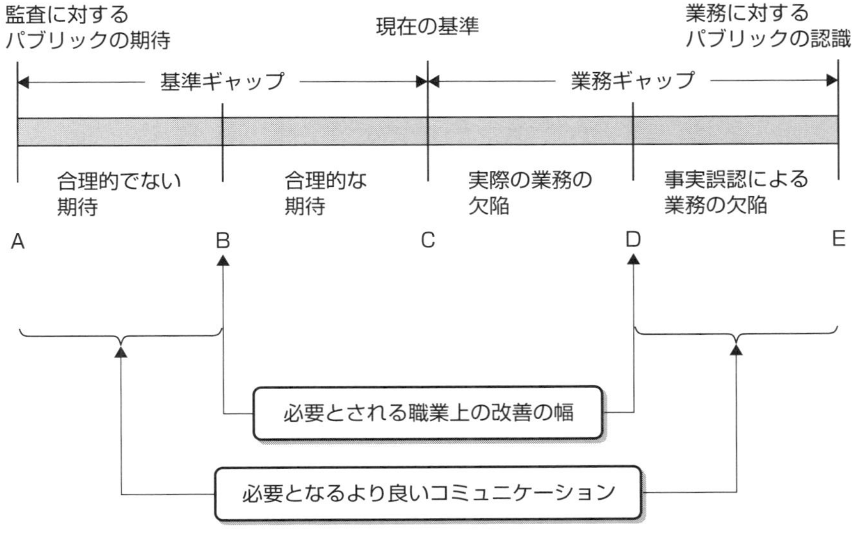

監査に対するパブリックの期待		現在の基準		業務に対するパブリックの認識
← 基準ギャップ →			← 業務ギャップ →	
合理的でない期待	合理的な期待	実際の業務の欠陥		事実誤認による業務の欠陥
A	B	C	D	E

B–D: 必要とされる職業上の改善の幅
B–E: 必要となるより良いコミュニケーション

ところで期待ギャップの総体は，図表4-2右端にある破線部分のように，合理的水準を超える保証の付与，すなわちあらゆる不正の発見を求めるところまで拡大する可能性を秘めている（Gray and Manson, 2008）。

　図表4-2にあって〔b. 監査人のパフォーマンス・ギャップ〕は監査人への期待と実際の監査パフォーマンスとの間に見出せるギャップである。そして当該部分は監査人の〔d. パフォーマンス不足がもたらすギャップ〕部分と〔e. 基準の欠陥がもたらすギャップ〕から構成される。

　さらに〔b〕のうちの〔d. パフォーマンス不足がもたらすギャップ〕はプロフェッション界自体が監査人に期待する水準と実際の監査人行動との間に見出せるギャップである。また〔b〕のうちの〔e. 基準の欠陥がもたらすギャップ〕は，監査人が合理的に実施できることと，基準それ自体が監査人に求めていることとの隔たりを指す。他方で〔a. 監査期待ギャップの総量〕から監査人の〔b. パフォーマンス・ギャップ〕を差し引いた結果たる〔c. 合理性ギャップ〕は，社会からの期待と監査が合理的に提供できるところの間にある投資家の不合理

図表 4-2　会計プロフェッションとパブリックの期待値の間に介在するギャップ
　　　　　（Gray and Manson, 2008, 681 の構想を基に）

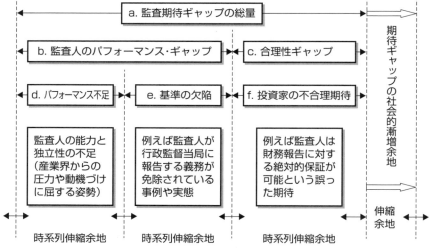

期待が生むギャップである。

　Gray and Manson（2008, 680-685, 抄訳）はSikka et al.（1998）[6]の成果を引用しつつ，期待ギャップの大きさは時代と伴に変化すると言う。曰く，「ギャップは過去数百年も前からあった。そうしたギャップは将来いつになっても埋められることはなかろう」と述べ[7]，かかるギャップ克服の可能性を悲観視した。

　この後に列挙する期待ギャップ監査基準書群は，結局，関係者間のコミュニケーションを改善することによりギャップの拡大を阻止しようとしている。期待ギャップの解消は困難だが，しかしギャップが意識されてコミュニケーションが促されることが肝要である。

2. 期待ギャップ監査基準書について

　期待ギャップ克服に向けた監査規範策定の努力は，監査基準審議会（ASB）においてはクーパース・ライブランドのサリバン［J.D. Sullivan］を議長にして研究が開始された1985年にその起点がある。そしてその後3年をかけてリリースされた新監査基準書群では，コーエン委員会報告書を原点にし，さらに1987年トレッドウェイ委員会報告書勧告（Treadway Commission, 1987）の第3章〈公認会計士に対する勧告〉の狙いを実現することが目指された。

　全部で九つある米国期待ギャップ監査基準書の表題は以下の通りである。

（類型Ⅰ．）不正と違法行為の発見を目指して
（1）SAS第53号：The Auditor's Responsibility to Detect and Report Errors and Irregularities
　　「誤謬および異常項目の発見と報告に関する監査人の責任」
（2）SAS第54号：Illegal Acts by Clients「被監査会社による違法行為」

（類型Ⅱ．）不正と違法行為の発見に資する効果的な監査手続の実践を目指して
（3）SAS第55号：Considerations of Internal Control Structure in a Financial Statement Audit［1995年にSAS第78号に差し替え］「財務諸表監査に

おける内部統制機構の検討」
（4）SAS第56号：Analytical Procedures「分析的手続」
（5）SAS第57号：Auditing Accounting Estimates「会計上の見積りに対する監査」

(類型III.)　財務諸表利用者との間のコミュニケーションの改善を目指して
（6）SAS第58号：Reports on Audited Financial Statements
　　　［SAS第79号に差し替え］「監査報告書」
（7）SAS第59号：The Auditor's Consideration of an Entity's Ability to Continue as a Going Concern ［旧1981年SAS第38号の改訂］「継続企業として存続する能力についての監査人の検討」

(類型IV.)　被監査会社との間のコミュニケーションの改善を目指して
（8）SAS第60号：Communication of Internal Control Structure Related Matters Noted in an Audit「監査において認識された内部統制機構に関する事項の通知」
（9）SAS第61号：Communication with Audit Committees「監査委員会とのコミュニケーション」

　上掲九つの期待ギャップ監査基準書群の中で不正を真正面から論じている監査基準書はSAS第53号である。監査人責任の解釈に関わり第53号は，先の第16号から長足の進歩を遂げていた。第53号にあっては期待ギャップを減らすべく（1）懐疑心の要請，（2）不正が行われ易い状況の明示，さらに（3）不正を発見する目的で監査計画の策定をすること，が要請された。
　期待ギャップ監査基準書群の公刊に際してはあらかじめ，その前面に懐疑心を打ち出す必要があった。実際，SAS第53号が懐疑心を掲げ経営者の誠実性を前提としないよう求めたからこそ，例えば同第61号「監査委員会とのコミュニケーション」に関して経営者恣意を牽制せんとする監査委員会の役目が理解される。

期待ギャップ監査基準書各号の内容はこのようにトレッドウェイ委員会勧告への応答性を備えていた。そして経営者は誠実という考えを棄却することにより，期待ギャップ監査基準書各号の狙いが浮かび上がる作りになっているのである[8]。

3. 不正リスクのトライアングル

　犯罪学（criminology）という一学際領域を超え，会計プロフェッション界が不正リスクに取り組む契機になった成果として，Romney et al.（1980）の稿がある。当該ロムニーらが構想した不正リスクのモデルでは，1980年の段にていち早く（1）状況的プレッシャー（situational pressure），（2）機会（opportunities），そして（3）経営者の性向（personal characteristics），という不正リスクの3要素が示されていた。

　ロムニーらが検討し始めた不正リスクの3要素は，監査基準書にては最初に1997年SAS第82号の.16と.17に掲げられた。当該SAS第82号の下では不正リスク要素がまだトライアングルの形では捉えられていない。しかしその後公認不正検査士協会（ACFE）から「不正検査士マニュアル」（ACFE, 1998）が刊行され，2002年SAS第99号の策定，さらには2004年版ISA第240号の刊行が続き不正リスクに対する意識が高まる。そして本邦国内にてもカネボウ㈱（現・クラシエホールディングス㈱）の粉飾の発覚をきっかけに，2006（平成18）年監査基準委員会報告書第35号により不正リスク要因が明示されるところとなった。

　SAS第99号が措置している不正のトライアングルとそれに対峙する懐疑心の関係は図表4-3，図表4-4のように図示される（AICPA, 2002, §31-11, 84）。

　ところでMautz and Sharaf（1961, 281, 抄訳）は彼らの考え方の根底にある性善観に関わり，「世の中の誰も進んで悪者たろうとは望んでいないしまた心ならず善人であることもない」と表現していた。実のところ進んで不正を働く経営者は稀だろう。しかるに〔動機・プレッシャー〕，〔機会〕，〔姿勢・正当化〕の3要素が揃う所に必ず不正が生じるわけではない。しかし不正摘発の事後，現場を振り返れば，それら3要素のいずれか，あるいは全部の痕跡が発見される

図表4-3 不正リスク[9]のトライアングルと懐疑心の関連要素

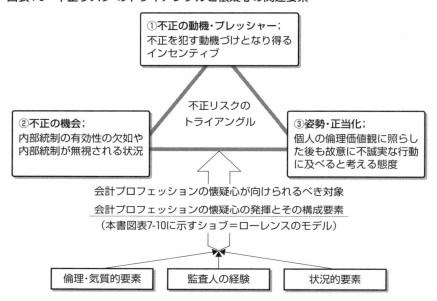

図表4-4 不正リスク要因の組合せ事例（○該当）

不正実行者が抱く悪しき思考パターンの例	不正リスク① 動機・プレッシャー	不正リスク② 不正の機会	不正リスク③ 姿勢・正当化
金銭的な欲求	○		
不正を行う者が感じているフラストレーション	○		
他人も悪事をしているというような考え方			○
会計システム悪用の余地		○	
内部統制システムの弱点についての知識		○	
摘発される可能性がほとんど無いという認識			○

のである。

　不正リスクに関しては、リスク要素が複数同時に存在することで不正惹起の可能性が急速に高まる。不正を行える〔機会〕状況下で、他の者も不正をしているからと自らを正当化する者〔姿勢・正当化〕が抑圧を感じるか、あるいは

欲望に走る〔動機・プレッシャー〕ことにより不正が惹起される。その実態は，例えて言えば温度と湿度が高く不潔な場所に黴が生えると言うが如きものだろう。

── 注

1）【正当な注意義務】正当な注意（due care）水準についてはAU230.03（D. Haggard, 1932, 4th ed., 472）に記されているように，不法行為に関するクーリーの言明が判断基準として長らく採用されてきた。「役務の提供を申し出，かつそれに従事する全ての者は，合理的な注意と勤勉さをもって自ら有する技能を行使する義務がある。特殊技能が必要条件とされる業務において，ある者が役務の提供を申し出た場合，その者は同種の業務において他の者が通常有しているのと同程度の技能を有するものとして社会に対し自己を主張しているものと解される」（アメリカ公認会計士協会，1981, 24）。
　　ところで正当な注意義務は，時代の進捗と共にコンサルティング業務でも求められるようになる。1981年にAICPAが示したMAS基準書一般基準にあっては「会員は契約の実施においては職業上の正当な注意をもって行わなければならない」（O'Ralley et al., 1992; 訳書，1993, 52-53）と定められた。結果として監査規範は正当な注意義務を超える新しいターミノロジーを採用して監査基準に加える必要に迫られたと考えることができる。

2）【キャドベリー委員会報告書】杉岡（2002, 142-143）は「キャドベリー報告書は最善の実践規範において取締役会は内部統制の有効性についての報告書を作成し，監査人のレビューを受けることを提言した」と言う。後継の「ハンペル報告書」（Hampel Committee, 1998）も経営者の責任を指摘し「結局はキャドベリー報告書と同様に，経営者の内部統制に対する責任解除の機関としては内部統監査機能の確立を重視」したと伝える。キャドベリー委員会の提案内容は革新的であったため各方面で議論を呼んだ。コーエン委員会報告書とトレッドウェイ委員会報告書の主張に相当程度影響されていただろう。

3）【1991年BCCI事件】Schilit（2002; 訳書，2002, 247, 修正）は「設立時，BCCIは第3世界の銀行として喧伝されて，アラブの王族から勤勉なイスラム教徒に至るまでサービスを拡大した。だが結局，1980年代から90年台初期までに麻薬密輸業者や公金を使い込むノリエガのような独裁者，テロリストのアブ・ニダルらを惹きつけることになり，彼らはマネーロンダリングのために銀行を利用した。1991年7月，8ヵ国の規制当局がBCCIを閉鎖した。BCCIは今ではバンク・オブ・クルックス（ペテン師の意）アンド・クリミナルズ（犯罪人）と呼ばれている。ニューヨーク州のモーゲンソー地区検事は同事件を世界金融市場における最大の銀行詐欺事件と称した。概算で200億ドルが詐取された」と伝える。

4）【マクスウェル・コミュニケーションズ事件】Schilit（2002; 訳書，2002, 246-247）は以下の旨で同社事件を伝えている。「1991年11月5日，カナリア諸島沖を浮流している同社トップのマクスウェルの死体が発見されてこの事件が明るみにでた。事件の調査官は大規模な詐欺行為によって切迫した彼の企業帝国の崩壊を食い止めようとしていたことを掴んだ。その企業帝国には，出版大手のマクミランやニューヨーク・デイリー・ニュース，デイリー・ミラーのような新聞社が含まれていた。負債に苦しんだマクスウェルは，支配下の企業に偽りの不動産を売却し架空利益を計上するなどの詐欺により14億ドルを奪い取った。その中には従業員の年金制度からの8億ドルが含まれていた」。

5)【米国コーエン委員会報告書と英国キャドベリー委員会報告書他との関係性】例えば吉見（2005, 39, 脚注）は「キャドベリー委員会報告書における監査期待ギャップの理解は，コーエン委員会報告書における期待ギャップの理解に沿ったものであってきわめて一般的な規定の一例」の旨，評している。定見であろう。
6)【期待ギャップの研究例】Gray and Manson（2008）はSikka et al.（1980, 299-300）を参照している。
7)【期待ギャップの起源】関わりある文献にRittennberg and Schwieger（2005, 290, 抄訳）がある。曰く「監査は不正摘発のメカニズムとして始まった。1600年頃，交易の目的で英国を出た商船についてその交易の実態と誠実性についてはあまりに多くの疑いが持たれた。しかるに商船のオーナーが監査人の雇用を始めたのである。爾来，監査の主目的は不正の摘発にあった。20世紀に入ってはそうした不正の実態が"帳簿の調理"に姿を変えたのである」の趣意を伝える。他に，先述のLittleton（1933; 訳書, 1952）の第16章「英国会計監査発達の背景」にても関わる状況が読み取れる。
8)【期待ギャップ監査基準書各号と懐疑心】SAS第57号「会計上の見積りに対する監査」AU342.04にても「見積りを評価する際には監査人は懐疑心を以って」という表現がされている。SAS第53号のみならず期待ギャップ監査基準書群はその全編にて懐疑心の浸透を目指していた。
9)【経営者不正リスク要因】トライアングル図内の説明に関してはBeasley and Jenkins（2003, 32）を抄訳している。また図の下部に追加した懐疑心を支える「倫理・気質的要素」，「監査人の経験」，「状況的要素」に関してはショブ＝ローレンス（Shaub and Laurence, 1996, Figure 1）を参照した。

第5章 米国会計プロフェッション自主規制の終焉

「会計プロフェッションの自主規制とは,まさに悪い冗談そのものだ」
(Levitt, 2002, 127, 抄訳)

1. 第25代SEC委員長アーサー・レビットの問題意識

(1) アーサー・レビット－その人物像

　IT化の進展への期待により1990年代初めから米国ではニュー・エコノミー[1]企業の株価が急上昇していた。しかし，ブームの裏では規律意識が損なわれ，産業界にては悪しき利益操作が蔓延り始める。実際この時代のでたらめな財務報告例としては，アーサー・アンダーセン会計事務所が関与していたウェイストマネジメント社のケースが知られている。状況は，「1992年から1996年にかけての廃棄物処理会社ウェイストマネジメント社の税引前利益の過大表示額は14億3千万ドルという驚くべき数字だった。会計事務所を相手にSECが詐欺事件を提起するのは1985年以来のことだった。和解のためアンダーセン会計事務所は700万ドルの制裁金の支払いに応じた。アンダーセン会計事務所はウェイストマネジメント社の株が1971年に公開されて以来ずっと同社の監査を担当していた。ウェイストマネジメント社の最高財務責任者と会計責任者は全員がアンダーセン出身だった。1991年から1997年の間アンダーセン会計事務所は同社に対し約750万ドルの監査報酬を請求した。その他報酬としては1,180万ドルを請求した。関連企業であるアンダーセン・コンサルティングも非監査報酬として600万ドルを請求していた」(Schilit, 2002; 訳書, 2002, 27, 修正) というありさまだった。

　報告利益の質の悪化を目の当たりにしたレビット［Arthur Levitt, Jr.］は抜本的な改革を志す。さて，以下は，彼の自著から知られるレビットの人物像である。

　クリントン政権下の1993年から2001年まで，私は投資家保護を最優先させSEC委員長として歴代最長の任期を務めた。祖父母はユダヤ教徒としてアメリカに渡ってきた。私はニューヨーク州ブルックリンで生まれ育った。父アーサー・レビット・シニアは保守派の民主党員でニューヨーク州の会計監査人に6度選出された。母ドロシー・レビットはニューヨーク州の公立学校教員で典型的なユダヤ系中流

家庭出身者であった。私は教職を退いた後の母の年金にまつわる不安を感じ取っていた。空軍除隊後、最初はマサチューセッツ州の小さな町の新聞記者として働き始めた。その後は5年間、牧畜業界で仕事をした。私の人生を劇的に変えたのは営業で関わったキンバリー・クラーク社の幹部の一言だった。曰く「アーサー、牛を売ることができるなら株だって立派に売れるぞ」。そうして私の個人投資家に対する共感が育まれた。1963年からの16年間私はウォール街の証券業界にてブローカーとして過ごす。1972年にはコロンビア大学で「利益とプロフェッショナリズム」と題された講演を行った。後にその講演内容についてシティグループの総帥サンディ・ワイルらからは全くビジネスをわかっていない奴だと一笑に付された。その後1978年から1989年まで私はアメリカン証券取引所会長を務めた。そして議会が関わる新聞社の社主をも務めた後にSEC委員長に就任した。SEC委員長就任は、ビル・クリントンが1992年に政権に就いた半年後、クリントンの打診によるものであった。私は1992年の大統領候補指名大会の直前にはクリントン支援の22人の選挙参謀の一人として75万ドルの寄付を集めた。しかし、間もなく私は多くの人々から警戒されていることに気づいた。委員会のシニアスタッフは私のことを、クリントンのために多額の政治資金を集めた実績と引き換えにこのポストを手に入れた金持ちのニューヨーカーと見ていた。金融界では御し易い相手だと見くびられたようだ。(Levitt, 2002, 1-25, 抄訳)

レビットはSEC委員長就任直後の証券市場を振り返り、「強気の相場は3年目に突入していた。個人投資家はどんどん株を買っていた。表向きは上手く行っていた。しかしひとたびウォール街と経済界の実情に目を遣れば不安材料が多くあった」と述べている。実際、1995年から1999年までダウ・ジョーンズ工業株平均は5年連続で年20%の上昇を続けた。ハイテク銘柄が多いナスダック指数は1999年だけで94%も上昇していたのである。

レビットは同じく民主党改革派のディンゲル議員[2]と親交が深かった。SEC委員長に就任した当時のレビットは同議員から心配されていた。「議員を表敬訪問した折には別れ際にこう言われた。彼らが君の手に負えるかな」(Levitt, 2002, 9; 訳書, 2003, 17) と。ここに言う彼らとは、その後レビットと対峙することとなる共和党エスタブリッシュメント、産業界、さらには会計プロフェッシ

ョン界,すなわちディンゲルとレビットにとっての抵抗勢力[3]のことである。

以下,会計プロフェッション界のあり方に疑念を抱いたレビットの口上を,「公共監視審査会への不信」,「投資家軽視の姿勢とナンバーズ・ゲーム」,「収益構造の変化と独立性への危惧」,「公開企業経営者のマインド」,そして「証券市場監督者のアクション」,の順に記す。

(2) 公共監視審査会への不信

レビットの不信は,公共監視審査会(POB)が個人投資家の利益を省みずむしろ産業界を擁護しようとしたという彼の批判に顕されている。曰く,「ビッグ5はAICPAを導管の如く用いてPOBに資金提供をしていた。POBは委員5名からなるパネルだが,FASBに比較してもパッとしない組織であり2002年5月に解散した。会計プロフェッション界を操るAICPAは監査の失敗が絡んだ1970年代の一連の不正事件発覚の後,驚くことにPOBを厳格監査を阻止するために設けていたのである」(Levitt, 2002, 126, 抄訳) と。

レビットは,会計プロフェッション界の自主規制制度の終焉[4]を自業自得と考えたのだろう。彼は後任の第26代SEC委員長たる共和党ハーベイ・ピット[5]の下,新たに公開会社会計監視委員会(PCAOB)[6]が設立されることを見越していた。

(3) 投資家軽視の姿勢とナンバーズ・ゲーム

1996年夏,レビットはFASBの諮問委員会たる財務会計財団(FAF)の中立性が危機に瀕していると感じとった。そしてAICPAと財務担当役員協会(FEI)に対し財務会計財団の議席を譲らせる交渉を始めた。結局AICPAとFEIは1議席ずつ空け渡すことに応じた。レビットはその交渉を次のように振り返っている。

> 私には強烈に印象に残ったことがあった。それは会計プロフェッションが見せた投資家軽視の姿勢だ。彼らは強制でもされない限り進んで投資家の利益を守ろうとはしない。もとより企業の役員らが会計基準のことで反発してくることは予想していた。彼ら財務担当役員は費用を少なくし,結果,利益を大きく見せたくて

仕方がないのだ。しかし会計士の態度には呆れ果てた。彼らは投資家のために声をあげるどころか企業の提灯持ちと化していた（Levitt, 2002, 115; 訳書, 155, 修正）。

　レビットは，往時少なからぬ数の企業が利益操作の誘惑に駆られ決算修正を繰り返していたのに会計プロフェッションはそれを止めなかったと言う。そしてレビット率いるSECは特にパルムローズら[7]の研究成果に目配りし，グッド・ニュースとバッド・ニュースが市場に与える影響，すなわち利益修正と株価の相関をモニターし始める。

　レビットは言う。「当時は早めに売上高を計上する傾向があった。これに歯止めをかけるのがターナーと彼のスタッフにより出された通達の狙いだった。最近になって利益修正をしてくる企業に関しては大抵，売上高それ自体が違っている。例えば複数年契約の場合，本来１年目の売上は契約の一部だけの筈なのに総額を売上にしてしまう。ハイテク企業が派手にやっていた手法だ。彼らはアナリストの予想から外れないようどんな手段を使ってでも毎四半期の利益を増大させようとしていた」（Levitt, 2002; 訳書, 2003, 162, 修正）。そうした嘆かわしい状況はシリットの次の文脈からも伺える。曰く「４半期毎に報告された業績はアナリストの予想とぴったりだった。営業利益は予想通りで，数字は経営陣がトップダウン方式で計画的に指示し，実際に起きたこととは無関係だった」（Schilit, 2002; 訳書, 20, 修正）のである。

　ナンバーズ・ゲームの実態は，収益認識を操作する器としての「クッキー・ジャー・リザーブ」の濫用から始まり，悪質な粉飾に至るまで様々だった。例えばシリコンバレーのデータベース管理会社たるインフォミックス社の1997年に施された過去３年分の利益修正では，実のところ適正利益は報告利益の僅か５％に過ぎず，結果として純利益が２億4,400万ドル水増しされていた。こうした事態はレビットとSECにとってまさに特別な検討を必要とするリスクだった。

　その後も2000年９月には，センダント／CUC社のコンプ・ユー・カード部門の不正が発覚した。当該事件では５億ドルを超える営業利益の虚偽記載が発見された。事件は投資家に190億ドルもの損害を与え，それはエンロン社崩壊以前の最大級の会計不正となった。

(4) 収益構造の変化と独立性への危惧

　先述のように1990年代後半には不自然な財務報告が散見されていた。産業界は市場に対し有利に働きかけができるようにアナリストとの距離も縮めていた。1998年11月17日付 *The Wall Street Journal* へのレビットの投稿の如く，実際多くの企業は株価の下落をおそれ，アナリストの予測に合わせて報告利益を制御していた。しかるにSECは後の2000年10月に至って公正開示規則（Regulation FD）[8]の施行に及ぶ。

　会計プロフェッションの独立性に関してはレビットは次を言う。「プロフェッション界は保守的で慎重だった。彼らはあえて監査人の独立性が脅かされていないと考えようとした。しかし事態は正反対だった。ビッグ5が受け取るコンサルティング報酬の急増[9]はSECにとって不安の種になった。最も大きな価値が見出されるべき監査サービスの質が危機に瀕していた」（Levitt, 2002, 124, 抄訳）と。そしてSECは独立性[10]についての警戒心をも深めていく。

　コンサルティングの兼業が監査人の独立性を脅かすか否かは，研究者間でも意見がわかれる問題だった[11]。先行論調においては，兼業によって独立性が損なわれる証拠は無いとする1969年AICPA独立性特別委員会以来の立場をPOBが承継していた。そうしたプロフェッション界の見解を補強するよう，顧客獲得競争に関してはDeAngelo（1981a）が，監査報酬引下げのコストは埋没コストになるから独立性は損なわれないと意見していた。しかるにコンサルティング兼業を容認する勢力はダンジェロの知見を支持した。実際，ダンジェロの論文はその後頻繁に引用された。

　また，1980年代 McKinley et al.（1985）の研究成果では，コンサルティング兼業によって監査人不正の余地が減り，監査の質が良くなると考える財務諸表利用者がいると伝えられていた。すなわち共和党レーガン政権下の1980年代，研究者間でさえ，コンサルティング兼業が監査の改善に繋がるという見方が多かった。

　しかし1990年代，民主党クリントン政権に移行してからは例えばLowe and Pany（1995）[12]が，「監査チームとコンサルティングを別にした上で軽いコン

サルティングを行う間は監査人の独立性には影響しない」という主張をした。すなわちレビットがSEC委員長になった1993年頃からコンサルティングの兼業を是認するトーンが抑えられる。そして1990年代末からはコンサルティングの兼業により監査人の独立性が蝕まれるという見解が支配的になる。コンサルティングの兼業が独立性に影響を与えるかどうかについては，今ではおよそ以下の考え方に収斂されているだろう。

- 被監査企業に対するMAS業務比率が増えると監査人にとっての経済的動機づけが強まって独立性が阻害される（後掲図表7-17ショクリーのモデル内の i（＋） ＝ ＞ Xの帰結（183頁参照））。
- 軽度のMAS業務の提供であればかえって監査の質が上がるという主張も存在する。しかしその識閾は見極め難く判断にはリスクが伴う。
- 監査業務従事者はMAS業務従事者よりも低収入であることが多く，兼業を全面禁止した場合には会計事務所に入る新卒者の減少が予見され，能力ある監査人の確保が難しくなり監査の質の低下に繋がるという意見が存在する（補章 資料2. 1990年代米国における大卒初任給の業界別変遷（204頁参照））。

(5) 1990年代の公開企業経営者のマインド

レビットは産業界の態度を正面から批判する。「経営者らの多くは莫大なストック・オプション報酬を得るために基準策定のプロセスを乗っ取ろうとした。財務会計基準審議会（FASB）を統括する財務会計財団（FAF）に狙いを定めた団体が企業コントローラーから成る財務担当役員協会（FEI）だった。FEIはモトローラ，P&G，GM，シティグループ等の大企業役員からなる政治的意図を有した団体である」と。産業界は自分たちの了見でFASBを取り込もうとしていたのである。

そうした背景に関してレビットは，「経営者の不満はビジネスに疎い財務会計基準審議会（FASB）の態度にあった。欲深い企業の目に映るFASBの問題[13]解消するため，彼ら経営陣は統括組織たる財務会計財団（FAF）の規模縮小を目論んだ。そしてFASBの重要な会議を非公開にし，新ルール設定に際しては時限を設ける方法を導入した。私はそうした雰囲気に怪しさを感じとったので

ある」と言う。

レビットはさらに,「デリバティブ金融商品に公正価値を付けるやり方ではバランスシートを悪く見せるから企業のトップはその類の基準制定を忌避した。我々SECはそうした経営陣に対抗できるようFASBが立ち直ることを願った。幸いにもFASBはデリバティブ公正価値を開示する基準を採択できたが,会計プロフェッション界はその間も投資家寄りとは思えない行動を示した。企業の財務役員がそうした行動をするならわかる。しかし会計事務所が投資家側に立つことなく顧客企業の代弁者となっていたのである。こうした苦い経験から私は会計プロフェッションを疑うようになった」(Levitt, 2002, 111-114; 訳書, 2003, 151-155, 修正)。

当時SECは独自に様々な啓蒙活動[14]をしていたが,そのような最中,レビットの講演と同時にPOB会長宛送付された一通の書簡は,SECの不満を直に顕していた。下記は異例なまでに率直なその文面である。レビットとAICPA会長メランコン[15]との間の確執の故,AICPAに対してはその件コピーの送付だけで済まされている。

(6) 証券市場監督者のアクション

1998年米国【主任会計官ターナーのPOB宛書簡】－オマリー・パネル発足「前夜」

ワシントンD.C.20549
証券取引委員会(SEC)より
公共監視審査会(POB)会長
Mr. A.A.Sommer殿　あて
スタムフォード,コネチカット06902

1998年9月28日

　SECの主任会計官である私はあなた方公共監視審査会の皆様に対し,現在の監査プロセスの変化が投資家の利益に役立ち投資家を保護するものとなっているかどうかを検証してほしいと思います。そのための最も良い方法は投資家,

監査人，会社役員，規制当局ならびにその他の人々による最高位の特別委員会を招集することです。我々SECはその創設以来，監査基準の設定を指揮することを会計プロフェッションに期待してきました。しかしながら近年，監査プロセスの変化と財務上の不正の頻発とが相まって，監査の有効性に関して疑問が生じてきました。例えば会計プロフェッションは，確認のような実証的手続の利用および，取引や勘定残高に関わる詳細なテストを減らし，代わりに分析的手続に頼る方向へと手続きを変化させてきました。一部のプロフェッションは手続きの変化はIT利用の高まりに応じているなどと主張しますが，他方でそれらは投資家の保護のために必要な監査技術適用の放棄に見えることがあります。

　財務上の意思決定を行う方法を会計プロフェッションが理解するためには，監査人にはビジネスあるいは専門家としての相当な経験が必要だと思います。今日，監査手続を行っている人々のかなり多くが優秀な成績で大学を卒業したかもしれませんが，しかし経験不足ではないかと懸念します。実際のビジネスの経験の欠如が監査の品質に重大で有害な影響を及ぼすおそれがあります。新たに召集される専門委員会が監査プロセスを改めて見直すべきであるという我々の提案は，いたずらにSECの権力をふるうつもりのものではなく，投資家の保護を継続的に保証するための将来に向けての努力です。SECとその主任会計官である私はPOBの継続的な努力を評価していますし，皆様とこの先お仕事ができることを楽しみにしています。

CC；　バリー・メランコン　米国公認会計士協会
　　　デボラ・ランバート　監査基準審議会委員長
　　　トーマス・レイ　米国公認会計士協会　監査および証明基準担当理事

上記書簡内にてターナーは特に以下の2点を主張している。
・会計プロフェッションが実証テストに重きを置こうとしない傾向[16]
・経験不足の監査人による不正摘発能力の低下

　既にSECからの信頼を失っていたPOBは，上記書簡の受領から3ヵ月後の1999年1月6日に特別委員会の発足を宣言し，SECの要望を反映する活動を開始した。そしてその成果物が2000年8月31日公表の通称オマリー・パネル報告書たる「監査の有効性に関する専門委員会報告書」である（POB, 2000）。同報

告書は1977年から長きに亘ったPOBの事実上最後の功績になった。同報告書により新世紀のプロフェッションが備えるべき矜持が示された。

SECとプロフェッション界との相克は長く繰り返されてきた。抜本的改革の起点は1970年代，SEC主任会計官J.C. バートンらの指揮の下に記されていた。その襷は，20年の時を超えて1990年代，後継の主任会計官サットン，ターナーらに受け継がれたのである。

2．会計プロフェッションの独立性

1994年AICPA「財務報告に関する特別委員会」委員長ジェンキンズ［E.L. Jenkins］は，1950年代末から40年近くもアーサー・アンダーセン会計事務所に勤めていた。彼は「大げさな物言いと際立った才気で鳴らすアーサー・アンダーセンのニューリーダー，レナオード・スペイシク[17]」から薫陶を受け，往時，飛ぶ鳥を落とす勢いのアンダーセン流カルチャーを体現する立場にあった（Brewster, 2003; 訳書, 2004, 140）。

ジェンキンズはFASB緊急問題専門部会（EITF）の1984年創設時の委員さらに1991年からの5年間を財務会計基準諮問委員会（FASAC）委員として務め，1997年7月にFASBの議長に就任した。本邦においてジェンキンズの名は，「ジェンキンズ報告書」と称される『事業報告革命』により知られている（Jenkins Commission 1994）。当該書を上梓した「財務報告に関する特別委員会」にはジェンキンズ以外に全15名の委員が携わっていたが，その副委員長の職責を，SEC退職後デロイト・トゥーシュのパートナーになっていたサットン[18]が務めた。しかるに同報告書は，監査機能の拡張を睨みつつも，しかし不正抑止を十分意識し，その目標に関わり監査人は企業の状況および見通しに関してより客観的で冷静かつ懐疑的な存在たるべきと記す。

そのジェンキンズは，アーサー・アンダーセン崩壊前の世紀末のムードに関わり次のように述べていた。「目標は常に中立の立場に立ち，投資家や財務諸表利用者に対して取引の経済効果を正しく反映した財務情報を提供することである。しかしながらFASBが中立的であろうとすればする程，FASBの足場を

危うくしてしまう事態が何度もあった」（Kieso et al., 2001; 訳書, 2002, 300, 修正）と。FASBの足場が危ういなら監査環境それ自体も危うい。そして，エンロン社事件の前夜が近づいていたのである。

ワシントン政治の渦中にいたレビットの疑念は，彼の次のような言葉に表されている。曰く「会計士業界が直面している問題を検討するためにAICPAは調査委員を任命した。しかし報告書は本棚の隅で埃をかぶるのがおちだ。AICPAが務めを果せていない以上，議会とSECは彼らの自主規制権限を取り上げるべきだ」．「独立監督機関を作る計画が進んでいる。私はその案に全面的に賛成だ。議会はその機関に基準設定，調査，懲罰に関する幅広い権限を与えてAICPAから予算も完全に独立させるべきだ。こうした条件が満たされない限り会計士に牛耳られてしまうのは目に見えている」と（Levitt, 2002, 250-251, 抄訳）。

そうした状況下，SECはAICPAに先立ち独立性要件の見直しを決意する。SECの要求に従いAICPAは1997年5月，SEC監査業務部会内に独立性基準審議会（ISB）を設置する。

しかしレビットは当時の経緯を苦々しく振り返る。「AICPAは巧みに立ち回り思うがままにISBを操った。AICPAが自分たちの管理下に置くつもりでISBの設立に協力していたことは明らかだ。何十年もの間ありとあらゆる委員会，調査グループ，規制機関に至るまで上手く取り込んできたAICPAらしいやり方だった。私は抗議の証にISBの第一回会合の出席をボイコットした」（同，2002; 訳書, 2003, 162）。そしてそれから2年間堂々めぐりの議論が続き，独立性に関わるルール作りはいっこうに進展しなかった。

ISBは次のように監査人の独立性を定義した。独立性のある状態とは監査人が，「不偏な監査意思決定を行う能力を脅かす，あるいは脅かす可能性を持つ何らかの抑圧から監査人が解放されていることである。監査人の独立性保持の目標は，財務報告プロセスにおいては情報利用者からの信頼の確保を促し市場効率を高揚させることである。それは監査人の独立性それ自体に注目してのことではない」と（ISB, 2000）。すなわちISBは外見的独立性の要件よりむしろ精神的独立性を妨げる要因の検討を重ねた。そして独立性を危うくするリスクとして利己心（self interest）と慢心（self review），擁護や唱導（self advocacy），抑圧

や脅し（intimidation）の影響等の心理要因を見出した[19]。

2000年6月，ISBは独立性新規則草案（S7-13-00）を完成させる。当該プロポーザルに対しては3,000件近くのコメントレターが受理され，新規則完成に向けさらなる努力が重ねられた。他方ではしかし独立性規則制定を阻む勢力もいた。実際，上院銀行委員会は2000年7月21日，グラムズ［R. Grams］証券小委員会委員長に書簡を送り，その後公聴会が開かれて事態は紛糾した。しかし結局，2000年11月になってSEC監査人独立規則改定版が公表され，それは2001年2月5日付で発効する。

独立性規則改訂の途上，SECは財務会計基準委員会（FASC）にコメントを求めたが，しかしFASCは監査人のコンサルティング兼業に関わる不安を容易には払拭できなかった。それはFASCが以下の事柄を懸念していたが故と考えられる。

〔1〕顧客保持の意図に関わる時系列インセンティブ[20]
〔2〕コンサルティング兼業の背景にあるサービス横断的インセンティブ
〔3〕独立性を改善するための自己規制機関のあり方
〔4〕独立性に関わる会計情報利用者の認知の程度

独立性規則エグゼクティブ・サマリー第20段の書出しにては「コンサルティング兼業の潜在的な影響は長い間の関心事であった」と言い，しかし他方，同24段にて「我々SECは非監査業務を全面的に禁止しないことと決定した。禁止すべきという意見はあったが我々は代わりに，もしも被監査企業に提供されたら監査人が独立していないと考えられる非監査業務[21]方を特定した」と述べ，SECは妥協する姿勢を明らかにした。

実のところSECは新独立性規則に関して会計プロフェッション界に譲歩した。ニュー・エコノミー下，コンピューター・ソフトの更新が盛んになり，会計事務所にコンサルティング案件が舞い込んでいたという背景もあった。

全面禁止にはならなかったものの，監査と両立不可能とされたプロフェッショナル業務は結局，以下10種類である。

〔1〕記帳業務
〔2〕情報システムデザインあるいはインプルメンテーション（⇒ 但し制限

付容認へ）
〔3〕評価・鑑定業務
〔4〕保険数理業務
〔5〕内部監査アウトソーシング（⇒ 但し制限付容認へ）[22]
〔6〕マネジメント代行業務
〔7〕人的資源関連サービス
〔8〕投資アドバイス
〔9〕法務サービス
〔10〕エキスパート業務（⇒ 後に解禁）

　こうして，レビットに率いられたSECの狙いは，一つには2000年8月のオマリー・パネル報告書に，いま一つには2001年2月のISB独立性新規則に託された。しかし成果が結実しようとした矢先の2001年12月，アンダーセンの顧客たるエンロン社が破産法チャプター11を申請する。そして翌2002年7月には同じくアンダーセンの顧客であったワールドコム社の粉飾が発覚する。2002年8月になっては同会計事務所の訴追，解散[23]へと続く。そして最後に一気呵成で決着[24]がついた。会計プロフェッション界に対する自由放任政策はエンロン社とワールドコム社事件を引き金[25]に終止符を打つこととなる。

　しかし事態は唯一エンロン社事件によりもたらされたと解されるべきではなかろう。エンロン社事件後の渦中においても，「会計監査改革米で足踏み」（『日本経済新聞』2002年6月10日）にあるように「政界への影響力を持つ会計士業界の働きかけもあり会計事務所への規制強化法案が日の目を見る確率は低いと見るのが一般的」と見られていた。しかしエンロン社事件に止まらずワールドコム社事件が続き，それら二大事件のショックが，アーサー・アンダーセンの破綻と2002年7月企業改革法（サーベインズ＝オクスリー法，俗称SOX法）の導入を決定づけたのである。

　当該の企業改革法はその第101条（a）にて，「証券諸法に服する公開会社の監査を監督するPCAOBは，一般投資家によって売買または保有される証券の発行会社に関する有益で正確かつ独立性のある監査報告書の作成において，投

資家の利益さらには公益を保護するために創設される」旨を定めている。当該規定に拠って公開会社会計監視委員会（PCAOB）が組織され，さらに第101条（e）（1）（2）他にて「PCAOB委員メンバー5名中の3名はAICPA会員であってはならない」，また「PCAOBの委員長は最短で過去5年間，独立会計士として監査に携わった経験のない者でなければならない」と記された。それら異様にさえ映る規定の下，プロフェッション界の過干渉は排除され，斯界はその権限の多くを失う。

　アーサー・レビットは会計プロフェッション界と真っ向から対決した名うてのSEC委員長として記憶される。新聞記者としてのキャリア，個人に向き合おうとする牧畜業にて培った志がレビットの情熱の源だった。ナンバーズ・ゲーム講演から企業改革法成立までのおよそ4年間の煩悶を伴い，60年あまりの長きに亘った自由放任政策は終焉した。連邦議会も市場監督者も，もはやかつてのように会計プロフェッション界を信頼することはない。そしてその後は米国に留まることなく世界中の監査人に，経営者を疑ってかかる程の懐疑心が求められることとなる[26]。レビットの危機感が全ての伏線となったのである。

3．政治的マインドの跋扈とその帰結

　SECを率いた経験を振り返ってレビットは次を言う。「学んだことはワシントンの共生的な体質である。CEO達にとってアメリカの政治エリートを代表する有名人と顔繋ぎができ，親しくなれるというのは大変な魅力だった。政治家もこうした会合を資金集めに利用した。政治目標を達成しようとするホワイトハウスの高官にとっては産業界に働きかける絶好の機会だった」，「ウォール街と経済界が結託して改革を阻止しようとしてきた。当初彼らは共和党支配下のおおむね好意的な議会側と協力して私を取り込もうとした。それが上手く行かないとわかって今度は攻撃をしかけてきた」（Levitt, 2002; 訳書, 2003, 18-19, 修正）と。本邦から羨望の目で見てきたであろう米国会計プロフェッション界の実像[27]は，実のところは思いのほか産業界寄りだった。

　ところで今日，懐疑心のニーズが実務上も意識されるようになったのは，

SECが懐疑心の欠如を理由に実際に会計士を処分し始めたからである。*Jounal of Accountancy* 2001年4月号所収（M.S. Beasley）によれば，1987年から11年間で処分が下された事例，全45件中27件は懐疑心の欠如に因るとされた。市場監督者が懐疑心要請を基に処分を進めたからこそ会計プロフェッション界も従わざるを得なくなった。さらにレビットがSEC委員長に就いた後は，会計監査執行通牒[28]第27号を議論したウォーレス（Wallace, 1995）の如く，研究者までが積極的に懐疑心たるテーマを扱い始めた。

レビットらの動きの結末が日常社会にどのように投影されたか。以下，本章の締めくくりに，レビットにまつわる逸話を紹介する（Brewseter, 2003; 訳書, 2004, 279-280）。

SEC委員長としての任期が終わりに近づくにつれアーサー・レビットは空港が嫌いになった。別に旅行そのものが嫌になったというわけではない。嫌なのは旅行するとどうしても空港ターミナルを通らざるを得ないことだった。あの油断のならない数百メートルの間に国際的な大手会計事務所の洒落た大げさな広告が見えるのだ。そこには〈私たちがより良くすることができないビジネスはありません〉とか，〈今こそ明快さを求める時〉などといったスローガンが掲げられていた。当然ながらそうした広告の文面に監査のことなど一言も書かれていなかった。

監査以外のサービスを謳った会計事務所の広告を目にするとイライラさせられたものです。今ではあの手の広告を見ることはなくなりました。一つだけ確実に言えるのは，こうして闘ってきたことにもし意味があるとすれば，少なくとも空港は綺麗になったってことですよ。

●── 注

1) 【ニュー・エコノミー】ニュー・エコノミーの解釈は様々に可能である。塩見・橘川（2008, 2）は，「用語は2通りの意味で使用されている。一つはIT革命により企業の情報化が進み，その結果，見込み生産と実需発生とのタイムラグが短期化して持続的な経済成長が実現されるという新しい経済メカニズムを指す意味である。この場合にはサプライ・チェーン・マネジメントの進化が決定的に重要である」，「もう一つはIT関連産業などの新しいビジネスを指す意味である。この場合にはニュー・

エコノミーの対義語として旧型産業を意味するオールド・エコノミーという言葉が使われる」とする。米国ではニュー・エコノミーの名の下，1990年代以降，IT企業に代表される知的財産やソフト産業型ビジネスが興隆し，またロジスティクスを含めてコンピューターによる意思決定情報の提供が進み，景気循環サイクルまでもが緩和される新時代のビジネス基盤の確立がなされた。ニュー・エコノミーはいわゆるITバブルの原動力となった。実際，「IT関連産業の多いナスダックの総合指数は1995年から2000年3月にかけて約6.5倍と，生産性だけでは期待できない水準まで上昇した」（日本経済新聞2015年9月18日31面）。

2）【民主党下院ディンゲル議員】ディンゲル［J.D. Dingell］は一連の改革の先鋒として知られる。ちなみに1996年9月刊行のGAO報告書は，下院商業委員会・野党筆頭委員であった同議員からの要請に応えて刊行された（GAO, 1996; 訳書, 2000）。

3）【レビット改革に逆らう抵抗勢力】レビットに敵対する勢力に関してBrewster（2003; 訳書, 2004, 181）は「独立性確保に向けたレビットの提議に対する（AICPA等の）根本的敵意」と言う。またレビット自身，「2000年春SECは会計事務所のコンサルティング兼任に制限を設ける規則の採用を検討した。ビッグ5とAICPAは議会に援軍を求め，SECを監視する下院商業委員会共和党委員長Tom Blileyと，金融と有害物質に関する小委員会委員長M.G. Oxley，電気通信・貿易・消費者保護に関する小委員会委員長W.J. "Billy" Tauzin連名による質問書を送付してきた。質問書の大部分は会計士業界のロビイストが書き起こしたものであった」と回想している（Levitt, 2002, 287; 訳書, 2003, 365）。

4）【会計プロフェッション自主規制の終焉】表現の基調は大きく異なるが，こうした見解は本邦学会においても定説となっている。八田（2009b, 169）は「POBが2000年8月に不正捜索型監査の導入などの改善勧告を含むオマリー・パネル報告書を公表するとともに2001年2月にはPOBの憲章を改正した。しかしエンロン社事件の発生後，POBは自主規制機関としての適格性などに対する厳しい批判にあい，2002年3月に自主解散の憂き目を見ることとなった。このことにより，アメリカ会計プロフェッションが長年にわたって築いてきた一連の自主規制システムは終焉」の旨，結論づける。

5）【第26代SEC委員長ハーベイ・ピット】後任のSEC委員長ピットについてレビットは，「ピットは会計士業界を代表してISBの設立に動き出し独立性の基準作りに入ろうとしていた。ピットはその後，私の跡を継いでSEC委員長に就任した。当時のピットはフライド・フランク・ハリス・シュライバー・アンド・ジャコブソン法律事務所のパートナーを務めていた」事実を伝えている（Levitt, 2002; 訳書, 2003, 160-161）。レビットによればピットは「コンサルティング業務の拡大は監査人の独立性と相反しないという考えをISBの委員長就任後も捨てていなかった」（同; 訳書, 2003, 161）様子である。またBrewester（2003; 訳書, 2004, 5）はピットを「会計士業界の最後の友」と表現し，しかし「ピットは新たな監視組織（筆者注；PCAOB）のリーダーを探すにあたって不手際をした後，2002年11月に辞任を余儀なくされた」事実を伝える。

6）【PCAOB】公開会社会計監視審査会の初代議長には2003年6月，元連邦準備銀行会長だったW.J. McDonoughが就任した。PCAOBはプロフェッションのロビー活動の影響が及ばない審査会として生まれ，企業改革法タイトルIにより監査基準書の策定権限を有するところとなった。そして監査基準審議会（ASB）は非上場企業レビュー基準（SSARS）およびアテステーション契約基準書（SSAE）策定に専心する組織に格下げされたのである。

7）【利益修正に関る実証研究】伊豫田ほか（2012, 149）によればPalmrose et al.（2004）は「1995年1月から1999年12月までに修正を行った米国企業サンプル403件につき，不正（SECが会計監査執行通牒AAERを発行した場合，あるいは企業が不正であることを認めた場合）を変数に包摂した線形回帰モデルによる検証を行っていたようである」が，それは当時のSECの期待に応じた時機を得た

研究であった。なお，SECがこの時期に企業利益の修正を問題視していたことは，結果として企業改革法Ⅲ§304で「公表済財務諸表数値の撤回，訂正に関る損害の求償」規定が設けられたことに現れている。

8)【公正開示規則—レギュレーションFD】Regulation FD（Fair Disclosure）とは，2000年10月23日に施行された証券発行体のfull and fair disclosureならびに選択的情報開示およびインサイダートレーディングの阻止を目指したSEC規則たるFinal Rule: Selective Disclosure and Insider Trading (Release No.33-7881, File No.S7-31-99) を指す。レビット曰く当時，「CEOや財務関係の幹部は，アナリストのご機嫌をとって間接的に株価をコントロールすることに味をしめていた」(Levitt, 2002; 訳書, 2003, 15-17)。

9)【1990年代のビッグ5の収入構成】オマリー・パネル報告書第5章「監査人の独立性」(POB, 2000; 訳書, 2001, 167-168) では「収益構成はコンサルティング業務へと重点移行した。上場顧客に関する監査対コンサルティング収入比率は，1990年の約6対1から1999年の約1.5対1」（本書補章資料1）と記されている。

10)【主任会計官サットンの1997年論文】当時のSEC主任会計官Sutton (1997) は，独立性への懸念から"Auditor Independence, The Challenge of Fact and Appearance"の論稿を*Accounting Horizons*に投稿している。サットンはもっぱら独立性の強化を，そして後任のターナーはPOBの改革を目指していた。

11)【監査人のコンサルティング兼業と独立性の問題に関わる論調】Mautz and Sharaf (1961, 266-270) の主張たる「独立性に関するマネジメント・サービスの影響」を当初見解としその後もBriloff (1966) ら多くの論者が当該テーマを研究してきた。DeAngelo (1981a) は監査人のコンサルティング兼業を事実上支持した。しかし1990年代からはサンダー［Sunder］初め多くの研究者がコンサルティング兼業に警鐘を鳴らし始める。

12)【コンサルティング兼業が独立性を阻害しないとする研究成果】ここに挙げたMcKinley et al. (1985) とLowe and Pany (1995) の主張についてはAAA財務会計基準委員会（FASC）の回答書を検討したRyan et al. (2001) の文献に詳しい。ところでRyan et al. (2001, 380) は，「コンサルティングが報われる仕事と考える実務家や教育者は90%であるが，監査が報われる仕事と考える人達は60%である」と述べていた。

13)【FASBの資金源】そもそもFASBそれ自体がインセンティブの捻れの下に置かれていることが指摘されなければならない。GAO (1996; 訳書, 2000, 86) によれば「FASBの資金調達は，約3分の2は定期購読および出版物の売上，残りの大部分は会計プロフェッションと財務諸表作成者の寄付によっている」。

14)"The SEC speaks in 1999"】講演例としては1999年2月26日になされたN.S. Johnsonの「会計士の年」がある（於Washington D.C., The Practice Law Institute）。Reisch (2000, 14) に出典がある。

15)【レビットのAICPA会長メランコン評】Levitt (2002; 訳書, 2003, 182) はその後もISB独立性規則制定の経緯に関り熾烈な交渉をしている。レビットは独立性新規則制定当時のAICPA会長の態度について以下のように言う。「会長メランコンは説明したいという私の要請にイエスと言おうとしなかった」，「彼は考えを変えようとはしなかった。予想はしていた。それまでも何が何でも駄目だという頑なな戦略を通してきたのがメランコンだった。おそらく会計士と言う職業柄なのだろう。メランコンは妥協できそうな時でも必ず抵抗してきた」と。

16)【実証テスト不足の懸念】リスク・アプローチはどうあれ効率の向上を狙いにしており，しかるに「監査法人は余裕資源を非監査業務に配分したのではないか」（町田, 2007, 272-273) という類の懸念

は，1998年9月のターナーの書簡送付の時期から指摘され始めていた。そしてその後の2010年10月欧州委員会刊行グリーン・ペーパーにては同様の視点に関わり，「ECは貸借対照表の実証に焦点を置く方法に戻る方策を探索したいと考えている」旨が表明された。しかしながらプロフェッション界側，一例を挙げれば日本公認会計士協会は2010年12月8日付でコメントを公表し，「リスク・アプローチによる現在の財務諸表監査は合理的保証を提供するものとして適切であり，このアプローチを変更するべきではない」(日本公認会計士協会, 2010, 4, (5))の旨，主張した。規制側と会計プロフェッション界の当該論点に関わる対立軸は普遍的に見られ，収束する兆しがない。

17)【レオナード・スペイシク】Leonard Spacekは1907年9月アイオワ生まれ。1928年12月アンダーセン・シカゴ事務所に入所。1934年マネジャー，1940年パートナーへ昇進。アーサー・アンダーセンの没後，1947年からマネジング・パートナーの立場を引き継ぐ。彼はアンダーセン入所前にIowa Electric Light and Power Co.の会計係であった経験を活かし，システム・コンサルティングなどの領域への業際の拡大に積極的で，1950-60年代の会計プロフェッション界の最も華々しいキャラクターの1人として記憶されている。参考文献としてアンダーセン事務所から刊行されている*A Search for Fairness in Financial Reporting to the Public*（Spacek, 1969）がある。

18)【懐疑心たる語の奔出】例えばビジネスレポーティングの改善を目的とした「ジェンキンズ報告書」第7章にても懐疑心に関する記述が見出せる（Jenkins Committee, 1994; 訳書, 2002, 197）。SECの後押しもあり，懐疑心は1990年代半ばより急速にキーワード化した。

19)【独立性リスクに関わる要因】Johnston et al.（2001, 4）は独立性リスクの緩和に役立つ要因として（1）コーポレート・ガバナンスのメカニズム，（2）監査法人のポリシー，（3）規制当局による監視，（4）監査法人のカルチャーと個々の監査人の性格，を挙げる。

20)【時系列インセンティブたるロー・ボーリング】（マーケティング理論上は囮政策と呼ばれる）当初監査契約のダンピングたるロー・ボールの実例に関しては，例えば千代田（2014, 183）が*Fortune* 1978年7月17日号を参照しつつ「報酬400万ドルは請求し得ると言われたニューヨーク市の監査をピート・マーウィックが100万ドルのlow ballで落札したことは有名な話」と伝える。ここで囮契約とは当初DeAngelo（1981a）の論稿にても注目された「監査契約の初期費用値引きと，その値引きが後に監査人の独立性と判断にいかに影響するかについて」の論点である。監査契約には当初赤字（Loss leader）の先行を見込むいわゆるロー・ボーリング契約の下，その後利益があがるコンサルティング契約を得る可能性があるので監査の質がますます下がるという懸念が生じる。Moeller（2004, 10）とGray and Manson（2008, 790）に詳しい。ところで千代田（1998, 687）はEttredge and Greenbergの調査結果を引用しながら「1983年から1987年の5年間において監査人を変更した389社の変更初年度の監査報酬が，変更直前のそれに比較して平均25％もダウンしている」実態に言及している。

21)【ISBによる非監査業務特定の背景】SEC最終規則エグゼクティブ・サマリー第24段落。SECがコンサルティング業務を全面禁止できなかった背景には「監査人がコンサルティングを兼業することで得られる知識の便益を準レント（Quasi-rent）と見なす」研究成果の有用性を指摘していたAAA財務会計基準委員会（FASC）からの回答書（Ryan et al. 2001, 378）がある。なお，監査報酬に含まれるだろう「準レント」なる概念は，DeAngelo（1981a）が示していた。

22)【監査との兼業に関する制限付容認】塩原（2001, 79, 第2表）にては，SEC最終規則では「内部監査アウトソーシングについては顧客の資産が200万ドル以上の場合，内部監査業務の40％までの業務実施が認められる。顧客の資産が200万ドル未満の場合，制限無く内部監査業務を行うことが認められる」と説明された。

23）【アーサー・アンダーセン解散の実像とその衝撃】高柳（2005, 2-3）曰く「16年間エンロンの会計顧問を務め，1990年代に1週間につき100万ドルの収入を得てきたアーサー・アンダーセンのグループは不正監査疑惑により信用を失墜」と言い，さらに（同, 59）「グループは，ピーク時に80,000名（うちアーサー・アンダーセン3,000名）いた従業員が1年後には1,000名を大幅に下回るほどに激減する。解体したアンダーセン・グループはプラクティス・グループ10名毎に1パートナーあたり15万ドルで競争企業に譲り渡すと報じられる。エンロン関連文書破棄の主現場となったヒューストン事務所を見ると，1,700名いた従業員のうち150名がKPMGに，120名が新会社Protivitiに，250名がDeloite & Toucheの租税事業部にそれぞれ移籍。リスク・マネジメントを担当していた90名がEarnest & Youngに移籍した」と伝える（同, 59）。

24）【エンロン社とワールドコム社倒産の複合的ショック】Brewster（2003; 訳書, 2004, 17）が当時のターナーのコメントを紹介している。曰く「ワールドコム事件以前には会計関連法案にはにっちもさっちも行かない状態だった。ところがワールドコムのニュースが流れるや否や新しい世論調査で企業腐敗が最大の論点になり企業改革法は一気に成立した」。企業改革法はエンロン社事件の衝撃によってのみ施行されたわけではない。共にアーサー・アンダーセン会計事務所の顧客であったエンロン社とワールドコム社倒産の複合的な影響によって，一挙に，会計プロフェッション界の権限剥奪のための社会的合意が得られた。

25）【エンロン社事件前後】八田（2009b, 169）はSECによる改革の動きにもかかわらず米国がエンロン社事件などの惨禍に見舞われたことにつき，「エンロン社事件前においても公正なディスクロージャーを担保するための取り組みはなされていたものの，そしてまたエンロン社事件が想起されるような事案が露呈していたものの，結局は改革の結果を見届けることができずにエンロン社事件の発生をみることとなったのである」と云う。ところでBrewster（2003; 訳書, 2004, 181）は，1999年に至ってデロイト・トウシュのCEO職を退任したMike Cookの以下のコメント，「エンロン社事件以前に既にレビットが勝利を収めていたのは間違いない。彼は会計事務所が一体どうなっているのかを暴いたのである」を紹介している。

26）【懐疑心高揚の国際的目標】ECグリーン・ペーパー（EC, 2011, Chapter III, 6）の表現たる"professional skepticism is reinforced"から察すれば，今日，懐疑心の高揚が国際的な目標になっていることがわかる。実際，ECグリーン・ペーパーは積極的な懐疑心の発揮，例えば継続監査における監査人心証のリセット要請の文脈を含んでいる。

27）【米国会計プロフェッション界の実像】鳥羽・村山（2006, 序文）によれば「世界の会計プロフェッションの旗頭はいうまでもなくアメリカである。（中略）常に前向きに，そして徹底的な議論と研究を梃にして，挑戦し続けてきたアメリカの会計プロフェッショナリズムこそ，現在のアメリカの会計プロフェッションに対する社会的な信頼の大きさを支えているように思われる。いうまでもなくその主役はアメリカ公認会計士協会である」と論じているが，実のところ先述レビットの会計プロフェッション界評，さらに卑見とは大きなギャップがある。筆者はSECの監視体制が監査の質と環境をぎりぎりの線で支えてきたと考えている。実のところ貪欲なAICPAが自力で社会的信頼を勝ち得てきたとは到底思えない。

28）【会計監査執行通牒】SECが1982年より刊行を開始したAccounting and Auditing Enforcement Releases（AAER）を指す。Licata et al.（1997, 537-560）は懐疑心の欠如に絡めてはAAER第27号，11号，465号，511号をそれぞれ監査教育上の適切な教材として挙げている。

第6章
不正に関する監査規範

「上場企業のバランスシートの監査に関しては,共謀不正等による資産と利益の過大表示を看破するよう,会計士に期待されていることと承知している」

(マケソン・ロビンス社事件に関するASR第19号の記述, 1940, Cohen Commission, 1978, 31, 抄訳)

1. 不正に対抗する監査規範の展開－その起点

　本第6章第1節にては米国の監査史を起点から遡っておきたい。米国監査基準の当初の展開についてルート（Root, 1998, 64, 抄訳）は次の如く記している。「1917年の連邦準備ブレティン発刊にその経緯を遡ることができる。当該ブレティンは監査に関わる最初の権威あるフレームワークとなった。しかし1929年に至ってブレティンは改訂されそれは『財務諸表の検証』の題名を得た。そして公正取引委員会の下で広く損益計算書から内部統制までが検査の対象になる。1936年に入ってからはさらなる改訂が施され，ブックレットの名称は『独立会計士による財務諸表の検査』へと変更された。そしてSECがプライベート・セクターに対するお目付役になる制度が確立された」と。

　留意しておくべき点は二つある。一つは経済大恐慌以前のブレティンは貸借対照表の作成手続に焦点をあてていたがしかし大恐慌以降は監査の質を高めるためのものとなったこと。いま一つ重要な点は1929年の経済大恐慌を機に新たにSECが監督者となったことである。そして当該SECの目標は会計結果の差異を狭めること，すなわち「同じものは同じように，異なるものは異なるように見えるようにする会計実務」（藤井, 2016, 146, 引用のTrueblood, 1966）を実践することになった。

　経済大恐慌の後，ニュー・ディール政策の推進によって経済は回復の兆しを得たが，しかし戦間期の1937年に再び行き詰まる。そのような状況下，1938年に入っては「伝統的な監査しか受けておらず」，「問題があるとわかっていた規制外の製造会社」たるマケソン・ロビンス社事件[1]が発覚する（Moonitz, 1974; 訳書, 1979, 13）。

　マケソン・ロビンス社の帳簿上は合わせて2千万ドルの売掛金と商品が架空計上されていた。ASR第19号（1940）は事件の原因を会計士による警戒感の欠如に見出し，その後，重大な虚偽表示発見の責任が会計士に問われることとなる。

　1938年マケソン・ロビンス社事件は，1939年に米国会計士協会が，英国生まれのピート・マーウィックのシニア・パートナー，ブロード［S.J. Broad 1893-

1972］を委員長に擁して監査手続委員会（CAP）を設置する契機となった。そのブロードが強調した点は，プロフェッション自身が基準を設定することの意義だった。結果，その後はCAPが監査基準設定の権限を持つこととなる。

　20世紀の戦中，戦後，会計プロフェッション界は産業資本の繁栄と共にあった。往時，メイ［G.O. May 1875-1961］[2]は1933年に「財務会計―経験の蒸留」を，1944年には「社会的な力としての会計」の書を執筆し，彼は会計プロフェッション界の擁護者になった。メイにいたく共感して，当時，プライス・ウォーターハウスのパートナーであったソートン（F.W. Thorton）は次の言葉を発した。「会計士が成し遂げる可能性があることを成し遂げられるならばそれは本当に価値ある仕事であるはずです。州際商業委員会（ICC），SEC，最高裁その他の組織は消え失せるか，でなければもっと地に足の着いた人間を雇うべきです」と（Brewster, 2003; 訳書，2004, 140）。すなわち関わる政府機関は不要とする考え方が会計プロフェッション界の空気となる。

　実際，メイ自身曰く，「20世紀初めの経済発展を考えてみたまえ。一部では，競争を排しそのための政府機関を設けようとする動きもあろう。しかしカーネギー・スチールはカーネギー氏の指導の下であの企業規模を達成できた。フォードも同様である」（May, 1943, 254-255, 抄訳）。彼らプロフェッションは悉く政府統制を嫌悪した。

　かかる状況はあまた「メイは誰よりもSECを厳しく評する批評家の一人になった」，「SECに対するメイの反感はルーズベルトの政策にまで波及し」と伝えられる程になる（Brewster, 2003; 訳書，2004, 130）。結局，プロフェッション界からすれば当時のSECは「よそ者」であって，「意見を共有する余地は無く」，「単に達成しなければならない計画があるだけの機関」だと見くびられていた。

　1939年刊行の監査手続書（SAP）第1号「監査手続の拡張」から同第24号までの内容は，その後1951年に至って監査手続書総覧にまとめられた。しかし当該総覧には「たとえ金銭の使い込みやその他の類似する不正を発見することが多いとしても，通常の監査はそれらを明らかにするために計画されたものではなくまたそのことを期待されない」と明記された。すなわち会計プロフェッション界は基準策定権限を得てからその後（1950年代はもちろん，後述第2節記

載のSAP第30号に至るまで）不正発見責任を拒否していた。アメリカ的巨大資本が栄華を極めた20世紀初めから半ばにかけ，パブリックの期待を第一に斟酌している監査規範は存在しない。

ところで経営者不正の問題を考える上では，監査人が経営者の誠実性をいかに見るかについてスタンスを固めておかなければならない。かかる視点につき，筆者は現代米国監査史を三つのステージにわけて考えている。

〔1〕「**経営者誠実性の前提**」：監査規範史の初めから SAS第16号（1977）迄。
〔2〕「**中立性の時代**」：コーエン委員会報告書（Cohen Commission 1978）か らSAS第99号（2002）公刊前。
〔3〕「**懐疑原理主義**」：オマリー・パネル報告書（POB, 2000）刊行後。

図表6-1の史実に注目するなら，経営者不正の発見責任に関わる監査規範は1960年SAP第30号以降に展開されたとみられる。そして2002年SAS第99号まで，監査規範が漸次，厳格化して行ったことは自ずと明らかである。

図表6-1　主要な史実－監査規範の展開史年表

年　月	米国内事象例	国際事象例	国内事象例
〔1〕経営者誠実性の前提			
1917年	AIAによって発表された最初の権威ある監査に関する公式見解		
1921年	米国会計検査院（GAO）の創設		
1933-34年	連邦証券諸法の制定		
1936年	1917年監査に関する公式見解の改訂版たる（AIA, 1936）「独立公会計士による財務諸表の監査」の公表		
1939年	監査手続書（SAP）第1号の公表		
1948年	「一般に認められた監査基準」採択		
1960年9月	SAP第30号「財務諸表監査における独立監査人の責任と職能」		
1961年	マウツ＝シャラフ『監査哲理』の出版		
1972年3月	FASB創設に関する「ホイート委員会報告書（Wheat Commission, 1972）」の刊行	1971年3月にAICPAの任命により組織された。1960年代以降の企業財務報告に対する批判の高まりに対応し設置された。	
1973年4月	エクイティ・ファンディング保険会社倒産		
1973年	AAA「基礎的監査概念」（ASOBAC）刊行		

128

第6章 不正に関する監査規範

年月			
1973年10月	トゥルーブラッド委員会報告書「財務諸表の目的」の刊行	1971年4月AICPA任命。外部情報利用者のニーズを重視しその後の概念フレームワーク構築の先鞭をつけた。	
〔2〕中立性の時代			
1974年1月	コーエン「監査人の責任」委員会の設置		
1977年1月	SAS第16号「誤謬または異常項目の発見に関する独立監査人の責任」		
1977年3月	「コーエン委員会（中間）報告書」の刊行		
1978年	「コーエン委員会（最終）報告書」の刊行と監査基準審議会（AICPA・ASB）の設置		
1985年2月	監査の有効性とSECの監督責任を問うための下院エネルギー・通商小委員会（座長ディンゲル）公聴会の開催		
1987年10月	トレッドウェイ委員会報告書「不正な財務報告」の刊行		
1988年4月	SAS第53号「誤謬または異常項目の発見と報告に関する監査人の責任」の刊行		
1989年	S&L救済法（「金融機関改革・復興・摘発法」の制定と整理信託公社（RTC）の設立		
1992年12月		英国「キャドベリー委員会報告書・コーポレート・ガバナンスの財務的側面」刊行	
1993年3月	POB特別報告書「公共の利益」の刊行		
1995年7月		英国「グリーンベリー委員会報告書－取締役の報酬」	
1997年2月	SAS第82号「財務諸表監査における不正の考慮」		
1997年	8月「インフォミックス社」の不正経理による過年度財務諸表修正		3月（原初版）監査基準委員会報告書第10号「不正と誤謬」〔日本基準で初めての懐疑心の表出〕
1998年9月	SECアーサー・レビット委員長の講演「ザ・ナンバーズ・ゲーム」	1月英国「ハンペル委員会報告書－コーポレート・ガバナンス最終報告」	
〔3〕懐疑原理主義へ			
2000年8月	POB「監査の有効性に関する専門委員会」（オマリー・パネル）報告書刊行		
2000年10月	SEC「選択開示とインサイダー取引」規制たるレギュレーションFDの施行		

2001年	2月「センダント/CUC」経営陣3名起訴 5月31日SEC主任会計官ターナー「収益認識」の特別講演実施	ISA第240号（原初版）「財務諸表監査における不正と誤謬の考慮に対する監査人の責任」	2000年そごう，千代田生命が経営破綻。2001年フットワークエクスプレス，マイカルほかが経営破綻。
2001年12月	エンロン社破綻		
2002年1月	AAAがSECの資金援助とFASBの協力を得てアトランタ・エモリー大学において「財務報告の品質に関する会議」を開催	懐疑心の監査（一般）基準における表出	2002（平成14）年監査基準改訂（企業会計審議会）
2002年2月	SAS第82号改訂のための公開草案（ASB）		
2002年3月		国際監査実務委員会（IAPC）の国際監査・保証基準審議会（IAASB）への改組	
2002年5月		1997年第10号の最終改正版であり，これは2001年3月公表のISA第240号規定を参考に編纂された。	（改訂版）監査基準委員会報告書第10号「不正および誤謬」（日本公認会計士協会監査基準委員会）
2002年7月	（7月21日）ワールドコム社破綻企業改革法制定とPCAOBの設置		
2002年11月	SAS第99号「新・財務諸表監査における不正の考慮」		
2004年2月		ISA第240号（改訂版）「財務諸表監査における不正の考慮に対する監査人の責任」	
2004年11月		懐疑心が，本意見書により「証拠として入手した情報の妥当性について批判的に評価すること」と定義された。	「財務情報等に係る保証業務の概念的枠組みに関する意見書」の公表（企業会計審議会）
2005年1月		同号Ⅵ.24にてはSAS第99号の核心に相似する「経営者等の誠実性に関する過去の経験にかかわらず，不正による重大な虚偽の表示が行われる可能性を認識し，監査の全過程を通じ，職業的懐疑心を保持しなければならない」と記された。すなわち不正リスクの認識とSAS第99号との同軌性確保が特徴。	企業会計審議会内部統制部会設置［カネボウ粉飾］
2006年10月			監査基準委員会報告書第35号「財務諸表の監査における不正への対応」（日本公認会計士協会監査基準委員会）
2008年10月		クラリティ版ISA第200号「独立監査人の全般的な目的および国際監査基準に準拠した監査の実施」	
2012年3月		英国財務報告評議会（FRC）監査実務審議会「職業的懐疑心；共通認識の確立および監査の品質の確保における中心的な役割の再確認」	
2012年12月	PCAOBスタッフ監査実務アラート第10号		

2013年3月		オリンパス社事件への反省を契機	「監査におけるリスク対応基準」の新設
2013年3月 (平成25年)		本邦平成25年不正リスク対応基準に関しては特に監査チーム内外での討議と情報の共有が要請された点が特徴的。	(クラリティ版)監査基準委員会報告書第240号「監査基準の改訂および監査における不正リスク対応基準」(企業会計審議会)
2013年12月			IAASBの2015-2016年作業計画に関する討議文書

2. 1960年 SAP第30号－経営者が誠実という前提

Responsibilities and Functions of the Independent Auditor in the Examination of Financial Statements

「財務諸表監査における独立監査人の責任と職能」(SAP 第30号)

ベトナム戦争の勃発年として記憶される1960年の9月，監査手続委員会は監査手続書 (SAP) 第30号「財務諸表監査における独立監査人の責任と職能」をリリースした。同手続書は監査人責任のありようを論じた初の規範となり，その後1977年になってSAS第16号が公刊されるまで，監査人の責任解釈の枠組みとして長きに亘り参照された。

SAP第30号の内容は往時のAU110.05-08に収められている。それらは次の内容を含んでいた (アメリカ公認会計士協会, 1981, 4-6)。

1960年 米国【SAP第30号】「不正の発見」－経営者が誠実という前提

(110.05) 通常の監査を実施するにあたって独立監査人は不正が存在することもありうると気づいている。財務諸表は背任横領および類似の不正行為，あるいは経営者による計画的な不正表示，またはその双方によって不適正に表示されることもある。当該監査人は，もしその不正が重大であれば，財務諸表に関する意見に影響を及ぼすことおよび，一般に認められた監査基準に準拠して実施される監査にあたってはその可能性について考慮すべきことを認識している。しかしながら財務諸表に関する意見表明を目的とする通常の監査は，たとえその結果，横領およびその他類似の不正行為が発見されることがあったとしても，

これらの発見を第一義的に，また特定目的として意図したものではなく，またそのように期待されるものでもない。同様に，経営者による故意の不正表示，粉飾等の発見は，一般に通常の監査の目的によりいっそう密接に関連するものであるが，このような監査が必ずしもその発見を請け合うものではない。不正の事実を発見できなかったことに対する独立監査人の責任は（中略），一般に認められた監査基準に準拠しなかったためこれを発見しえなかったことが明らかである場合にのみ生じるものである。

(110.06) 不正の防止と発見は主として適切な内部統制に拠る適正な会計組織に期待すべきものである。独立監査人の監査実務として定着している手続，すなわち会計記録と関係資料の吟味によって内部統制組織の妥当性および有効性の評価を行い，その評価に基づきその他の監査手続の選択と適用時期を決定することは，適正な監査を実施するのに十分であることが一般に証明されている。もし独立監査人の監査の目的が全ての不正の発見にあるとするならば監査人は監査費用がその効果を上まわる点まで監査を拡大しなければならないだろう。それでもなお独立監査人は，あらゆる種類の不正が発見されたこと，または不正が存在しなかったことに対する保証を与えることはできない。なぜならば取引が記録されない場合や文書偽造，並びに共謀等による不正は必ずしも発見されないからである。したがって良好な内部統制，および信用保険が経済的かつ効果的に不正の防止に役立つと一般的に認められている。信用保険には，発見された横領に対する損害を補償するのみならず従業員に対する不正抑止効果も考えられる。しかしながら，信用保険の存在それ自体は監査人の監査範囲になんらの影響を与えるものであってはならない。

(110.07) 財務諸表に関する意見表明のために行う独立監査人の監査によって，不正が存在するかもしれない疑いを監査人に抱かしめるような特殊な事情が発見された場合，そして事実その不正が存在しているならば，その不正が財務諸表に対する意見に影響を与えるほど重要なものであるか否かを判定しなければならない。もし独立監査人が監査意見に影響を及ぼす程の重要な不正が発生していると信ずる場合は，その監査人は被監査会社の適当な代表者と協議し，不正が事実発生したか否か，もし発生していたならばその金額はいかほどであるかを決定するために監査人あるいは監査人が後日検討を加えることを条件として被監査会社のいずれかが，必要な調査を行うことについて合意に達しておか

なければならない。他方，独立監査人がその不正は監査意見に影響を与えるほど重要ではありえないという結論に達したならば，被監査会社側の適当な代表者にその事実を知らせ，それを最後まで調査するよう勧告すべきである。例えば売掛金集金のたらい回し（lapping）や，棚卸資産の過大表示を伴う不正は重要足りうるが，小口定額資金の着服を伴うものは，その資金の運用および金額に対して限度が定められているのが一般的なので，通常はほとんど重要性がないであろう。

（110.08）独立監査人が監査を実施した期間に，不正が存在したことが後日発見されたとしてもそれだけでは当該監査人の過失を示すものではない。監査人は保険人でもなければ保証人でもない。監査人が一般に認められた監査基準にしたがって職業専門家としての正当な注意と熟練とをもって監査を行ったならば，監査人は依頼された業務に係る全ての責任を果したことになる。

　上記文脈から察することができるよう，SAP第30号が規範であり続けた1970年代中期まで，経営者不正発見の責任は次のように考えられていた。
・監査の目的は不正発見には無くそのように期待される必要もないこと
　（⇒ 期待ギャップの不検出およびその否定）
・監査によって不正発見を請け負うことはできないこと（⇒ 不正摘発型監査の否定）
・不正の防止発見の役割は内部統制に期待されること（⇒ 詐意に基づく不正余地の軽視）
・内部統制だけでなく信用保険の不正抑止効果に期待されること（⇒ 従業員不正を念頭）
・重要な不正の余地を検知した際の被監査企業経営者との協議（⇒ 経営者性善説）
・着服に対する警戒（⇒ 従業員不正の重視）
・監査人は保証人ではないとする考え方（⇒ 合理的保証概念未確立の状況）
・正当な注意を払った事実による免責（⇒ 手続万能主義，保守的な監査規範措置の動機）

すなわちSAP第30号は，基準準拠性にさえ問題がなければ責任を問われないというロジックでプロフェッション界を護ろうとした。要するに当時の会計プロフェッションは標準的な手続を実施しさえすれば万事放免されたのである。
　当時の会計プロフェッションは不正発見への社会的な期待が高まらないよう望んでいただろう。監査界にあっては既にマウツらの書[3]が刊行されてはいたものの，1960年代初めに監査基準書それ自体が懐疑心という語を受け入れる余地は全く無かった。
　もしも財務諸表監査の目的が不正の発見にあるなら監査人はコストを度外視して監査手続を拡大させければならない。1960年SAP第30号はあらかじめそうした懸念や期待を封じるため，（米国監査規範史の起点以来受け継がれてきたところの）意図的な虚偽表示の発見には期待されない旨を記したのである。
　AICPAは1972年11月，監査手続委員会（CAP）を終わらせ，新たに監査基準常務委員会（AudSEC）の名の下で基準書構築のための新しい組織体制を作った。その際にはCAPによって刊行済みの全54本の手続書が新SAS第1号へと継承された。会計プロフェッション界は既に嵐の只中に置かれていたが，しかしSAS第1号発刊のタイミングにては環境変化に応じた規範の変更はされなかった。嵐の故，会計プロフェッション界はかえって頑なになっていたと察することができる。
　1966年コンチネンタル・ベンディング・マシン社事件の発覚，1970年ペン・セントラル鉄道会社の破産以前は，会計プロフェッション界は経営者不正の発見に関心を寄せていなかった。20世紀初頭の会計プロフェッション界にては誰もフォードやカーネギー，ロックフェラーを疑わなかった。会計プロフェッション界は20世紀半ばまで，巨大企業の頂きに身を置く立志伝中の経営者を疑わず，関心はもっぱら従業員不正に向けられていたのである。

3．1977年 SAS第16号－経営者が誠実という前提の維持

The Independent Auditor's Responsibility for the Detection of Errors or Irregularities

「誤謬または異常項目の発見に関する独立監査人の責任」（SAS 第16号）

　コンチネンタル・ベンディング・マシン社事件（1966年），ペン・セントラル鉄道会社事件（1970年），エクイティ・ファンディング社事件（1973年）などの重大事件の発覚後，渦中の1977年1月，SAS第16号「誤謬または異常項目の発見に関する独立監査人の責任」が公表される。同号に注目すべき理由は二つある。すなわち（1）通常の監査手続を実施して知り得る限りの誤謬や不正についてはそれらを発見すべきである，と定められたこと。また同号こそが監査規範にあって初めて（2）職業専門家の懐疑という語句を用いた，その事実である。

　第16号は，詐意の有無による誤謬と異常項目[4]との違いを意識させ，監査人に対し懐疑的態度を保持して監査計画を定めるよう求めた。すなわち第16号にあっては特に次の内容が特徴的である。

1977年 米国【SAS第16号】－経営者が誠実という前提の維持

（327.06）監査人は，監査手続の適用によって誤謬または異常項目の可能性を示す証拠資料が入手されるかもしれないことを認識して，職業専門家としての懐疑的態度で監査を計画し，実施しなければならない。

（327.10）監査人は，反証がない限り経営者は重要な虚偽表示を行っていないし，内部統制を無視していないと仮定することは合理的である。

　第16号によって監査人は初めて懐疑的態度を保持することを促されたが，しかし同号は，反証がない限り経営者は重要な虚偽表示を行っていないとみなすことを容認していた。それはいまだ経営者の誠実性を前提にしていたのである。
　ところで第16号とコーエン委員会報告書刊行のタイミングに関して千代田・

鳥羽（2011, 17）は次のことを指摘している。「コーエン委員会中間報告書は1977年3月に発表されたがSAS第16号はその2ヵ月前に出された。第16号の編纂にあたったAICPA監査基準常務委員会がコーエン委員会勧告を事前に承知していたことは容易に想像できる」。程なくコーエン委員会から厳しい意見が出るとわかっていながら，第16号は保守的な姿勢を貫いた。

第16号は監査史上初めて懐疑的態度[5]という語句を用いた監査基準書であるが故に評価される。しかしそれは，経営者の正直さを疑わず，かつ監査には固有の限界があると言い逃れていた。

同第16号に対し，後にトレッドウェイ委員会は次のコメントをしている。「異常項目を発見するための，監査計画を編成する義務を負うとの要件が具体的に定められているにもかかわらず，異常項目を発見するための方法については具体的な指針が示されていない」，「それゆえ委員会は，不正の発見に対する公認会計士の責任についての記述は書き直されるべきであると勧告する」。そして「会計士の責任についての記述を書き直すため，監査基準には（1）不正な財務報告リスクの評価と，（2）不正な財務報告の発見についての合理的な保証を提供できる監査計画の編成を求める要件が示されるべき」の由である（Treadway Commission, 1987; 訳書, 1999, 60, 修正）。

コーエン委員会報告書のコンテンツは新世紀の今も高く評価される。他方でSAS第16号は監査史の中に埋もれてしまった感がある[6]。第16号は社会的な期待値に向き合おうとしない，嵐の時代の狭間の中途半端な監査基準書だったという印象が拭えない。

4．1988年 SAS第53号－監査人の中立性

The Auditor's Responsibility to Detect and Report Errors and Irregularities
「誤謬および異常項目の発見と報告に関する監査人の責任」（SAS 第53号）

SAS第16号とその後継の第53号との間には監査基準書の建てつけ，なかんずく経営者の誠実性に対する見識において歴然とした差がある。1987年トレッド

ウェイ委員会報告書の刊行前まで，経営者不正の発見という責任内容は漠然としており監査基準書は守りの姿勢に過ぎていた。しかし1988年に期待ギャップ監査基準書群が刊行され，状況は一変する。

期待ギャップ監査基準書群の中で第53号はその核を成している。同号は，不正な財務報告に対する公認会計士の責任を改めて明確にするために監査基準の改訂を行うと共に，公認会計士に対し（1）不正な財務報告が行われている可能性を評価するための手続を積極的に採用すること，また（2）不正な財務報告の発見に関して合理的な保証を与える試査の方法を考案するよう求める，規範となった。

千代田（2014, 260）はSAS第53号についてそれを次のように評価する。その「最大の貢献はリスク・アプローチを通して財務諸表は実態を適正に表示しているという意見と，重要な虚偽表示は無いという意見が同義[7]であることを明らかにしたことである」。そして「職業界が長い間拒否し続けてきた不正の発見が，財務諸表に対する意見表明と同列に位置づけられた」と。

経営者不正の発見と報告に関しては，期待ギャップ監査基準書の前哨たるトレッドウェイ委員会報告書から潮目が変わった。そして，かつてSEC捜査局長だったスポーキンに，*New York Law Journal*（1977年6月20日号）掲載の記事で「公共の利益を決して忘れることの無かった人物」と評されたコーエンの狙いが，SAS第53号に託される。

第53号が求めた懐疑心水準[8]は以下の如きものである。

1988年　米国【SAS第53号】「懐疑心行使の要請」－監査人の中立性

(316.08) 監査人は誤謬および不正が財務諸表に重要な虚偽表示をもたらす原因となるリスクを評価しなければならない。その評価に基づき監査人は，財務諸表に重要な影響を及ぼす誤謬および不正を発見するための合理的保証が得られるように監査を立案しなければならない。（中略）監査人は，(a) 監査の計画，実施，および監査手続の結果の評価に際しては正当な注意を払い，かつ (b) 重要な誤謬または不正を発見するための合理的な保証を得るべく，適度な職業上の懐疑心を働かせなければならない。

過去，第16号では「懐疑的態度を保持」して監査計画を立案するよう求められていた点，しかし第53号の.08では合理的保証を得るために「懐疑心を働かせなければならない」と改められた。
　さらに第53号は，「反証がない限り，経営者は重要な虚偽表示等を行っていない」と記されていた先の第16号（327.10）のスタンスを棄てて監査人の中立性を訴えた。しかしながら他方では第53号も，プロフェッション界が利益を失わないよう監査の限界を主張した。コーエン委員会報告書と同様，第53号は経営者を不誠実と見なしては監査コストが増えると懸念したのである。

1988年　米国【SAS第53号】「合理的保証の限界」－監査人の中立性

（316.08）監査人の意見は合理的な保証という概念に基づいているので，監査人は保証人ではなく監査人の報告書は保証を与えるものでもない。したがって財務諸表に重要な虚偽表示が存在することが事後になって判明しても，それ自体によって監査人側の監査の計画，実施，または判断が不適切なものであるということの証明にはならない。

　さらに以下の文脈からわかるように，第53号は心理学知見たる単純接触仮説[9]に関わる思考方法を包摂している。すなわち第53号は，監査人が経営者と接触を重ね，無意識の下で好意的な心証を積み重ねる事態を，監査の質を維持する見地から警戒している。

1988年　米国【SAS第53号】「経営者誠実性の棄却」－監査人の中立性

（316.07）経営者が不誠実であるという仮定は監査人の経験が増すごとに薄らぐであろう。さらに経営者が不誠実であると仮定した場合，監査人は，顧客から入手した全ての記録および書類の真偽について可能な限り質問しなければならないであろうし，また経営者の全ての陳述を立証するために，説得力のある証拠ではなく確定的な証拠を入手しなければならないであろう。このような条件下で実施される監査は著しく費用がかかるかつ実行不可能なものになる。

結論的に、第53号は監査基準書としては初めて、(1) 適度な職業懐疑心の必要性を主張し、さらに準拠要件として望まれる (2) 監査人マインドの中立性を打ち出した。

しかし後に米国会計検査院は第53号の理念がスムーズにプロフェッション界に浸透して行っていないと判断する。すなわち「第53号が期待ギャップを狭めたとは思われない」、「同号は重大な異常項目が存在しないということに合理的保証を与えることをある程度義務として課してはいるが、監査人が監査計画を変更していないことは明らかだった」(GAO, 1996; 訳書, 2000, 56, 修正)。実務フィールドでは1990年代初め、期待ギャップ監査基準書が狙った程には懐疑心が発揮されていなかったのである。

5．1997年 SAS第82号－中立性から原則的懐疑への道筋

Consideration of Fraud in a Financial Statement Audit

「財務諸表監査における不正の考慮」（SAS 第82号）

先述の1993年公共監視審査会（POB）特別報告書の公表を受け、監査基準審議会は1993年6月、SAS第53号の改訂に着手する。そして監査基準審議会は1997年2月、SAS第82号「財務諸表監査における不正の考慮」を公表する。

第82号の.09は、仮定的な表現に基づいているものの、「経営者が誠実な存在であるとばかり考えてはいけない」と解される懐疑のニュアンスを備えるに至った。要点は以下の通りである。

1997年 米国【SAS第82号】－中立性から原則的懐疑への道筋

(230.07) 職業専門家としての正当な注意は、監査人に対し職業専門家としての懐疑心をもって監査することを求めている。職業専門家としての懐疑心は、疑いを持つ精神を持ち、かつ監査証拠を批判的に評価する姿勢のことである。

> (230.08) 監査証拠の収集と客観的評価は，監査人に証拠の能力と十分さを考慮することを求める。監査証拠は監査の全過程を通じて収集され評価されるものなので，職業専門家としての懐疑心も，監査の全過程を通じて実践されなければならない。
>
> (230.09) 監査人は，経営者が不誠実であるとも，あるいは完璧なほどに誠実であるとも考えてはならない。職業専門家としての懐疑心の実践にあっては監査人は経営陣が誠実であると考えて，説得力のある監査証拠と呼ばれるレベルにはない程度の監査証拠に満足してはならない。

第82号には不正に対抗しようとする20世紀監査規範の到達点が示されている。監査人は懐疑的でなければ正当な注意を果たしているとは言えない，また懐疑的でなければ監査規範に従っていることにならない，と解されるところになった。

1997年第82号は懐疑心をそのように強調したが，しかしそれはなお合理的[10]な保証水準から離れなかった。230.09の表現にあるように，第82号は経営者を誠実と考えがちな監査人を懸念したが，しかし経営者を疑ってかかる態度を要求しなかった。

他方でSAS第82号は，モンタギューに影響を受けたMautz and Sharaf（1961）の第5章核心部分，すなわち説得的証拠こそが最善とする考え方を受け継いでいた。1996年第80号「監査証拠」とのシナジーを図り，監査人は，得心が得られる（convincing）証拠で満足せず説得的な（persuading）[11]証拠を収集すべきとしたのである。

絶対的（absolute）[12]な証拠は得られず結論的（conclusive）[13]な証拠の収集も困難である。他方では合理的保証を確かにするため，証拠は，単なる得心を越える確実性を与えなければならない。その条件を満たせる証拠こそが懐疑のテストに抗し得る証拠と解される。

6．2002年 SAS第99号－原則的懐疑の表象

Consideration of Fraud in a Financial Statement Audit

「新・財務諸表監査における不正の考慮」（SAS 第99号）

　エンロン社事件発覚後の2002年11月，監査基準審議会はSAS第99号「新・財務諸表監査における不正の考慮」をリリースした。当該第99号[14]はオマリー・パネル報告書勧告を前提に編纂されており，しかるにその後同号はPCAOB暫定監査基準として扱われる。

　第99号は経営者不正の発見よりもその抑止を意識し，不正が惹起される環境解明に力点を置いた。その目的に関わり，第99号の策定に際しては米国公認会計士協会以外にも公認不正検査士協会（ACFE），財務担当役員協会（FEI），内部監査人協会（IIA），さらに情報システム監査協会（The Information Systems Audit Control Association），管理会計と人的資源マネジメントに関わる協会（The Institute of Management Accountants and Society for Human Resource Management）の5団体が関わった。結果的に第99号は，詳細手続に対する過信や，何事も要素に分解して考えるような姿勢から監査人を解き放ち，監査の有効性について人々に考えさせる規範となった。以下は，SAS第99号に与えられた懐疑心規定の抄訳である。

2002年　米国【SAS第99号】「職業懐疑心の行使の重要性」－原則的懐疑の表象

（13）会計プロフェッションの注意義務は監査人に懐疑心の実践を求めている。不正問題の特質の故に，不正に起因する重大な虚偽表示のリスクを考慮する上で，懐疑心の実践が重要である。職業専門家の懐疑心は，疑いを持つ精神の保持と，証拠への批判的な評価を含む態度である。監査人は被監査企業に関り有した過去の経験に関わらず，また経営陣の正直さや誠実性について過去に得た心証に関わらず不正に基づく重大な虚偽表示が起る可能性を認識しようとする心持ちで監査手続を実施する必要がある。

> 懐疑心は，収集された情報や証拠から，不正に因る重大な虚偽表示がなされているかどうかに関る，持続的な問いかけを求める。証拠を収集し，評価することに関わる懐疑心の実践にあって，監査人は経営者が誠実であると考えて，説得力ある証拠と呼ばれる水準にない程度の証拠に満足してはならない。
>
> (16) 監査担当チームメンバーによる討議に際しては，監査証拠の収集と評価に際し，疑いを持つ精神と職業懐疑心の堅持が重要であることを認識すべきである。

　上記の.13の「過去に得た心証に関わらず」から察することができるよう，第99号では対人接触の度に上乗せされる心証を破壊するための，心証のリセット要請がなされた点が特徴的である。

　すなわち新世紀SAS第99号に至って，懐疑心の対象は外界証拠に限らずむしろ監査人自身の内観となった。さらに，懐疑心によって惹起されるは行動に限らず否むしろ思惟の態様になった。畢竟，不正リスク検知の後には心証の崩壊が予見されることになる。職業専門家の懐疑心の問題が，帰納推論パスへの懐疑，さらには全体視点を重視する心理学応用の可能性を含め，意識され始めた。

　SAS第99号に至っては（1）過去の経験や心証に影響されてはならない，（2）中立性を棄てて原則的懐疑に立脚する，そして（3）監査チーム内でのブレイン・ストーミング[15]の実施，が求められた。さらに第99号ではあらゆるリスクを総合化した上で，リスクに立ち向かう方策を監査計画に反映させるよう求められた。すなわち実際の監査人行動に繋がるワークフローが強調されたのである。

　新世紀に入りSAS第99号は，不正に対抗する監査規範の世界標準を示すに至った。そして経営者不正を意識した国際監査基準および本邦監査基準は現在に至るまで，SAS第99号規範へのキャッチアップに努めている。

図表6-2　SAS第99号において要求される不正リスク査定のプロセス

不正に関する監査規範　第6章

　以下に抄訳転載した図6-3は，*Journal of Accountancy* 2004年5月号に掲載された第99号の手続一覧である。特に太枠内記載の箇所は第99号の特色と察することができる。

図表6-3　SAS第99号に準拠した監査手続の流れ（AICPA, 2004, 24）

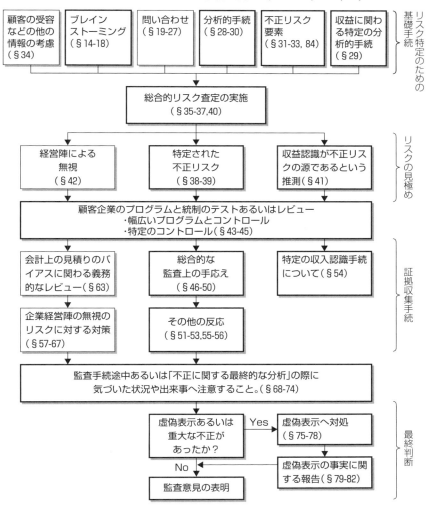

果たしてSAS第99号は首尾よくプロフェッション界に受け入れられたかどうか。専門誌に記された識者コメントを引用するならば,「第99号はエンロン社等の不正が明らかになる前から準備されていた。それは第82号の不備を埋めるためにその改訂版として策定された。しかし監査人責任を拡大する見地から第99号が第82号より実質的に進歩したかどうかについては議論がある。指摘できることは第82号では不正の発見に重点があったが, しかし第99号は不正抑止を目的にして積極さが示されている点である」(Marczewski and Akers, 2005) というようなものである。すなわち第99号によって監査人責任自体が特段, 拡大されたわけではない。その事実は, SAS第82号と第99号とで, 基準書タイトルに変更が加えられていないことからも判る通りである。

　しかるに不正発見の局面に関してはなおSAS第82号規定が有効である。不正発見に関わり両号間に大きな差はない。他方で, 絶えること無き会計不正[16]を懸念し, 第99号はリスクを総合的に考えさせようとした。経営者の誠実性については監査人が警戒心を解くことがないよう心証の取り崩しが求められた。

　しかしながらSAS第99号はいささか理念的な表現をも含んでいる。それ故に現状の第99号のままでは, むしろ期待ギャップを拡大させかねないと懸念される。

7. 国際的な監査規範

　国際会計士連盟・監査実務委員会（現IAASB）[17]刊行の国際監査基準にあって懐疑心の局面は, ISA第200号「財務諸表監査を司る目的と一般原則」(Objective and General Principles Governing an Audit of Financial Statements) ならびに同第240号「財務諸表監査における不正と錯誤の考慮についての監査人の責任」(The Auditor's Responsibility to Consider Fraud and Error in an Audit of Financial Statements) により規定されている。

　21世紀に入り国際会計士連盟は米国監査基準の動向に注目し, そのコンテンツの水準を揃えるべく動き始める。五十嵐（2012, 109, 修正）は特に米国オマリー・パネル報告書が与えた影響を次の如く解釈する。「オマリー・パネル勧告は国際監査基準ISAの設定機関であるIAASBやSASの設定機関である米国ASB

のみならず世界中の監査業界に激震となって襲った。勧告への対応を最初に採ったのがISAであった。ISAはそれまでの不正および誤謬に関する基準書を，SAS第82号と同様の不正に特化したものに改訂することを目的として議論を開始していた。ところがその最中に報告書が公表されたため，急遽その勧告事項への対応として予告無しでの往査や立ち会いなどを織り込み2001年にISA第240号を公表した。ISAはこの改訂により初めてSASよりも一歩先んじることになった」と。

ここに2000年版ISA第200号「財務諸表監査の目的および一般原則」の.06-.08を抄訳し，以下転載する。

2000年 国際監査基準【改訂前ISA第200号】－監査人の中立性

(06) 監査人は財務諸表が重大に虚偽表示される原因をつくる環境が存在するかもしれないことを認識しつつ，会計プロフェッションの懐疑心の態度をもって監査を計画し，実施すべきである。

(07) 職業専門家としての態度は，監査人が得た証拠の妥当性について疑いを持つ精神を有し，監査証拠に対し批判的な評価をすることを意味し，かつ監査人が証拠資料や経営陣の言明の信頼性に疑問を持つか，相反する監査証拠について監査人が警戒を示す態度を意味する。例えば職業専門家としての懐疑心は疑わしい状況を見逃すリスクを減じるために監査の全過程を通じて必要とされる。それらの疑わしい状況は監査人の観察から引き出した結論を過度に普遍化することや，監査手続の性質，実施の時期，および範囲を決める際に誤った仮定を用い，またはそこでの結果を評価する上で，誤った仮定に基づくことに関わり見出される。

(08) 監査を計画し実施する上で，監査人は経営陣の不誠実性もあるいは疑いのない誠実性も仮定することはない。それゆえ経営陣の言明は，監査人が意見を表明する上で必要とする合理的な結論を得ることができるようにするための，十分で適切な監査証拠を得る手続の代りになるものではない。

（旧版のISA第200号と第240号は2004年に改訂されるが）上記改訂前の国際監査基準にあっては米国SAS第82号のトーンを踏襲し，いまだ監査人の中立マインドが是認されていた。しかし米国では1990年代末にSAS第82号の見直しが始まり，しかるに上記の旧ISA第200号さらには第240号の改訂止む無き事態になる。その後の経緯は右の通りである。「2001年のISA第240号の公表後もIAASBは審議を続け，SAS第99号の公表を待って2004年2月に米国SAS第99号を取り込む改訂を行った」，そして「IAASBにおいても米国と同様に，この時に改訂されたISAにおいて採られた職業的懐疑心およびそれに関連する経営者の誠実性に対する考え方には，現在に至るまで大きな変更はない」（町田，2014, 38）。

8．日本の監査規範

(1) 日本における懐疑心要請の定着

　関わる本邦最初の懐疑心規定は，1997（平成9）年3月の監査基準委員会報告書第10号「不正および誤謬」の9項「監査過程で懐疑心を高めること」に見出せる。しかしエンロン社事件発覚前に刊行された同号にては懐疑心の意味説明が十分与えられてはいなかった。

　その後，懐疑心要請が国内にて普及していく過程について脇田ほか（2013，10）は次のように言う。曰く「私は1990年9月から監査基準の改訂に関わってきている」，「1991年12月に監査基準の改訂があったが，その前文に会計上の不正に対する適切な措置等監査規範の面での新たな対応も求められてきているという記述がある」，「1991年の改訂の際も不正に関しては議論の中心となっており意識して監査基準を作り始めた」，「私は幹事として監査基準の原案の作成を命じられ監査人の懐疑心の保持なる文言を規定したが，当時は採用されなかった」，その由である。

　懐疑心の問題がその後国内で大きく注目されるようになったのはエンロン社事件発覚後の2002（平成14）年基準改訂時である。すなわち同年1月，企業会計基準審議会「監査基準の改訂について」の三．2（3）職業的懐疑心の箇所に

て「責任の遂行の基本は職業的専門家としての正当な注意を払うことにある。その中で，監査という業務の性格上，監査計画の策定からその実施，監査証拠の評価，意見の形成に至るまで，財務諸表に重要な虚偽の表示が存在するおそれに常に注意を払うことを求めるとの観点から，職業的懐疑心を保持すべきことを特に強調」の旨が記された。

脇田ほか（2013, 10）曰く「2002年の監査基準の改訂では，重要な虚偽表示が存在するおそれに常に注意を払う。しかも一般基準で，」懐疑心の保持が求められるに至った。そしてそこにおいては「コーエン委員会の考え方に基づき，職業的懐疑心を考えていた」様子である。懐疑心たる語と誠実性を見る上での中立性のスタンスが，ようやく四半世紀遅れで米国から日本に伝わった。

2002（平成14）年の監査基準改訂時には経営環境の変化をも反映し，（1）ゴーイング・コンサーン問題への対処，と（2）リスク・アプローチの徹底，が意図された。そして新たに付された前文の内容からわかるように，（3）懐疑心の重要性，が強調される。しかるに国内で懐疑心要請が定着した元年と呼ぶべきは，かように，基準が刷新された2002（平成14）年にあるとみられる。

2002年　日本【平成14年改訂監査基準】前文

　監査人としての責任の遂行の基本は職業専門家としての正当な注意を払うことにある。その中で，監査という業務の性格上，監査計画の策定から，その実施，監査証拠の評価，意見の形成に至るまで，財務諸表に重要な虚偽の表示が存在するおそれに常に注意を払うことを求めるとの観点から，職業的懐疑心を保持すべきことを特に強調した。（「監査基準の改訂について．三．主な改訂点とその考え方」の2の（3））

2002年　日本【平成14年改訂監査基準】本文

（第二 一般基準3）監査人は，職業専門家としての正当な注意を払い，懐疑心を保持して監査をおこなわなければならない。
（第三 実施基準4）監査人は職業専門家としての懐疑心をもって，不正および誤

> 謬により財務諸表に重要な虚偽の表示がもたらされる可能性に関して評価を行い，その結果を監査計画に反映し，これに基づき監査を実施しなければならない。

　日本公認会計士協会は旧ISA第240号の方向性を織り込んだ上で2002年5月に改訂版監査基準委員会報告書第10号を公表する。一見すれば本邦では「この時点で不正に関する監査の実務指針はISAやSASと同一の水準に並んだ」（五十嵐, 2012, 110）とされよう。しかし本邦実務指針がその実質にて，不正を深く考えさせるSAS第99号の運用水準に辿り着くことはなかったのではなかろうか。

　2002（平成14）年監査基準委員会報告書第10号の.12 − .13は下記の規定を備えていた。それは改訂前2001年版ISA第240号の.18 − .19の文脈に影響されていた。

2002年　日本【平成14年監査基準委員会報告書第10号】「不正および誤謬」

(12) 監査人は，職業専門家としての正当な注意を払い，懐疑心をもって監査を計画し，実施しなければならない。例えば，以下の事項や状況を識別し，評価する際に懐疑心を高めることが必要である。
・不正または誤謬に起因する財務諸表の重要な虚偽の表示の可能性を高める事項（例えば，経営者の個性，統制環境に対する経営者の影響，業界の動向，事業活動の特性，財務の安定性）。
・財務諸表に重要な虚偽の表示があると監査人に推測させるような状況。
・入手した監査証拠が経営者による説明の信頼性に疑念を抱かせるような状況。

(13) しかしながら，監査は記録および証憑書類の真偽の鑑定を目的としたものではなく，監査人は鑑定の専門家である必要もない。したがって，監査人は入手した記録および証憑書類が真実であるかどうかについての判断において，監査証拠による反証がない限り，それらを真実として受け入れられることが認められる。

　米国ではSAS第82号以降，監査人には証拠真贋の判定責任がないとされていた規定が省かれ[18]，監査人は証拠の真実性を所与にできなくなった。しかし上記2002（平成14）年日本監査基準委員会報告書第10号（13）にあっては改訂前

のISA第200号および第240号と同様，証拠の真実性について反証がない限り，それらを真正な証拠として受け入れることが認められている。すなわち本邦のプロフェッション界は，証拠の真贋を見抜く責任についてはSAS第82号に比べてもなお慎重な態度を採ってきた。

その後の展開はどうか。2006（平成18）年10月には2004年改訂版ISA第240号を基とした監査基準委員会報告書第35号「財務諸表の監査における不正への対応」が公表される。同第35号Ⅵ.23－26の箇所は，「懐疑心を保持することは監査証拠を鵜呑みにせず批判的に評価する姿勢を伴う」という独自の文脈を展開した上で，SAS第99号の懐疑心要請とその水準を合わせんとして「過去の経験にかかわらず不正による重要な虚偽の表示が行われる可能性を認識し，監査の全過程を通じて職業的懐疑心を保持」，とされた。すなわち2006（平成18）年以来，本邦の監査規範にあっても，SAS第99号由来の心証のリセット要請が装備されるに至った。

ところで日本公認会計士協会は2008年10月，監査基準委員会報告書が採用した新起草方針について次のように説明した。曰く，「資本市場のグローバル化に伴い，会計の基準における米国と欧州連合の歩み寄り，欧州連合域内の法定監査における国際監査基準の採用に向けた議論など監査を取り巻く環境が変化しつつある。このような状況を踏まえ日本公認会計士協会は，国際監査基準の動向を参考にしつつ，今回から監査基準委員会報告書の新起草方針に基づく改正版を公表することにした」。そして当該の新起草方針の下で2011年12月，本邦の第35号はクラリティ版ISA[19]との整合性を採った監査基準委員会報告書第240号へと刷新される。しかし2011年7月にオリンパス㈱の粉飾が発覚する。同社事件のショックに鑑み，翌2012年7月，オリンパスに関わった監査法人に対して公認会計士法第34条の21第2項第3号に従った業務改善命令が出される。そうした困難な状況下，企業会計審議会は新たに「不正リスク対応基準」を示すべく2012（平成24）年12月に公開草案を提出し，その後2013（平成25）年3月，「監査基準の改訂および監査における不正リスクの対応基準の設定に関する意見書」が公表されるに至った。

当該2013（平成25）年の企業会計審議会意見書は，その二．4（2）の箇所にて，既に米国内では経営者を疑ってかかる態度を是とする方向性が決定的となっていたにも関らず，経営者が誠実であるとも不誠実であるとも想定しないという中立的な観点を変更するものではない旨を主張し，従前の環境を是認した。このように日本では被監査経営者の誠実性の捉え方に変化は生じていない。すなわち本邦では，経営者を疑ってかかる原則的懐疑のスタンスは想定されていないのである。

　懐疑の程度に関してはこのように，本邦の規範はおよそ緩やかなものであり続けてきた。その事実は不正リスク対応基準の前文にて「中立的な観点に変更はないという説明が付されたのは大きな意味があった」と言う識者の認識に符号している（脇田ほか，2013，11〔住田発言〕）。本邦にあって経営者の誠実性をあたまから否定してしまうような懐疑原理主義や，アーサー・レビット由来の産業界との対決姿勢は容認できないと察することができる。

　筆者はここで本邦固有の「風土」についてコメントし紙幅を費やすことはない。しかし，渡辺（2008, 201）引用の村上（1975）の表現を借りるのであれば，「全面的，運命的な関係に基づく情動的結合たる同族型集団主義」にこそヒントが得られよう。予定調和を重んじる日本型ガバナンスの下，本邦の規範は経営者が誠実か否かを判断すること自体を回避しようとしている。結局のところ日本では2014（平成26）年4月の監査基準委員会報告書第200号（4.12.11）「財務諸表監査における総括的な目的」に記載されているように，懐疑心についてはそれを「誤謬または不正による虚偽表示の可能性を示す状態に常に注意し，監査証拠を鵜呑みにせず，批判的に評価する姿勢」を保持するに留めんとしている。

　疑う態度を対人関係のプロトコルにするアングロ・アメリカン型風土とは異なるから，本邦規範にあって懐疑主義を貫くには抵抗がある。しかし，逆に言えばそのことが，斯界にて，懐疑心たるかけ声を耳にした際の奇妙な白々しさに繋がっている。

　以上，米国と日本さらには国際監査基準の展開について見てきた。懐疑心に

関わり各国規範の共通点は以下2点である。
　〔1〕懐疑心は「監査の全過程」において要請される
　〔2〕懐疑心要請の柱は「疑いを持つ精神」と「批判的な評価」である

　他方で米国SASとの比較で本邦さらに国際監査基準は以下3点の違いを持している。
　〔1〕2004年ISA第240号以前の国際監査基準ではSAS第82号と同様，中立性要件が記されていた。しかしSAS第99号は中立性を放棄し，間接的な表現ではあるが経営者誠実性の前提を棄却するに至った。
　〔2〕本邦監査基準と国際監査基準にあって，監査は長らく証拠の真贋を見極める手続ではないとされ，反証がない限り証拠の真実性を前提にすることが許されていた。証拠の真実性に関し日本ならびに国際監査基準は米国監査基準書よりも寛容だった。
　〔3〕日本監査基準にあっては2006（平成18）年監査基準委員会報告書第35号の刊行時まで心証のリセット要請は措置されず，また国際監査基準もかつてはその方向性を強く打ち出してはいなかった。

(2) 懐疑心要請の含意の国際間比較

　クラリティ版監査基準書が公表されてからは監査規範に見出せる国際間の含意差が大きく減じた。しかし20世紀末のSAS第82号から新世紀の第99号，さらには日本監査基準委員会報告書第10号，改訂前ISA第200号と240号に限り，相互関係性を比較すればいまだ差異が残っており，それらは図表6-4のようにまとめられよう。ここで「○」を記した箇所は各国の監査基準書が文脈内に揃って収めている事柄である。それに対し「×」を付した箇所は各基準書間の足並みが揃っていなかった点である。本図表内で留意すべきは以下の4点である。
　〔1〕SAS第99号に至って中立性の要件に関わる文言が除かれたこと
　〔2〕SAS第99号に至り心証のリセットを促す文脈が付加されたこと（図表内「→」で示した変化。懐疑心要請が強められた事実）
　〔3〕クラリティ版前の2002（平成14）年改訂日本監査基準書にあっては中

図表6-4　職業専門家の懐疑心に関わる含意比較一覧（1997年－2002年 既刊分）

懐疑心の要素 \ 各国監査基準書	米国監査基準書（AU230）SAS第82号 1997年	SAS第99号 2002年	日本監査基準および委員会報告書第10号 2002年	国際監査基準改訂前ISA200・240 2000年－2002年
「正当な注意義務」の下で懐疑心を位置づけていること	○（付録B）	○（13）	○（基準前文＆一般基準3＆報告書10号§12）	○（推定）
「疑いを持つ精神」と「批判的な評価」	○（27＆B7）	○（16）	○（推定）	○（200.07）
「説得力ある証拠」の要請	○（付録B9）	○（13）	×（記述なし）	○（200.13）
「監査の全過程」に於ける懐疑心発揮要請	○（付録B8）	○（16）	○（前文類推）	○（200.07）
「中立性の要件」	○（付録B9） →	×（削除）	×（記述なし）	○（200.08）
「心証のリセット」	×（記述なし） →	○（13）	×（記述なし）	×（不明瞭）
「経営者誠実性の間接的棄却」	○（付録B9）	○（13）	×（記述なし）	×（記述なし）
（反証なき場合の）「証拠真実性の是認」	×（SAS第1号規定あり） →	×（該当SAS1号規定削除）	○（10号.13）	○（240.19）

規範中の懐疑心要素	規範中の懐疑心要素の英文表現
－正当な注意義務	"due professional care"
－疑いを持つ精神	"attitude that includes questioning mind"
－批判的な評価	"critical assessment of audit evidence"
－説得力ある証拠	"persuasive evidence"
－監査の全過程	"throughout the audit process"（US AU230.07他）
－中立性の要件	"The auditor neither assumes that management is dishonest nor assumes unquestioned honesty"（US AU230.09他）
－心証のリセット	"the auditor should conduct the engagement with a mindset that recognizes the possibility that a material misstatement due to fraud could be present, regardless of any past experience with the entity and regardless of the auditor's belief about management's honesty and integrity"（SAS.99.13他）
－経営者誠実性の間接的棄却	"the auditor should not be satisfied with less-than-persuasive evidence because of a belief that management is honest"（SAS.99.13他）
－証拠真実性の是認	"entitled to accept records and documents as genuine"（ISA.240.19他）

立性の要件が無いこと

〔4〕過去の日本監査基準書および改訂前のISAではSAS第99号程には心証のリセット要請が明らかでなかったこと

　先述のようにSAS第99号では心証を取り壊す姿勢が求められたが，しかし本邦2006（平成18）年監査基準委員会報告書第35号の.25において監査人は，「職業的懐疑心を保持し，経営者，取締役等および監査役等が信頼でき誠実であると考えても」，「十分かつ適切な監査証拠を入手しなければならない」という巧みな文脈が用いられた。結論的に本邦監査基準は，経営者誠実性の評価に際して望まれる態度を明らかにしていない。否むしろ，基調としては経営者を誠実と考えたく関わる規範を維持しているようである。本邦では経営者を疑ってかかる姿勢はおろか監査人マインドの中立性についてさえそれをことさら強調してはいない。かかる状況は，例えば2015（平成27）年現7月最終改正の現行の監査基準委員会報告書第200号第12項を見ても変わらぬままである。

● ── 注

1）【マケソン・ロビンス社事件】1937年年末時点にて総資産8,700万ドルを有していた医薬品の製造販売会社McKesson＆Robbins, Inc.の粉飾横領事件。同社事件はNYSE上場会社であった1938年12月5日に新聞報道がなされ発覚。一個人株主が合衆国地裁に破産管財人の任命を求める訴訟を提起した。プライス・ウォーターハウスが15年間監査を担当していたが，うち12年間に亘る不正が見抜けなかった。同社事件では一流会計事務所がなぜ長期に亘る巨額の粉飾を発見できなかったかの点に特に関心が向けられた。

　ところで事件の背景については「有罪判決を受け二度投獄された詐欺師で逃亡者のムジカは欺瞞とアルコールの違法販売による利益でマケソン・ロビンス薬品会社を買収しやがて社長になった。数年の間に彼は銀行を巧みに騙して会社から数百万ドルを横領し，財務報告書の不実表示を行った」（Schilit, 2002; 訳書, 2002, 241）と伝えられる。西田（1974, 42-43）は「当該事件を契機として監査手続の拡張と再検討，ひいてはGAAS制定の試みと言う重要な諸問題に繋がっていくこととなった」，「同社事件はメリーランドに本社のあった上場薬品販売会社で行われたもので1938年当時の架空資産は約2,100万ドルに達した。主な原因は社長外の私消であるが，その方法は主として棚卸資産，受取勘定，現金勘定などの水増しであった」と記している。

2）【ジョージ・O.メイ】メイはプライス・ウォーターハウスの元シニア・パートナーでハーバード・ビジネススクールで教鞭を執っていた。『会計学大辞典』はメイについて以下を言う。「イギリスに生まれ，アメリカに渡り永住し，この国の会計士制度と会計学の先駆者になった」，「メイの学風は

プラグマティズム会計学の典型である」,「また英国伝来の個人主義に徹して,理論の一律化,汎性化を嫌う」,「政府の会計統制にも極力反対する」,「会計制度が窒息しないように尽力した」と(番場, 1979, 945-946, 青柳)。メイはまさにその時代の米国が生んだ大物会計士である。

3)【マウツ＝シャラフの書のインパクト】Mautz and Sharaf (1961) は『モントゴメリーの監査論』に記された「監査の歴史的展望－主要な出来事」の一大項目として挙げられる程のインパクトを持った (O'Ralley et al, 1992; 訳書, 1993, 14, 図表1.1)。

4)【異常項目から不正への語彙呼称の変化】不正 (fraud) という用語が文献上表現されるようになったのは比較的最近のことである。例えばTreadway Commission (1987) の訳書において,鳥羽・八田は1973年ASOBACについてそれが「不正なる概念を用意しないで監査理論の概念的枠組みを構築しようとした」と批判している(訳書, 1999, 281, 訳者あとがき)。1978年コーエン委員会報告書は他に先んじ,不正を異常項目たるIrregularitiesではなくfraudと直截的に表現し始めた。そうした傾向に呼応しSAS第53号の基準案は異常事項たる用語の使用を中止し,不正へと表現を統一することを検討し始めたが,結局,SAS第53号ではそれがならなかった。米国監査基準書それ自体にあっては1997年SAS第82号からようやく不正がFraudと記されるようになった。*Jounal of Accountancy* 1997年2月号のワシントン・アップデート欄におけるレビットとサットンの「もっとはっきり不正を不正と呼べ」のコラム記事をも参照されたい。

5)【監査規範が懐疑たる表現を包摂した時期】米国監査基準書それ自体に懐疑という語句が現れた起点は1977年SAS第16号 (AU327.06) である。しかし松本 (2011, 13) は「1977年のSAS第16号においても職業的懐疑心の態度保持への言及はあるが,不正との関連で規定されたものではなくまたその記載も文中一箇所に限られている」旨を指摘する。

6)【SAS第16号とコーエン委員会報告書との関係性】五十嵐 (2012, 106) はSAS第16号の評価に関りそれを「コーエン委員会の勧告に対応した」とするが,その点は筆者の認識と異なる。コーエン委員会最終報告書の刊行は第16号から1年は遅れており,かつまたSAS第16号は監査人責任の拡大に関し依然として慎重姿勢であった。

7)【適正意見の表明と重要な虚偽表示発見との同義性】1987年トレッドウェイ委員会報告書第3章にても示されていたことである (Treadway Commission, 1987)。松本 (2011, 2) は「わが国の現行監査基準において,監査の目的は,財務諸表の適正性に関する意見表明と,重要な虚偽の表示の発見との関係において同義」と言う。松本の言に表されている本邦監査規範の掲げる目標とその現況は,実は1988年SAS第53号の趣旨に跡付け可能である。

8)【SAS第53号の懐疑心水準】Loebbecke et al. (1989, 1-2) に詳しい。ところでコーエン委員会報告書で求められていたのは「健全な懐疑心」であった (Cohen Commission, 1978, 38)。しかしSAS第53号にあってはそれが「適度」なものへと変えられた。

9)【単純接触仮説】mere exposure effect.『心理学辞典』はHarrison (1977) の単純接触効果説を紹介し,それを「特定の中性刺激に繰り返し接触することでその刺激に好意的な態度が形成される現象」と定義する。そして「接触回数が増加するにつれ,単一の反応傾向が優勢になる結果,不快な状態が解消され,好意的な評価に繋がる」と指摘する (中島ほか, 1999, 569)。

10)【合理的保証】合理性 (reasonableness) の判断に当たり筆者はFASB (1986, 44) に示された広範な拘束条件,すなわちPervasive constraintたるreasonablenessをその論拠に見出す。

11)【説得的な証拠】説得力 (persuasiveness) の問題は監査のみならず哲学にあっても未決の命題である。ポランニーは「個人的知識の正当化,事実のアサーション」の節にて「事実に関するアサーションが説得的な感覚を伴わなければそれは何も言っていないに等しい言葉の羅列」(Polanyi, 1962,

254, 抄訳）と評した。なお説得力の問題を探究している監査文献にはFlint（1988, 108）があり，そこでは「証拠の説得力はその内在価値に依拠し，その情報源の信頼性次第」と説明されている。さらにBell et al.（2005, 65; 訳書, 2010, 102）の書は説得力ある証拠の必要性を強調した。曰く「重大な不正を検出することに対し監査人に求められている責任が拡大しているため，信念の形成と改訂およびそれに伴うリスク評価のために用いる証拠の説得力は近年，監査人にとってこれまで以上に重要となっている」と。

12）【絶対的な証拠】例えば本邦クラリティ版監査基準委員会報告書第200号「財務諸表監査における総括的な目的（I.2.5.）」にては「監査の固有の限界があるため，監査人が結論を導き，意見表明の基礎となる監査証拠の大部分は，絶対的なものというより心証的なものとなる。したがって合理的な保証は絶対的な水準の保証ではない」と記された。

13）【結論的な証拠】容易に結論的な証拠が得られない事実は，Bell et al.（2005, 15）によるMautz and Sharaf（1961）への言及によって推察される。ところで合理的保証の観点から，国際監査基準第240号の.11（ISA, 2001）にても固有の限界として「ほとんどの証拠は結論的なもの足りえず説得的なものに留まるという認識の必要性」が記されている。

14）【SAS第99号－PCAOB暫定監査基準】SAS第99号は旧POB体制から引き継がれた監査規範である。SEC直轄の准公的機関として2002年に設置されたPCAOBは，該当する監査規範を暫定監査基準（interim auditing standards）と呼ぶ。

15）【ブレイン・ストーミング】Brainstorimingは心理学者Osborn（1941）の発想法である。『心理学辞典』によればそれは「既存の考え方にとらわれず発想し，独創的なアイデアを生み出すため，集団の機能を利用する集団思考法」である（中島ほか, 1999, 762）。監査規範上，当該アプローチの採用はSAS第99号から促された（従来の国際監査基準ISA第240号では単にプランニング・ディスカッションという言葉が用いられていた）。Chen et al.（2015, 2脚注1）の研究では基準策定側への調査結果を踏まえ，それらの用語間で実質的な意味の差はないと記された。またチェンらはグループによるブレイン・ストーミングと，個別監査人による事前のブレイン・ストーミングとの関係性に注目した上で，安易なグループ・ブレイン・ストーミングによってかえって懐疑心が減じてしまう懸念を示した。

16）【21世紀ミレニアム以降の会計不正】SAS第82号，第99号刊行後も会計不正は止まなかった。2000年代，国内では西武鉄道虚偽記載やカネボウの粉飾，海外ではエンロン，ワールドコム以外でもグローバル・クロッシング（米），ロイヤル・アホールド（オランダ），パルマラット（イタリア），アデコ（スイス）に関わる不正が衝撃を与えた。高柳（2005, 22）は「経営破綻時の推定資産規模の史上ランキングで見ると，1位WorldCom（1,039億ドル），2位Enron（634億ドル），6位Global Crossing（302億ドル），8位Adelphia Communications（215億ドル）」と伝える。

17）【IAPCからIAASBへ】旧「国際監査実務委員会（IAPC）」は基準設定プロセスの透明性を高めることを目的として2002年3月に「国際監査・保証基準審議会（International Auditing and Assurance Standards Board, IAASB）に改組された。

18）【証拠真贋の判定責任】Official Releases, SAS No.99, Amendment to Statement on Auditing Standards No.1, Codification of Auditing Standards and Procedures, *Journal of Accountancy*, January（2003, 119）参照。

19）【クラリティ版ISA】2008年公表のISA第200号「独立監査人の全般的な目的および国際監査基準に準拠した監査の実施」以降の監査基準を指し，2009年12月15日以後に開始する事業年度から適用となった。

第7章
職業専門家の懐疑心の属性

「デカルト以降問われ続けてきた哲学上の問題がある。それは我々を取り巻く世界について我々が持っている知識を巡る問題である。ごく単純に述べればその問題が課しているのは，世界についてそもそも我々が何らかの知識を持つことはどのようにして可能なのか，それを示すことである」

(Stroud, 1984; 訳書, 2006, 14)

1. 懐疑心の深淵

(1) ゲシュタルト視点と深層心理アプローチ

　1997年，KPMG ピート・マーウィックは『戦略システムレンズを通じた組織の監査』[1]たるブックレットを米国会計学会会員に頒布した。書の序言にてキニー［W.R. Kinney］は「全体視点による成功の見込みは部分合計に規定されない」と指摘し，視野の狭い，要素還元（reductionist）的なアプローチに立っていては全体観が損なわれることに注意を向けさせた。曰く「伝統的な監査は狭小なレンズを通じリスク査定をしていた」，「重大な虚偽表示の評価に関りそうした狭小なレンズは，勘定残高の性質，取引の種別，企業の会計システムの微細な特性に注意を向けていた」，「詳細証拠の積み上げによる手続は，監査人が企業や業務を理解し適切な判断を下すことを妨げてきた」（Bell et al., 1997, 2, 抄訳）と指摘するに至ったのである。ところで狭小なレンズ思考に対する懸念と，他方で全体形態を重視しようとする考え方は古くからあり，それはマウツ＝シャラフの言明すなわち「個別論点は予め，加算されて行くべき結果としての，重要性の総体とそこからの枝分かれを意識に置いた上で検討されなければならず，しかるにより大きな目標を狙って行く上では，目先の結果はあてにならず，さほどの意味もない」（Mautz and Sharaf, 1961, 11, 抄訳 本書34頁）にも暗喩されていたことである。

　当該『戦略システムレンズ』の書にて執筆者らは，「モザイクの一片が欠けると全体が認識できなくなってしまう」状況を例に挙げ，ゲシュタルト（独 gestalt）イメージ崩壊の懸念までを示唆したのである。

　詳細に拘る要素還元的なアプローチの限界は，心理学者ピンカーの以下の表現からも想像できるだろう。曰く，「ケーキを焼くことを考えてみよう。できたものの味は成分の相互作用の結果であり各成分の全てが最終産物に寄与しているが，しかし小麦粉が何パーセントでバターが何パーセントというふうに分離することはできない」（Pinker, 2002; 訳書〈上〉, 2004, 219, 修正）。

　当該『戦略システムレンズ』の書は広い視野を得ずに判断を下すことのリス

図表7-1　要素還元主義的監査アプローチと戦略システム型監査アプローチとの対比

従来型の要素還元主義的な監査 ────	──→ 新しい戦略システム型監査
【個別要素指向性】 全体は個別の累積であるとする思考方法。	【全体把握指向性】 大きなコンテクストが部分にも意味を与えるという考え方。
【情報プロセスへの注目】 情報の相互関係を追うことにより業績の適切な期待値の設定が可能とする見方。	【ビジネスプロセスへの注目】 健全な期待モデルは戦略とプロセスのインジケーターに基づき構築されるという考え方。
【会計・監査の専門知識】 継続性を検証し異常値を見つけるためには監査手続と会計ルールの理解が必要であるとする考え方。	【ビジネスの専門知識】 継続性を検証し異常値を見つけるためには企業とその環境についての幅広い理解が必要とする考え方。
【分散独立性】 システムは相互に独立しており，独立した立場の人によりそれぞれ査閲され得るという考え方。	【ネットワーク性】 組織それ自体を動的なネットワークと考えシステムを個別に分けて検査することは不可能と考える方法。
【監査リスク】 監査意見は企業のビジネスリスクとは別個に表明されるという思い込み。	【ビジネスリスク】 監査意見は被監査企業のビジネスリスクの広範な評価に関わるという考え方。

クに注意を向けさせた。さらに同書は，貸借対照表上にて計上される知的財産のウェイトが増してきている状況下，証拠の触知性に頼るような実査は不適当であることも指摘した。

　『戦略システムレンズ』の書[2]は2005（平成17）年10月企業会計審議会「監査基準の改訂について」に対しても影響しただろう。すなわち「判断は財務諸表の個々の項目に集中する傾向がありこのことが経営者の関与によりもたらされる重要な虚偽の表示を看過する原因となる」ことを指摘する「2.1.事業上のリスク等を重視したリスク・アプローチの導入」，および「財務諸表全体および項目レベルでの評価」に関わる本邦指針は，「戦略システムレンズ」の書の目標に影響されたものと察することができる。

　その後2005年には上記『戦略システムレンズ』の続編たる『21世紀の公開会社監査』が公刊された（Bell et al., 2005）。この書は「懐疑することで監査人は自らの心証について強く弁明できる。監査人は判断と意思決定過程にあって誤らないように自らの内面についてさえ問いを投げかける」（Bell et al., 2005, 66, 抄訳）と表した。そのように，監査人が自らの内面を懐疑する重要性を説くに

至ったのである。

　ところで証拠能力それ自体についてはこれまで，納得できる程度の証拠かそれとも説得力ある証拠かという証拠属性の問題として捉えられてきた。そして，期待されるべきは説得力ある証拠という一塊の表現に託された。しかし説得力たる表現は単なる修辞に過ぎない。結局，個々のケースで収集されるべき証拠の質と量は，判断を待つ事柄とならざるを得ない。

　しからば暗黙のうちに判断が歪められてはいないかどうか，監査人自身の先制的な自己批判が大切になる。しかし，不安視されることは，例えば *Jounal of Accountancy* 2015年2月号記事（28）が指摘するような，（1）安易なデータ収集，（2）心理的アンカリング，（3）自信過剰，（4）既存の心証に基づく解釈，（4）結果入手の拙速性，でありそれらは全て心理的な問いに帰着する。

　『戦略システムレンズ』と『21世紀の公開会社監査』の書に対する評価は十分に定まっているとは思えない。しかし，それらの書に啓示を与えられ，この先，監査証拠の評価に関っては心理学の応用までもが試みられる可能性がある。

（2）懐疑心の深度

　本節にては深層心理に至る懐疑心の表象形態をイメージするため，20世紀フロイト［S. Freud 1856-1939］の研究成果たる「心的装置（psychica apparatus）」の構造関係論[3]に言及する。

　1920年代米国の，著名な工場実験を描写した『ホーソン実験の研究』は，1974年のメニンガー［W.W. Menninger］報告に関して「人間行動では理性的要素よりも感情的要素の影響の方がはるかに大きい。理性的原則と感情の作用とが矛盾するような場合，主導者となるのは感情的作用である」（大橋・竹林，2008, 134, 修正）と伝える。フロイト説に立ちメニンガーは，本能を司る要因は欲望（羅libido）であるとみた。すなわち，タスクの成果はリビドーの結果と観察されたのである。そのような状況は，『会計理論及び理論承認』の書が言うよう，「行われる転換は主として感情に左右されない知的現象であると言うよりはむしろ心理的問題なのである」（AAA, 1977; 訳書, 1980, 107）の指摘にも一致するようである。

フロイトは第一次世界大戦後にウィーンからロンドンに渡り，精神分析を基礎にした深層心理学（depth psychology）[4]の研究に没頭した。フロイトは人間行動が無意識に影響されると主張し，かつての心理学の主流であった反応と行動（S-R）の単純化図式に疑問を呈したのである。

　言うまでもなく監査に携わるプロフェッションは明瞭な顕在意識界にいる。しかし，Bell et al.（2005）が対象にする内省と先制的自己批判が求められる次元は，顕在意識よりも深い前意識（preconscious）に対応するだろう。前意識の段階にて人々は何らかの契機を得て初めて信念の改訂に及ぶ。例えば過去の経験だけで経営者の誠実性を判断してはならないという当為的思考は親しく経営者と接している者の意識には上がり難く，しかるに前意識段階から顕在意識界へと関わる気づきをその都度引き上げなければならない。

　図表7-2は，SAS第95号の.150に掲げられた監査一般基準体系を背景[5]に置き，懐疑心の深度相関イメージを得ることを狙ったものである。ここで懐疑心は自省が進むほどに内向性を強めて深みを増す。フロイトの心的装置観に重ね合わせ構想すれば，顕在意識から前意識界へ，そして無意識界に至るまでのパースペクティブが得られよう。

　監査証拠の評価局面では（1）証拠に向けての外向的な懐疑心が働く。これに対して内向的な懐疑心が働く領域は（2）前意識段階，すなわち普段は意識されない界にあり，しかるに懐疑心は深みを帯びる。例えば過去の経験にかかわらず，また顧客との関係に拘わらず判断を下すインテグリティーを備えた監査人は，前意識界を意識しそれを制御しようとするだろう。そしてさらに深く（3）無意識界を想定すれば，心理学者アッシュの同調実験[6]結果があてはまる，多数派グループに少数派グループが無意識に屈する反応が関心事になる。さらに，不正の発見と抑止の実際のシーンに関わっては法廷心理学などの専門的知見に期待が及ぶだろう。

　現行の監査規範にて内向的懐疑心の様相は，前意識に関しては萌芽的ながらもSAS第99号の文脈に表現されている。しかしそれで十分かどうか。判断の質の向上のためには前意識のみならず無意識の願望，さらには抑圧に影響を受けるエス（Es）領域に至る検討を加えていく必要があろう。

161

図表 7-2　懐疑心の階層化と，フロイトの心的装置観の応用

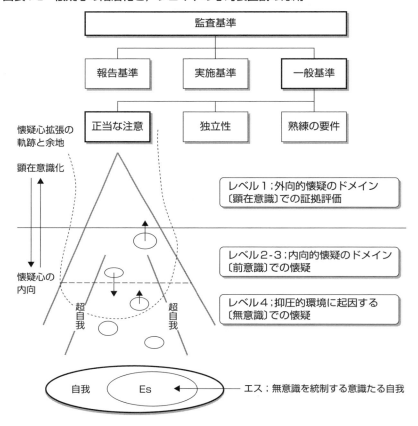

　創案を試みるなら，ブレイン・ストーミングに関わり「多数派意見に無意識に影響されていないかどうか監査人は内省する必要がある」という同調リスクの排除を目指す文脈や，要素還元主義から離れるために「個別証拠の単純な蓄積を以って直ちに最終的な心証を形成してはならない」，さらにはゲシュタルト崩壊の危険性をも視野に入れ「最終的な心証は個別詳細な証拠とその総計から安易に演繹されてはならない」とする要請が規範内に包摂されれば，狙うべき，深層心理に介在する要素を顕在意識界に引き上げることが可能になろう。

図表7-3　懐疑心の水準および前意識と無意識の顕在意識化の努力方向性

深度	指向性	内向か外向か	SAS監査規範文脈の例
レベル1 【顕在意識】	外部証拠に向けられる懐疑心	外向的懐疑心 （外在的）	（SAS第53号）疑いを持つ精神と批判的評価
レベル2 【前意識(a)】	被監査経営者に向けられる懐疑心	内向・外向 （折衷）	（同上）経営者を不誠実であるとも誠実であるとも考えてならない
レベル3 【前意識(b)】	監査人が自分自身に向ける懐疑心	内向的懐疑心 （内在的）	（SAS第99号）過去に得た心証や経験にかかわらず，不正に基づく重大な虚偽表示が起こる可能性を認識すべく手続を実施しなければならない （SAS第82号・99号）経営者が誠実と考えて説得力ある監査証拠とは言えない証拠の入手に甘んじてはならない
レベル4 【無意識】	見えざる心理的環境に向けられる懐疑心	内向的懐疑心，同調，単純接触仮説等，認知心理学的領域に至るまでの対応（内在的・心理環境的）	

2．心証の崩壊について

(1) アンカリングとα・βリスク

　本節では監査人の内向的懐疑心の局面に焦点をあてる。図表7-4においては監査人が経営者の誠実性を疑わず，各回の契約締結後に心証を累積させている状況を示した。ここでは複数年度の契約期間につき得られた心証を6角形が内在する累積体イメージで表現した。フラクション部分の累積は心証の総量を示し，しかるに全体形態たるゲシュタルト・イメージ[7]をもたらす。

　経営者を誠実と考えることが当然とされていた時代には（後述本章3.(4)に掲げたショクリーの独立性概念モデルp（＋）の如く），監査人の内心にては契約期間の長さに比例して経営者に対する好意的な心証が累積されていただろう。心理学上の単純接触仮説を考えるまでもなく，人間心理については図表1-3に示したヒュームの観念の連合のように当初の印象をその後野放図に膨らませ易い。そして新しく得られた心証起点がアンカリング[8]され，再修正された起点レベル上にさらに好意的な心証が上乗せされる。監査人と被監査経営者との心理的な絆は強くなり，結果，監査人の精神的独立性が危ぶまれることとなる。

図表7-4 監査人が経営者誠実性を措定している状況【非懐疑主義とβリスク】

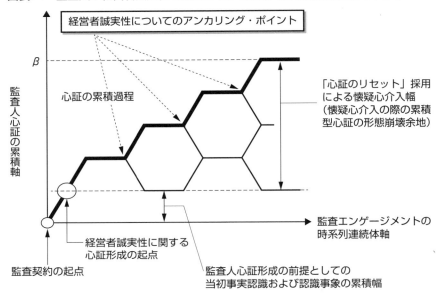

心証の累積プロセスが放置されれば心証の過誤形成・受容のリスク（βリスク）[9]が生じる。そして，ひとたび不正リスク要素が検知されれば監査人は落胆し，積み上げられた心証は崩れてしまう。図表7-4の稜線は，時間の経過と共に監査人が被監査経営者を誤って誠実な存在と見る非懐疑的な態度を表したものである。

これに対して懐疑心が発揮されることによる心証崩壊の様相は，この後の図表7-5のように表現されよう。

図表7-5はオマリー・パネル報告書およびSAS第99号をイメージし，経営者を疑ってかかり，監査ターム終了後に心証が強制リセットされる場合を示している。すなわち経営者誠実性に関わり懐疑心が厳格に働いた場合である。

いわゆる継続監査の場合であっても懐疑心が介入することで既成知はその都度破壊される。懐疑的性格に優れた会計士が監査実務にあたる限り，たとえ追加コストがかかろうとも心証は常にゼロから形成される。

図表7-5　監査人が心証のリセットを行う状況【懐疑主義とαリスク】

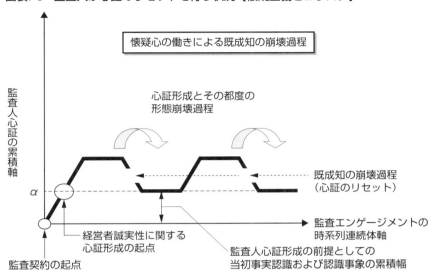

　このようにして懐疑心が働けば安易な心証は持ち越されない。しかしその際には監査人が，本来は正しいかもしれぬ累積的心証を効率性を無視して棄却してしまうリスク（αリスク）を担うことになる。

　監査の厳格化は一途に有効性を求める態度を是とする。厳格監査を標榜する監査規範により監査人はαリスクを受容して寛恕し，他方で何としてでもβリスクを回避する態度が求められている。

　心証のリセットのメカニズムは以上のようであるが，しかし監査人自身で累積心証を壊すことは容易ではない。たとえ監査人が経営者を疑ってかかろうとしても，現実的には中立に留まるかもしれない。もとより心証は人間の感情を基盤にしているからである。

　懐疑心に関わり，ここで楽観と悲観がもたらすリスクのパターンを図表7-6に整理して論じる。すなわち（1）経営者と監査人との利害対立を考えない性善・楽観主義のリスク，次に（2）原則的懐疑の姿勢を貫く性悪・悲観主義のリスク，さらに（3）その間に介在する，β，αリスク回避の中立性である。

図表7-6 被監査経営者に対する懐疑対非懐疑リスクの視点の整理

リスク認識と前提および分類	トレードオフ関係	懐疑の程度	心証の累積	リスクの類型	文献および監査基準書	時代区分
βリスク（経営者は正直であると見做す）	監査有効性の毀損による発見リスクの増大	非懐疑	アンカリング	監査人が経営者の代弁者になるリスク	マウツ＝シャラフ以降，SAS第16号まで	1970年代前半まで
β＞＊＞α	有効性と経済性とのトレードオフ関係	健全な懐疑	中位・中立的	中位・中立的	コーエン委員会報告書以降，SAS第82号まで	1970年代後半以降，1990年代末まで
αリスク（経営者を疑ってかかる）	監査経済性の毀損と発見リスクの低減	不正摘発型の懐疑原理主義	心証累積結果の崩壊	監査人が経営者の敵対者になるリスク	オマリー・パネル報告書以降	2000年以降
σリスク（経営者を犯罪者と考える）	監査不成立	絶対的で不健全な懐疑	該当しない	経営者を敵視することによるリスク	該当なし	該当なし

　コーエン委員会報告書以降求められてきた監査人の中立性のスタンスは，監査人が経営者の敵対者になる場合に生じるαリスクと，逆に代弁者となる場合に生じるβリスクとの間に見出せる。それはα下限とβ上限の両端を除く領域（β＞＊＞α）にある。懐疑心はβ－α識域内のいずれかの地点に介在し，累積心証はβを天井にして形成されよう。

　ここでαリスクの究極，すなわち最初から監査が全く成立しない可能性をあえてσリスクとして構想することもできる。徹頭徹尾の懐疑に依り，経営者を犯罪者の如く見出して全く心証形成がされなくなる，σ水平軸上を辿る懐疑である。

　図表7-7は，上記二つのイメージを重ねて表現したものである。すなわち経営者誠実性の下で心証の累積が許される事例と，他方で経営者の誠実性を全面的に疑い，結果として既成知の崩壊が生じる場合を共に見たものである。ここでβ，αリスク間に介在する余地はそのまま心証形態の崩壊が惹起されるリスク総量を表す。

　21世紀の今日，監査厳格化の趨勢は被監査経営者を疑ってかかる姿勢を求め[10]，監査人は懐疑のコストに躊躇せずαリスクを負わざるを得ない。すなわち市

図表7-7 被監査経営者に対する懐疑vs.非懐疑のリスク展望

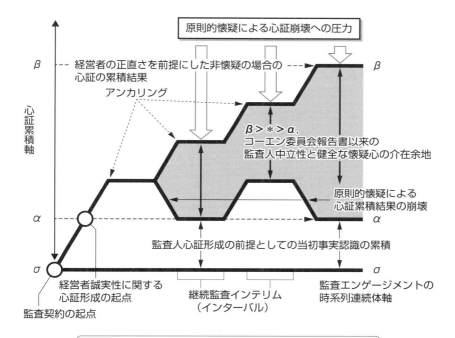

$β$：経営者の誠実性に頼った心証累積結果
$β＞*＞α$：中立性に基づいた健全な懐疑心の介在領域
$α$：原則的懐疑に立ち心証のリセットをした場合
$σ$：経営者を犯罪者と見做し心証の累積を行わない監査不成立の態度

場監督者からは効率性を追わずに有効性を担保できる実務遂行が求められている。

職業的懐疑心の要請が，$σ$リスクの絶対的懐疑を求めることは考えられない。しかしながら現在に至っては懐疑心をキーワードにして$β$リスクを忌避し，コストを度外視して$α$リスクを甘受すべしとする姿勢が求められている。

しかし，哲学的懐疑主義をイデアとして追求すれば効率性が犠牲になる。現実には内部統制を始めとし，企業経営上の全ての局面が費用対効果を意識して構築されている。それにもかかわらず不正の発見に関わる問題だけが特別視されるとすれば，実のところ監査規範に託される懐疑心要請は甚だ空虚なものとなろう。

(2) 懐疑のコスト・ダイナミクス

ここでは以下（図表7-8, 7-9）を手掛かりとして，懐疑心保持上のコスト・ダイナミクスを論じる。

第一に，経営者誠実性の是認（βリスク破線部分）すなわち監査人が経営者を誠実な存在と考える場合には，監査人は慎重な実務家たるべく同僚（peer）に劣らぬ正当な注意を払うに留まる。そのような状況下では監査人が経営者のアサーションを疑うことはない。経営者は誠実であるという思い込みに基づくアンカリングが重ねられ，一見したところ手続は円滑に進み見かけの監査コストは抑制される。しかし，監査コストの抑制は懐疑心を行使しないことで惹起される（β）リスクと，不正の発覚を経て長期的にはインバースに環境や市場に多大なコスト（β'）を負担させかねない。

第二に，監査人の中立性（$\beta > * > \alpha$）が機能するケースを考える。ここで中立性とは経営者を誠実であるともないとも決めつけない，コーエン委員会が是とする態度である。監査コスト発生の程度は誠実性是認の（β）リスクの場合に下限値，原則的懐疑に立つ（α）リスクの場合に上限値が想定され，その間に位置し可変である。

最後に監査人が原則的懐疑に立つ場合（αリスク破線の場合）を考えてみよう。被監査経営陣を疑ってかかる態度は高い水準での懐疑心の発揮に繋がり，監査（発見）リスクを減じ，さらには心証起点を切り上げてしまうアンカリング・リスクを減らす。しかしながら懐疑心の働きは漸次さらなる証拠を求めるから，そのことが監査コスト増の原因になる。しかし他方で懐疑心は，長期的にはインバースに市場のコスト，例えば不正発覚による株式時価総額の下落を阻止あるいは減少させる効果（α'）をもたらす。

監査人が原則的懐疑に立たず，しかるに懐疑心を発揮しなくとも不正が即座に発覚せずコストが顕在化しない場合も考えられる。しかし不正の発覚をトリガーにしてステークホルダーが損害を被る蓋然性を考えるなら，発生し得る将来コストの低減のために近時点においてどれ程まで原則的懐疑のコストを担うのかという判断にはいわゆる時間割引選好性（α'の時系列移動）が関わる。

図表7-8 懐疑心ならびにリスクとコストのパースペクティブ

経営陣に対する懐疑基盤	監査人マインドセット・リスク	経営者主張の事前承認傾向	監査(発見)リスク	監査コスト	社会環境と市場のコスト
1．誠実性是認	β	高	高	低	高への方向性
2．中立性	$\beta > * > \alpha$	中	中	可変	中
3．原則的懐疑	α	無ないし低[*1]	低	高[*2]	低への方向性

(*1) Nelson (2009,4) の「原則的懐疑に立ってアサーションが正しいと信じるための監査証拠を疑う」を表現した。
(*2) Nelson (2009,3-4) は原則的懐疑への移行が証拠収集量を増やすというBell et al. (2005) に同調している。

図表7-9 懐疑基盤とアンカリング・リスクに関わりあるパースペクティブ

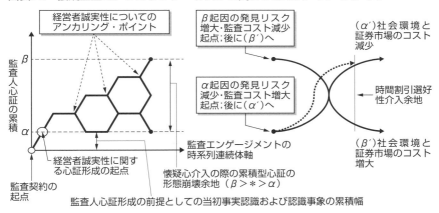

　経営者誠実性に関する監査人の心証は単に好き嫌いの主観かもしれず客観性を見出すことは難しい。懐疑心の介入によって突如，心証形態の崩壊が始まり，監査人は後になって自分自身が抱いていた心証の脆さに気づく。そして厳格な監査を標榜する限りはその後も際限なく証拠の収集と評価が続けられる。果たして監査実務のフィールドはそうした懐疑を支えきれるだろうか。

3．新世紀米国における監査人懐疑心研究の進捗状況

(1) PCAOBの期待と懐疑心研究の現状

　米国公開会社会計監視委員会（PCAOB）は2011年，会計・監査研究成果の有機的統合を目指した一プロジェクトに着手した。その企てに対する米国会計学会からの返書たる*Auditing: A Jounal of Practice & Theory*所収の中にR.K.ハートらの「監査人の職業専門的懐疑心；将来の研究のための文献統合とその機会」がある（Hurtt et al., 2013）。

　PCAOBの目的は，体系的かつ凝集力ある形で研究を進展させて会計プロフェッション界と当局が共に便益を得ることにある。その目的に関わりハートらは，先行研究たるNelson（2009）の「監査における職業専門家の懐疑心のモデルと文献レビュー」に影響され[11]，そこに自らの成果を接いで今後の展望を描こうとした。

　ハートらは哲学的懐疑主義の源流を論じてはいない[12]。ハートらの研究は近年の実証研究成果の省察を基にした懐疑心モデルの現在形である。Hurtt et al.（2013, 47, 脚注1）は文献渉猟の起点を1999年に置き[13]，近年の成果を4次元に分類した。そして過去の成果からフィード・フォワードする方法により新たに取り組まれる価値ある研究目標を示そうとした。

　ハートらは次のように言う。「懐疑心のテーマは複数のアカデミック領域への広がりを持つ。その領域は会計学のみならず組織行動論，認知心理学，社会心理学，マーケティング，哲学，経営学，人的資源論他に関わる。これら広大なアリーナを狭めてゆくためには文献の刊行年度とキーワードによる制限をかけてゆく他に方法がない」と（Hurtt et al, 2013, 46-47, 抄訳）。そして計134本の研究成果，特に1999年以降について111本の論文をレビューした[14]。

　現状にて職業専門家の懐疑心研究の焦点は定まってはいない。この後，図表7-14に示すHurtt et al.（2013）の懐疑心概念モデルは，遡ればKee and Knox（1970），Loebbecke et al.（1989），Shaub and Lawrence（1996）およびNelson（2009）らにより展開された懐疑心を要素ごとに捕捉する研究の川下に位置する。

(2) 先行研究に示された懐疑心概念モデル

①ショブ＝ローレンスの概念構想

　ショブ＝ローレンスの研究『倫理，経験と職業的懐疑心——一状況の分析』(Shaub and Lawrence, 1996, 127) は，往年のキー＝ノックスによる心理学的成果たる『信頼と疑念に見出される概念的かつ方法論的考察』(Kee and Knox, 1970) を基礎にしている。

　当該の概念モデルはコンサルティング受注を狙いに監査契約を値引くロー・ボーリングが引き続き警戒されていた1990年代半ばに発表された。一会計事務所からの知見[15]と断りつつショブ＝ローレンスは，「予想に反した結果だった。経験豊富な公認会計士は資格を持たないアカウンタントより経営陣に譲歩しがちであり懐疑性に関して劣っていた」，また「懐疑心が発揮される程度は顧客重要度と逆相関関係にある」という衝撃的な結果[16]を伝えた (Shaub and Lawrence, 1996, 124, 抄訳)。そうした会計事務所と顧客重要度との関係性は，後述Shockley (1982) が自らの独立性概念モデルにおいて「顧客依存度が高まると監査人が抑圧に抗う能力は減衰する」（後掲ショクリーの図表内の作用素 b−）と指摘していた点に重なる。

　上記ショブ＝ローレンスの構想では係る概念モデルが（1）倫理的気質，（2）監査人の経験，（3）状況的要素，によって示されている。（1）の気質は倫理指向性，職業倫理への関心，倫理的推論に分けられる。（2）の経験はその長

図表7-10　Shaub and Lawrence (1996) のモデル導入構想

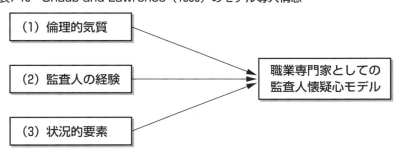

短と質が懐疑心に影響を与える。(3)の状況的要素は不正を許す機会や動機づけとして理解される。

②ネルソンの無限ループ・モデル

　ネルソンは2002年1月にエモリー大学で開かれた「AAAアカウンティング・レビュー会議」にて，共同研究者のエリオット，タープレイと共に「アーニングス・マネジメント行動に及ぶ経営管理者と関わりある監査判断」稿の内容を発表した。

　ネルソンはその後「監査における職業的懐疑心のモデルと文献レビュー」(Nelosn, 2009)にて，Shaub and Lawrence（1996），Trevino（1986）らの成果を基に図表7-11のモデルを示した。Nelson（2009, 5, 抄訳）は，「懐疑心は判断の所産である。しかし懐疑心は行動に結びついてはじめて表見するので監査人パフォーマンスの一属性と見ることができる」と説明する。

　図表7-11に示すように，証拠から得られた情報（リンク2）は監査人の知識（リンク3），さらに性格（リンク4）と誘因（リンク5）に影響され，判断を形作るとされた。加えてNelson（2009, 6）はLibby and Luft（1993）の「性格と経験の結びつきから生まれる知識に関わる研究成果」の知見を重ね合わせ，経験と訓練が監査人の知識と情報収集と判断プロセスに影響する（リンク7）という無限ループ・モデルを構想した。

　本図表では「誘因」，「性格」，「知識」，さらに証拠の解釈に影響する「経験と訓練」がもたらす懐疑判断がパフォーマンスたる懐疑行動（リンク1）を生み出している。そして行動の結果得られた成果（リンク12）が新しい経験を作り，再循環過程におけるインプット情報（リンク13）となる。すなわち後掲の図表7-14のハートらのモデルと同様，ネルソンのモデルは懐疑判断と行動またそのプロセスにおけるフィードバックとフィード・フォワードの反復を意識している。

　ところでネルソン自身は懐疑することの結果，すなわちそれが顧客の悪感情をもたらし非効率を生み出すことを懸念した。懐疑心介入による効率性逸失の懸念については目下，世界中の会計プロフェッションがネルソンの見方に共感している様子である。

図表7-11　監査人懐疑心モデル（Nelson, 2009）

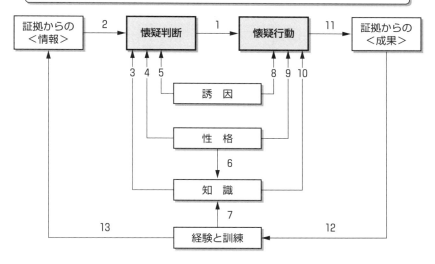

③ハートらの研究の枠組み，質問票と概念モデル

　Hurtt（2010）はNelson（2009）の研究方法を踏襲して図表7-12の構想を示している。ハートとネルソンは監査人の性格（trait）[17]を独立変数に見出し，その上で状況的変数に影響され，突発的事態に応じた状態的懐疑（state skepticism）が惹起されてそこでの監査人行動に繋がると考えた。すなわち監査人は疑わしい証拠を発見する度に懐疑を強め，それが一時状態的な懐疑の高揚を生み出して緊迫した局面に対応可能な行動に繋がるという見立てである。

図表7-12 職業的懐疑心の枠組み (Hurtt, 2010, 150, Figure 1)

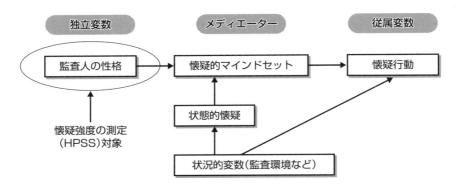

　監査人の性格的懐疑 (trait skepticism) は本邦2013 (平成25) 年3月公表の不正リスク対応基準の下にあっては3段階に分けて識別されているところの第1段レベル，すなわち懐疑心の (1)「保持」，の下地となる。他方で，監査人の状態的懐疑 (state skepticism) は続く第2，第3段たる，懐疑心の (2)「発揮」，さらにその (3)「高揚」，の局面との関係性が見出せよう。

　Hurtt (2010, 167) は監査人の性格測定を試みた先行研究としてMcMillan and White (1993), Shaub (1996), Shaub and Lawrence (1996) らの成果を挙げた。しかしハートはNelson (2009) 以前になされた研究にあっては性格的懐疑と状態的懐疑との区別がないことを指摘した。また独立性のような単一次元を対象にした研究では懐疑局面を捕捉する上での限界があったと指摘する。そして心理実験研究 (WGTA)[18]にて著名なウィスコンシン大学のワーキングペーパーに2003年に掲載した自らの質問票を基に以下HPSSと名づけたスケールを公表した。

　ハートの「職業専門家の懐疑心スケール」(HPSS) では，(1)「疑う心」，(2)「判断保留」[19], (3)「知識探究」，(4)「相互理解」，(5)「自律性」，(6)「自己尊敬」，の6視点から合わせて30項目の質問が用意された[20]。

図表7-13　HPSS；懐疑的性格測定のためのスケール（Hurtt, 2010, 167; 抄訳）

	質問項目；(但しRはリバース形式の非懐疑性質問項目)	懐疑要素の6分類	強否定 ←→ 強肯定					
1	他人の説明を受け入れ易い方だ　(R)	自律性	1	2	3	4	5	6
2	自分自身に満足している	自己尊敬	1	2	3	4	5	6
3	多く情報が得られるまで意思決定を延ばす方である	判断保留	1	2	3	4	5	6
4	学べることが，やりがいに繋がる	知識探究	1	2	3	4	5	6
5	人の行動要因に関心がある	相互理解	1	2	3	4	5	6
6	自分の能力に自信がある	自己尊敬	1	2	3	4	5	6
7	証拠入手まで相手の主張を容易に受け入れない	疑う心	1	2	3	4	5	6
8	新たな情報を得ることが好きである	知識探究	1	2	3	4	5	6
9	意思決定をする際には時間をかける	判断保留	1	2	3	4	5	6
10	他者の言分に対し直ちにそれを受け入れる方である　(R)	自律性	1	2	3	4	5	6
11	他者の振る舞いは私の関心事ではない　(R)	相互理解	1	2	3	4	5	6
12	自分はしっかりしていると思っている	自己尊敬	1	2	3	4	5	6
13	見聞きしたことをいつも詳しく問い返すと言われる	疑う心	1	2	3	4	5	6
14	他者の行動の理由について理解したい方である	相互理解	1	2	3	4	5	6
15	学習することはとても面白いと思う	知識探究	1	2	3	4	5	6
16	見聞や，読んだことを額面通り受け取る方である　(R)	自律性	1	2	3	4	5	6
17	自分自身の気持ちに確信がない　(R)	自己尊敬	1	2	3	4	5	6
18	説明されたことで首尾一貫しないことにすぐ気づく	自律性	1	2	3	4	5	6
19	グループ内の他者が考えていることに同意しがちだ　(R)	自律性	1	2	3	4	5	6
20	すぐ意思決定をすることが嫌いである	判断保留	1	2	3	4	5	6
21	自分に自信がある	自己尊敬	1	2	3	4	5	6
22	入手可能な情報には全部目を通すまで決心しない	判断保留	1	2	3	4	5	6
23	知識探究が好きである	知識探究	1	2	3	4	5	6
24	見聞きすることについて，しばしば疑問に思う	疑う心	1	2	3	4	5	6
25	他者が私を納得させることは簡単である　(R)	自律性	1	2	3	4	5	6
26	人々が一方向に振舞うことの原因を滅多に考えない　(R)	相互理解	1	2	3	4	5	6
27	意思決定前に情報を全て検討したことを確かめる	判断保留	1	2	3	4	5	6
28	見聞の真実性を見極めようとすることが好き	知識探究	1	2	3	4	5	6
29	私は学ぶことを大事に，楽しみにする方だ	知識探究	1	2	3	4	5	6
30	人々の行動とその理由には興味がそそられる	相互理解	1	2	3	4	5	6

本質問票内に包摂されている懐疑要素は以下六つである。
（1）疑う心 – 疑問を抱く心構え
（2）判断保留 – 適切な証拠を入手するまで判断を保留すること
（3）知識探究 – 確証を得ようとする意欲を持ち調査をする願望
（4）相互理解 – 動機や知覚によって誤情報が提供される可能性の認識

（5）自律性 – 他者の主張を受容するよりむしろ自分で決定しようとする信念
（6）自己尊敬 – 説得に抵抗し結論に異議を唱えられる自信

　本検査では,「およそ結果は30から180の範囲に収まる」,「被験者が学生の場合は90～150の間に収まることが多い」,また「合計を180で除すことにより100％換算の測定値が求まる」,そして「被検査値は100％換算でおよそ75％から77％」(Hurtt, 2010, 162-168, 抄訳) [21] とされた。

　しかし本質問票は被験者の性格（trait）を測るようデザインされたものである。しかるにそれは不正リスク検知後の状態的懐疑を見極める上では有効でない。ハート自身,「経営者の誠実性を予断せずニュートラルな態度を保つ間は性格との関連が推定される。しかし経営者を疑ってかかる状態に至っては性格に関係のない懐疑が問題になる」と認めている。すなわち不正リスク検知後に至っては性格テスト（HPSS）の類は有効性を失うのである。

図表7-14　懐疑的判断と行動の前提および結果についてのモデル (Hurtt et al., 2013, 50, Figure1)

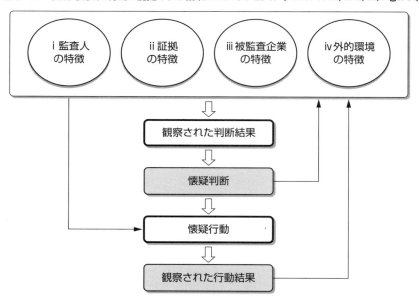

Hurtt et al.（2013, 50, Figure1）は「ⅰ監査人の特徴」に並行させて，図表7-14のように「ⅱ証拠の特徴」，「ⅲ被監査企業の特徴」，「ⅳ外的環境の特徴」の4次元を広範に見据えている。

図表7-14の概念モデルには監査人，証拠，被監査企業，外的環境の特徴を見る上で多次元モデルの優位性が見出せよう。しかし当該モデルは包括的観察を基にしており，しかるにミクロ視点に関して弱点を持っている可能性がある。

④懐疑判断の前提と先行研究例

以下はHurtt et al.（2013）が挙げた先行研究事例である。

図表7-15　懐疑的判断の要素および相関する先行研究者の例示（Hurtt et al., 2013）

懐疑判断の前提	左記ⅰ-ⅳ次元の要素	相関性ある監査判断に関わる先行研究事例の一部
ⅰ監査人の特徴	個人の性格	Farag and Ellias(2012)／Popova(2012)…
	経験と専門性	Loebbecke et al.(1989)／Payne and Ramsay(2005)…
	訓練	Peecher et al.(2010)／Plumlee et al.(2012)…
	動機づけ	Bazerman and Tenbrunsel(2011)／Rosman(2011)…
	モラル推論	Cohen et al.(2007)／Kerler and Killough(2009)…
	作用	Chung et al.(2008)／Robertson(2010)…
ⅱ証拠の特徴	確認と棄却	Trompeter and Wright(2010)／Fukukawa and Mock(2011)
	証拠源泉	Krishnamoorthy et al.(1999)／Kizirian et al.(2005)…
ⅲ被監査企業の特徴	経営者の誠実性	Kerler and Killough(2009)／Earley et al.(2008)…
	被監査企業の複雑性	Tucker et al.(2003)／Brewster(2012)…
	被監査企業の危険度	Farmer et al.(1987)／Quadackers et al.(2011)…
	被監査企業の選好性	McDaniel and Kinney(1995)／Earley et al.(2008)…
	交渉	Ng and Tan(2003)／Hatfield et al.(2010)…
	業界と監査法人との関係	（該当研究無し）
ⅳ外的環境の特徴	査閲者への説明責任	Turner(2001)／Peecher et al.(2010)…
	規制当局への説明責任	Hammersley et al.(2010)／Piercey(2011)…
	リスク査定の頻度	Lynch et al.(2009)／Cohen et al.(2012)…

〔*判断の前提 i − 監査人の特徴*〕監査人の性格に関してHurtt et al.（2013, 51）は，Farag and Elias（2012）ほかの視点を紹介する。曰く「懐疑的な監査人は過重監査をする傾向があり効率を損い易い。ところで将来の研究領域として関心が持たれるのは監査人の性格がキャリアにどう影響するかという点である。具体的には懐疑的性格の人がそうでない上司の下に配置されたならどうなるか。またその逆はどうか。このような分野を研究するためには監査法人から基礎データを入手する必要がある。部分的には行動科学研究が答えを導くだろう」。

〔*判断の前提 ii − 証拠の特徴*〕Hurtt et al.（2013, 57）は証拠と判断の関係を説明する成果は数少ないと指摘した上で，経営者のアサーションに関し，肯定型記述と否定型記述とのフレーミングの違いにより判断が影響を受けるとしたFukukawa and Mock（2011）[22]や，証拠源泉の評価の問題，さらに主観証拠対客観証拠の論点に関わる成果を挙げる。

〔*判断の前提 iii − 被監査企業の特徴*〕当該の判断次元に挙げられた事柄は経営陣の誠実性，複雑性，被監査企業の選好性，被監査企業の抱えるリスク，交渉術，属する業界と監査法人との関係などである。例えば性格は経験の解釈に作用する。またHPSSスコアの低い非懐疑的な監査人は不正を捉えるチャンスを逸しがちであると指摘された。

〔*判断の前提 iv − 外的環境の特徴*〕判断に関わる外的環境は監査法人内の査閲者と当局への説明責任，リスク査定の頻度，困難を伴うリスク評価の影響である。ハートらはPeecher et al.（2010）の研究を挙げ，「部下を非懐疑的方向にコーチするような暗黙のプレッシャーに晒されている監査マネジャーは自らが望む結果を出すことをスタッフに仕向けそれが伝播する傾向がある」と指摘する。そして特にリスク査定に関して注目すべきはCohen et al.（2012）の知見である。彼らは「監査人は細則主義の基準よりも原則主義の基準の下で保守的な判断を下すという結果を示した」（Hurtt et al., 2013, 63, 脚注 10, 抄訳）と言う。

⑤懐疑行動の前提と先行研究例

図表7-16においては懐疑行動に関わる先行研究成果の例を挙げる。ⅰからⅳの前提は図表7-15と同一である。しかし各次元に含まれる要素は全て入れ替えられている。例えば先の判断要素には独立性が含まれておらずそれは改めて行動要素として認識された。

〔*行動の前提ⅰ－監査人の特徴*〕ハートらは行動要素としての道徳的勇気の定義を試みたSerkerka and Bagozzi（2007）の成果，すなわち苛酷で敵対的な環境に置かれている場合でも道徳的な行動がとれる監査人の動機づけを紹介した。

〔*行動の前提ⅱ－証拠の特徴*〕Hurtt et al.（2013, 65）は例えば監査基準についてNg and Tan（2003）の成果，すなわち「監査人は自らの行動を支える明示的な監査基準がある時は被監査経営者に対し強い姿勢をとる。そうした監査基準が無い時は和合的な立場をとることが多い」という知見を紹介した。

図表7-16　懐疑行動の要素および先行研究者の例示（Hurtt et al., 2013）

懐疑行動の前提	左記ⅰ-ⅳ次元の要素	相関性ある監査行動に関わる先行研究事例の一部
ⅰ 監査人の特徴	道徳的勇気	Serkerka and Bagozzi（2007）／Hannah et al.（2011）…
	独立性	Tucker et al.（2003）／Menon and Williams（2004）…
	知識	Griffith et al.（2012）のみ
ⅱ 証拠の特徴	監査基準	Nelson et al.（2002）／Ng and Tan（2003）…
ⅲ 被監査企業の特徴	コーポレート・ガバナンス	Cohen et al.（2010）／Brown and Wright（2011）…
	リスクの特徴	Libby et al.（2006）／Quadackers et al.（2011）…
ⅳ 外的環境の特徴	監査法人の交代	Dopuch et al.（2001）／Bowlin et al.（2012）…
	法的責任	Kim et al.（2003）のみ
	懐疑的行動の誘因	Shaub and Lawrence（1999）／Brown and Johnstone（2009）…
	国際的論点	APB（2010）／Bik（2010）…

〔*行動の前提iii－被監査企業の特徴*〕Hurtt et al.（2013, 66）はガバナンス環境に関わり，「監査委員会が有効に機能していることを察知すると監査人は自信を持って強い立場を採り大規模な決算修正を申出る傾向がある」というBrown-Liburd and Wright（2011）の成果を紹介した。

〔*行動の前提iv－外的環境の特徴*〕これらの要素としては監査人の交代，法的責任，誘因，国際的論点が挙げられている。さらにHurtt et al.（2013, 70）は近年，英国監査実務審議会公表の討議資料（2010）が再び高品質の監査を求めたこと，さらに監査人の振舞いは文化的な違いに左右されると言うBik（2010）の成果をも紹介した。

(3) 職業専門家の懐疑心研究の方向性

2011年PCAOB統合プロジェクトからの要請に応えるべく近年の実証研究成果の止揚を試みたハートらは以下の旨を言う。

> 懐疑心は高品質な監査パフォーマンスのための基盤である。我々はネルソンの考え方に賛同して懐疑心が判断と行動に共に影響すると考えた。これまでは多くの研究者が監査判断の研究に傾斜していたが，SECとPCAOBは判断よりむしろ実際の行動に注目してきた。研究者と基準策定側とが共に関心を寄せている事柄の間にあるギャップについては将来の研究成果がそれを埋めなければならない。すなわち研究者にあっては判断に留まらず行動に直結する成果を出すことが期待されている（筆者注：本書6-6図表6-2「SAS第99号不正リスク査定のプロセス」視点に近似性）。
>
> SECとPCAOBはこれまで首尾一貫して現場での懐疑心不足を指摘してきた。懐疑心は如何に高揚させられるか。無意識界におけるバイアスが懐疑心水準を脅かすだろうが，しかし限定的な状況下では懐疑的性格の監査人はバイアスに抗らう力を持つ。
>
> 懐疑心についての研究は緒に就いたがしかし新たな疑問が今も数多く生み出されている。会計事務所は監査人が一層懐疑的になれる動機づけを報酬として与え

ることができるはずだ。すなわち効率を悪化させずに懐疑的な行動がとれる監査人に対して報いることができよう。PCAOBはその後ろ盾に控えることができる。

しかし被監査経営者の誠実性の問題についてはまだ認識や理解が十分とは言えない。規制当局は，経営者の誠実性についてもっと懐疑的になるよう監査人に求めるだけでなく，監査人が無意識に影響される可能性を認識すべきである。さらに監査人をそうした状況から護る方法をも考えるべきである（Hurtt. et al., 2013, 71-73, 抄訳）。

ハートらは，規制当局の思惑の下で懐疑心要請が強められてきた現状を承知している。そして今後は単なる制度の問題を超え，無意識界までを見通して規範が展開されるよう促している。

ハートらは多次元に亘る視点を伴って懐疑心の局面が耕されるべきとした。しかし，ミクロ視点にまで目を遣れば実証成果につき結論が良くあてはまるレレバンス・レンジを捨象し，観察結果の大枠を以って理解しているだろう点が懸念される。畢竟，常識や通念，経験則に馴染む教訓が得られたこととして成果の統合を急ぐ方法に無理がないかどうか。この先は研究成果に対する評価だけでなく，不良定義性から逃れられない懐疑心研究そのもののアプローチとその方法論の限界についても視点が確立されることが望まれよう。

監査理論構築上，懐疑心の問題は古くはMautz and Sharaf（1961）で俎上に上げられた。懐疑心研究それ自体これまで半世紀以上の歴史を有しながらハートらによる文献統合の試みは過去の重要な報告書について紙幅を割いてはいない。そもそも懐疑心というテーマが今この時代にあってなぜ，議論されなければならないのか。20世紀半ばに至るまで盛んに論じられてきた正当な注意義務や，1980年代以降焦点があてられるようになった監査の質の問題に立ち返ることはできないのか。そして，果たして効率性を維持しながら監査の質を向上させる方法はあるのか。ハートらの研究は多くの問いかけを引き出すがしかしそれは文献の分類や統合を試みたに止まり最終的な解答を与えてはいない。

結論すれば，懐疑心というテーマが脚光を浴びるのは市場監督者の政策があるからである。そして，パブリックの利益に資するベスト・プラクティスを追

求すべくSECとPCAOBが促す思考上のリーダーシップ発揮への期待が，意欲ある研究者を鼓舞している。さらに言えば人々の哲学アカデミズムに対する漠たる憧憬までが，当該テーマのポピュラリティーを支えてきた。

　懐疑主義が哲学上の想念であり，斯界においては依然として帰納推論パスの妥当性さえ議論されていることからすれば，会計プロフェッションは哲学界から一つのターミノロジーを借用することで安堵してはならない。否むしろ，監査規範は懐疑という語を放逐し，正当な注意の枠組みに立ち返るべきかもしれない。また他方，懐疑心たる語を規範の文脈に擁したままなお効率性をも追求しようとするのであれば，実務の障害にならぬように懐疑心が働く領域についてさらなるコンセンサスを得る必要がある。

　哲学が時を超えて苦悶してきたように，職業専門家の懐疑心研究も遥かな高みに向け歩を進めるか。あるいはひとつ合言葉の下で遭遇される現象を，雑駁な議論に陥るを覚悟の上で敷衍するか。監査研究の枠組みに置いた場合，一見したところ魅力的ではあるが濫用されがちな当該不朽のテーマについては，しかるべき態度を選択する時期に来ている。

（4）懐疑心研究の方向性に対する批判軸－独立性論点との断絶

　以上の省察からわかるよう懐疑心の概念モデルはなお未成熟である。他方で監査人独立性モデルは既に成熟感がある。

　監査人の独立性についてはShockley（1982）のモデル[23]が高く評価されている。本章最後にショクリーのモデル構造を省察しつつ，懐疑に相関する論点を整理したい。

　ショクリーの独立性モデルは，その元構想をGoldman and Barlev（1974）およびNichols and Price（1976）のモデルに遡ることができる。

　抑圧に耐えられる能力が高い程，監査人は独立性を維持できる可能性が高くなり，他者が知覚するであろう外観的独立性は高まる（作用c＋）。そして被監査企業にコンサルティング・サービスが供される場合には顧客にとっての監査人の価値が高まり（d＋），顧客が監査人に依存する度合いが高まる（e＋）。他

第7章 職業専門家の懐疑心の属性

図表7-17 「知覚された独立性の概念モデル」(Shockley, 1982) の理解と応用

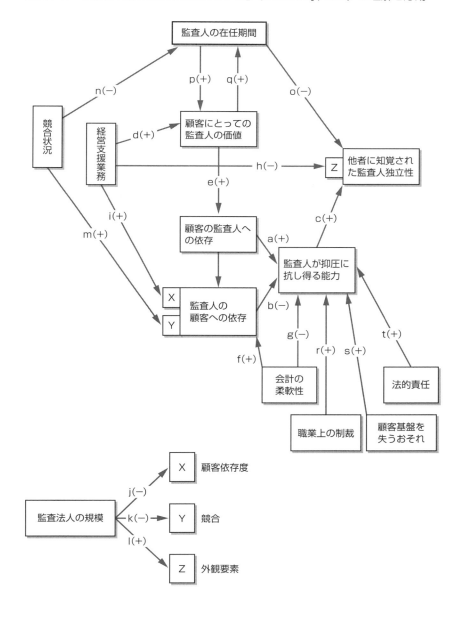

方で会計基準の柔軟性や選択幅が大きければ結果的に監査人が抑圧に晒される可能性が増し（g−），監査人が顧客に依存する度合いが高まる（f+）。このことは顧客の要望を受け入れて利益操作をも許すような監査人が好まれることを暗喩している。

また監査人の顧客への依存が高い程，監査人は顧客の我侭を聞かざるを得なくなり監査人が抑圧に耐える能力は低下（b−）する。逆に，顧客が監査人に依存する度合いが高ければ監査人が抑圧に抗する力が増す（a+）。例えば監査人がコンサルティング業務を供することで監査人が顧客企業の被雇用者になり，顧客の成功次第となる利害を有し結果的には自己監査せざるを得ない立場に置かれる。しかるに監査人がコンサルティング業務に携われば外見的独立性を失う（h−）可能性が高まる。実際，そうした業務に携わることで監査人は顧客に経済的に依存し始める（i+）。

他方で監査法人の規模に注目すれば，いわゆるビッグnプレミアムの如く監査法人が大きければ大きいほど独立性が損なわれるリスクは低くなる。なぜなら，監査法人の規模が大きくなれば相対的に特定顧客に対する依存度が低くなる（X）からである。小規模な事務所の場合には外観上，監査人とコンサルタントが同一人と見られる可能性が高まる（Z）し，そのような事務所は大規模事務所との競合で苦戦する（Y）。結果的に小規模な事務所は特定顧客への依存度を高めがちになる（m+）。

さらに，プロフェッション団体からの制裁は監査人が抑圧に耐える能力を高め（r+），顧客基盤を失うおそれが抑圧への耐性を高めることがある（s+）。また，正当な注意義務の履行に関わる法的責任の問題も監査人が抑圧に抗する力（t+）に関係する。

ショクリーの独立性モデルから得られる知見は，会計プロフェッションの経験や直観からすれば納得できるだろう。そして上記の独立性モデルは1980年代に主流となった研究，なかんずく会計事務所の規模が監査の質の代替測度であるとするDeAngelo（1981a）やPalmrose（1988）さらにLys and Watts（1994）らの実証研究成果とも併せ解されるところである。

ところでショクリーの独立性モデルにて懐疑心はあらゆる面で相関している。

例えば監査市場にて競争が激しくなると監査人の交代サイクルは短くなり（n－），結果的に監査人の外観的独立性が増す。しかるに本来，監査人の交代期間は短く維持されるのが良い。監査人と被監査経営陣との結びつきが監査人の独立性に悪影響を与え，長期に亘る関係性が心理的アンカリングを生じさせ，懐疑心の欠如に繋がるからである（o－）。

けだし監査人の在任期間が長くなり被監査経営者との関係が密になれば，顧客にとって監査人の価値は増す（p＋）。顧客は，御し易い馴染みの監査人を再任用するから概して監査人の在任期間は長くなる（q＋）。そのような状況は，時として監査人の価値をパブリックの利益に相反する形で高めてしまう。

図表7-17内ボックスの中核に位置している「監査人の顧客への依存」および「監査人が抑圧に抗し得る能力」こそは，懐疑のあり方なかんずく被監査経営者の誠実性をどう見るのかという点に関わり環境を規定する。そして監査人が抑圧に抗し得る能力は，Hurtt（2010）が扱う性格的懐疑と状態的懐疑とに共に相関性を持つ。性格懐疑的な監査人は懐疑心の保持を常とし，それ故に抑圧に抗える力が強い。他方で，性格上さほど懐疑的ではない監査人であっても懐疑心を発揮しそれを高揚せざるを得ない局面に至れば状態的懐疑を深めるだろう。

以上の如くショクリーによって展開された独立性概念モデルでは作用素と従属要素との関係が上手く表現されている。こうした精緻なモデルに比較すれば，先のネルソンやハートの懐疑心モデルは懐疑思考が働く識界を図示しているに過ぎない。

最終的に，懐疑心のモデル化は独立性をモデル化すること以上に困難と想像される。一つの理由は，懐疑心が独立性の，特に外観的独立性の問題よりも遥かに操作性を欠くからである。もう一つの理由は，古代ギリシャのピュロニズムのように懐疑が判断保留に繋がり，結果，何ら表見行動に現われない状況が考えられるからである。ハートらが指摘するよう，懐疑心に関わるミクロ監査学的な研究は緒についたばかりである。

● ── 注

1) 【『戦略システムレンズ』】当該書 *Auditing Organizations Through a Strategic-Systems Lens*（Bell et al., 1997）の序文にてはシステムという言葉の捉え方につき，「人がモザイクの一片を語っているのか，それとも財務諸表全体を問題視しているのかの点に関し，全体としての理解はシステムに対する見方にかかっている」と記されている。ところで本邦にては当該書に対する評価は定まっていない。本書題名上でシステムという語が冠されたが故に，日本では会計システムの印象が先んじて，本題が誤解されてはいないか。

2) 【戦略的監査と分析的手続】当該ブックレット表題に含まれる The Strategic Audits の方向性は，Rappaport（1980）の同名稿により啓示が与えられた。ラパポートにては特に分析的手続が戦略的監査にとって重要と主張された。分析的手続はその後 SAS 第56号により「誤謬，不正による欠落や虚偽表示の帰結としての異常な変動に気づくために会計データ相互間の意味ありげな関係を確立し見出す」の旨，説明されている。『戦略システム監査』ブックレットのホーリスティックでゲシュタルト的な視覚は，要素還元には拘泥せず，それ故分析的手続の意義と重なる。

3) 【フロイトの研究】「20世紀思想の巨大な転換の主軸」（下中，1971, 1230）とも称されるフロイト主義（Freudism）は，人間行動が無意識の影響を受けるという（1）心的決定論，行動の無意識的動機づけとしての（2）精神装置仮説，心因性欲説を中心とする（3）本能理論，そして葛藤，不安，防衛などを含む（4）パーソナリティー理論，を軸にして知られている。1930年代以降展開された新フロイト主義の下では特に「文化と社会への精神分析理論の拡大」が目指された（同，1231）。下条（2006, 196）によればフロイトの考える無意識は，「今，気づいている意識階層の下に努力やきっかけで意識可能な前意識部分，さらには抑圧されていて意識化困難な無意識部分」から成っている。

4) 【深層心理学】depth psychology とは「人間行動の理解のために無意識を重視する心理学のことであるが，精神分析学と同義に用いられることもある。より表層的な意識の部分と深層の無意識という精神の階層構造論の立場から，意識よりも無意識によって行動が左右されていると見る立場が深層心理学である」（中島ほか，1999, 449）。Colman（2006, 203）によれば深層心理学の研究はブルーラー［E. Bleurar, 1857-1939］が起点である。

5) 【監査一般基準と懐疑心】2001年12月 SAS 第95号「一般基準」の字面にては懐疑心は記述されていない。関連記載は General Standards 3. Due professional care is to be exercised in the performance in the audit and the preparation of the report の正当な注意義務である。ところが本邦監査基準にては一般基準の3.にて，「監査人は職業的専門家としての正当な注意を払い，懐疑心を保持して監査を行わなければならない」と記されている。米国監査基準にて懐疑心は正当な注意義務に包摂されているサブセット概念である。しかし日本基準の解釈にて懐疑心は正当な注意義務と併置される関係にあろう。

6) 【アッシュの同調実験】岡本（2001）参照のこと。岡本はこの分野のクラシックな研究として S.E. アッシュによる1951・56年の同調（conformity）実験を挙げている（Asch, S.E., Opinions and social pressure, *Scientific American*, Vol.193, No.5, 1955, 31-35）。『心理学辞典』（中島ほか，1999, 630-631）は，同調とは「集団内少数者が多数の圧力に屈した反応」であり「同調を促す要因としては集団凝集性が高いこと」があると説明している。なお Cialdini（2001, 訳書, 187）はウォルター・リップマンの言葉を象徴的に引用する。「皆が同じように考える時は誰も深く考えていない時である」と。

7) 【ゲシュタルト・イメージ】当該の概念図においては六角形フラクションの積み上げにより監査人心証の形態を表現した。形態心理学（gestalt psychology）の下では認知形態の知覚イメージが一瞬で崩壊するいわゆるゲシュタルト崩壊の現象が知られている。「シェルピンスキーの三角形」のごと

きゲシュタルト崩壊の効果とその意味については渡辺ほか（2002, 10）に詳しい。ところで形態心理学はウェルトハイマー［Wertheimer 1880-1943］を創始者として1910年代にドイツで勃興した。ゲシュタルトとは形態や姿を意味する語でありそれは要素に還元できない構造特性を意味する。『会計理論及び理論承認』（AAA, 1977；訳書, 1980, 99）はKuhn（1970, 150）を引用して次を言う。「パラダイム間の移行は一寸刻みに行われるということはありえない。ゲシュタルト・スイッチのように，それはすべて一度に起るか全然起らないかのどちらかである」と。

8）【新しい心証起点のアンカリング】ここでは「判断起点の漸次無意識修正機能」と表現しておきたい。Kahneman et al.（1982, 14）によればanchoringとはpeople make estimates by starting from an initial value that is adjusted to yield the final answer. … different starting points yield different estimates, which are biased toward the initial values と記述されるヒューリスティクスすなわち「直感的判断で人々が暗黙のうちに用いている簡便な方法」に内包されるバイアスである（下條, 2006, 59）。人は出会いの機会の増大に比例し親しくなると考える単純接触仮説はアンカリング構想との相性が良い。

9）【β（第2種の誤り）リスクとα（第1種の誤り）リスク】筆者はここでは統計学の常識的意味づけを前提にした。すなわち「本当は正しくないのにたまたま実際のデータが都合の良い結果になり真であると判断してしまう場合，これを第2種の誤りと言い，βで表す。これに対し本来は正しい仮説を偽と判断する誤りを第1種の誤りと言い，αはこのミスを犯す確率でもある」（郡山・和泉澤，1997, 178）。監査にては特にβリスクの余地の制御が課題になる。

10）【原則的懐疑開始のタイミング】原則的懐疑については監査エンゲージメントのいつの段階から被監査経営者を疑ってかかる必要があるのかを明瞭にしていない点が懸念される。すなわち典型的には懐疑心の「保持」から「発揮」へのステージ切り替えのタイミングの問題である。もしも不正リスク要素を検知した後に中立性から原則的懐疑にシフトするなら，ひとたび疑問が生じた場合にはあらゆる行動が採られるべきとするコーエン委員会の主張が今もあてはまる。他方でもしも契約や計画の策定段階から経営者を疑ってかかる姿勢が要請されるのであればそれは図表内のσリスクに近く，実務家感覚からは離れるだろう。

11）【ネルソンとハートの研究の共通視点】Hurtt（2010）は，「基準書や論文が懐疑心の問題を論じる時には中立性，原則的懐疑あるいはベイジアン統計に依拠するいずれかのスタンスを採り説明しようとしている」というNelson（2009）の見識を紹介している。

12）【監査研究界における哲学史視点の欠落】Hurtt（2010）は自著論文の中で，哲学文献からの応用をも期して関わる論調を紹介している。しかしそれらはもっぱらKurtz（1992）らの懐疑とプラグマティズムの効用を結びつける実利的方法でありピュロニズムやデカルト流の懐疑を遡ってはいない。

13）【ハートらの研究起点】SAS第99号の刊行は2002年であるにもかかわらずハートらはそれを1999年とする誤記載をしている。しかしながら1999年はPOBがオマリー・パネルを立ち上げた時期であるから厳格監査のための嚆矢が放たれた年として当該年を起点に見出すことはあながち不適切でなかろう。

14）【ハートらの参照文献数】Hurtt et al.（2013, References, 73-79）のレファレンス記載に対する筆者カウントによる。他方で同論文付録A（80-94）にては，「監査人の特徴（判断26稿・行動2稿）」，「証拠の特徴（判断3稿・行動無し）」，「被監査企業の特徴（判断8稿・行動無し）」，「外的環境の特徴（判断4稿・行動8稿）」各前提につき，合計51稿分の要約が付されている。

15）【ショブ＝ローレンスの1996年研究の被験者数】Shaub and Laurence（1996, 132）にてはビッグ6監査法人の一つの56事務所につきn=156，被験者の平均年齢は30歳で標準偏差は5.5，監査従事時

間のウェイトは89%とされた。

16) 【監査マネジャー・パートナーの懐疑心】前山（2012, 92）はその後の（Shaub and Laurence, 1999）の研究について、「スタッフ監査人は思考と行動の両面で有意に高い水準の懐疑心を示す。シニアの懐疑心はマネジャーとパートナーのそれと類似しているがいくつかのシナリオではスタッフ監査人と類似した水準を示す。マネジャーとパートナーは，監査人の独立性が脅かされるシナリオでは，シニアとスタッフ監査人よりも有意に低い水準の懐疑心が見出された」と紹介している。要するに会計事務所では上席者ほど懐疑心を軽んじているということである。

17) 【性格的懐疑】トレイト・スケプティシズム（trait skepticism）。それは状態的懐疑（state skepticism）に対置される見方であり個人の性格に根差した懐疑的態度である。Hurtt（2010, Figure 1）とNelson（2009, 5, Figure 1）は同様に，監査人の性格たる心的属性（trait）を要素の一部に見出して懐疑心のモデルを展開した。本邦2013（平成25）年「不正リスク対応基準」にても論点整理がなされた懐疑心の「保持」，「発揮」，「高揚」の3ステージに関わり，「性格的懐疑」は懐疑心の「保持」の背景に位置してその関わりが深い。

18) 【ウィスコンシン・テスト】Wisconsin General Test Approach（WGTA）。猿を被検体とし，ウィスコンシン大学ハーロー［H.F. Harlow 1905-1981］が進めた実験研究。ところで同大学は長らく心理学実験の拠点であり続けてきた。

19) 【判断保留】Hurtt et al.（2013, 50）が記すsuspension of judgmentはギリシャ古代懐疑論者の言うエポケ（希epokē）に根差している。それは，人にとって真理は認識できないから現象をそのまま受け取り判断を差し控えることが望ましいと考える方法であり，その語は古代ピュロン主義哲学の真髄を表す。AU230.09の文脈を手掛かりにしてHurtt（2010, 153）は，エポケたる判断保留を「十分な量の説得的な証拠の入手が可能になるまでは監査判断がされてはならない」旨で解釈している。

20) 【HPSSスケールの使用法】Hurtt（2010）は被検に際し全問5分以内で答えること。さらに設問1, 10, 11, 16, 17, 19, 25, 26は他の設問とは逆に非懐疑の程度を聞くものとなっていること（当該8項目の設問については7から被検値を差し引けば他の設問結果と合算できる値が求まる）と注している。なお図表内の懐疑心特徴要素の6分類は筆者が記したものでありオリジナルの質問票の上には示されていない。またNelson（2009, 11）は，（ハート自身が認めていることであるが）「HPSSの2回目被険にては値が低下する傾向があり，かつ質問項目それぞれについての結果のばらつきが激しい」と指摘する。

21) 【ハート研究の被験者数】Hurtt（2010, 162, Table 3）にてはn値=200，監査経験の平均58.2ヵ月で標準偏差24，平均年齢28.3歳，標準偏差3.2，大卒者162名，大学院了37名，有資格者179名，その他8名を対象。本研究も，調査対象は先のShaub and Lawrenceの研究と同様に小規模でかつ被験者は若手中心であった。

22) 【アサーションの記述形態と監査判断への影響】前山（2012, 93）は「主張を肯定的に記述するよりも否定的に記述する方が，監査人の懐疑的行動をもたらすのではないかとの想定の下に実験を行い，その結果は，主張の枠組みが職業的懐疑心に有意に影響することを見出した」と解釈する。

23) 【ショクリーの独立性モデルに関連する先行研究】当該独立性モデル（Shockley, 1982, 133）に関しては既に弥永（2002, 11-14）が解説を加えている。弥永は図表（相互作用Y, Zが頭に係る）ボックス内にて該当箇所を「顧客の監査人への依存」と記しているが，Gray and Manson（2008, 67）にては，同ボックス（のうち下側）は逆に，「監査人の，顧客への依存」（Dependence of auditor on client）と意味されている。さらに弥永の示す相互作用Y, Zは，グレイ＝マンソンを参照する限り，相互作用X, Yかと察することができる。

第8章
まとめと展望

「知の探求；哲学者らは懐疑主義の本質に迫るために知の普遍的な探究に臨んできた。しかしながらマウツ=シャラフの書は事実上，一般的な意味の好奇心の重要性をみるに留まったのである」

(Nelson, 2009, 抄訳)

1. 現代監査の哲学的基盤

　古代ギリシャ時代，懐疑主義はソクラテスの探究の精神に鼓舞されて始まった。しかし，プラトンが創設したアカデメイアにあっても賢者の問答は収束せず，結果，懐疑の果てにピュロニストらは判断を保留した。その後の人類文化史にあって人々はローマ帝国の栄華を経験し，しかし帝国の終焉と共に自由闊達な精神は闇に閉じ込められる。そして，その後はキリスト教教会が振りかざす権威の下，懐疑思潮はおよそ千年あまりもの間，息を潜める。

　教義に抗うかのようにデカルトは一切の先入観の排除に努めた。真理に接近するため，デカルトは万事一切を疑う絶対的懐疑論に立脚した。信念が知識たり得るのは，あらゆる懐疑に対して，最も誇張された懐疑に対してすら耐性があるときにかぎられる。17世紀デカルトはそのような厳格な信念世界を論じていた。

　他方でアリストテレス由来のタブラ・ラーサ思想は，17世紀英国のロックの啓蒙活動によって勢いを得，近代市民社会に浸透していく。そして18世紀スコットランドのヒュームにより，ア・ポステリオリ推論の経路までが疑われ始める。

　近代思潮を切り開いたロックとヒュームの態度は，しかしデカルト流の絶対的懐疑とは袂を別つ。ロックとヒュームは知識獲得のための挑戦に寛容だった。ヒューム派の懐疑主義は新たな経験を得ることに積極的で，たとえ真の知識獲得が不可能でもそれに近づこうとする態度を美徳とみた。

　果たして20世紀哲学思潮の様相についてはどうだったか。大戦後のアメリカ社会は反共主義に覆われ，多元主義の価値観に基づいて様々な文化を推進させていく。豊かさはゴールデン・エイジの名の下の大量消費に結びついた。会計プロフェッションはエスタブリッシュメントの傍に身を置いて膨張する資本主義を支えた。しかし1960年代以降，ベトナム戦争の行き詰まりにつれて次々と企業不正が発覚する。遂には，それまでは軽視されていたパブリックを意識する空気が様々な社会運動と結びつき，斯界では改革派のリーダーが監査人に懐疑心を求め始める。そしてその後は哲学プロパーの議論からは切り離され，プロフェッショナル・スケプティシズムというテーマが確立されるのである。

そうした経緯を伴うが故，監査研究にあっては哲学的懐疑主義を埒外と見ることもできる。実際，先述のハートらを初めとし，目下，米国にて展開されている懐疑心研究の多くは哲学の系譜を捨象してしまっている。この期に至って懐疑思潮の源流は無視され，斯界にあっては哲学の残骸だけが利用されることとなった。しかし21世紀，監査人の内観を意識したBell et al.（2005）は知識と正当化可能な心証との違いに注意を向ける。そのことによりパンドラの箱は開かれたのかもしれない。

　すなわち職業専門家の懐疑心について，ベルらの書は哲学メタ水準までを標榜した。しかるに監査研究界が今後，隣接諸科学の知見をも利用し，監査規範のスコープが膨張していく可能性は必然と察することができる。

　知識と正当化可能な心証についてグレコは次のように言う。「現代の分析的認識論の下，真の知識の獲得は不可能であるとされた。しかしそれでもなお正当化可能な心証に近づこうとする議論が展開された。そうした議論にあっては結論をどのように受け容れるかではなく，むしろそこでの思考の態様が示唆している事柄にこそ気づくべきなのである」と（Greco, 2008, 9, 抄訳）。そうした見識は，最終的には，普遍的に認められた唯一の基礎的会計理論は存在していないことと判断した『会計理論および理論承認』の見識に通じるところでもある（AAA, 1979, 1）。

　現代哲学者らは，実証のための試金石をウィトゲンシュタインの検証可能性に見出していた。そこにおいては命題の意味は検証方法そのものであり，それ故，検証可能性を持たない言明には価値がないとされてきた。現代哲学者らは多く，曖昧さの排除を目指したのである。そしてカルナップ，ウィトゲンシュタイン，さらにラッセルらにより，意味と基準の定式化，さらには意味の含蓄をもデータ化しようとする無謀な挑戦が繰り返される。

　現代哲学思潮は20世紀会計学の金字塔たるPaton and Littleton（1940）さらにMautz and Sharaf（1961）にも影響を与えた。しかし，科学が会計・監査の概念形成プロセスを支配するには至らない。なぜか。価値探究の態度と科学性の追求とが並立し得ず，また科学が価値を論じる余地を容赦しなかったからである。

2. 実用主義と懐疑との相克

20世紀の戦間期，欧州思想家の多くは迫害を逃れて渡米した[1]。米国にてジェームズ以来その立場が確立された実用主義は，優秀な頭脳を得て一層その資質を開花させる。

実用主義の発展に関わり碩学の1人は次を言う。「アメリカはその歴史の新しさの面でもその発展の経過と早さの面でも極めて特異な性格を持っている。アメリカは南北戦争の終結とともに近代的資本主義国家としてその歩を踏み出す。それまではイギリスを初めとする伝統的思想が支配的であったアメリカに，1870年代以降，真にアメリカ独自の思想が生まれる。これがプラグマティズムと呼ばれる思想である。プラグマティズムはアメリカの風土の上に生まれ成長した思想であり，自身の力を頼りに広い荒野で困難を克服し開拓したアメリカ人の思想であってこの意味ではアメリカと切り離して考えることができない。反形而上学的性格を包摂したパース以来のプラグマティズムはイギリス経験論と功利主義の伝統を継承する」（小倉, 1972, 202-203, 修正）。彼の地にあって理論の真実性は結果の実用性次第となった。言わば，マウツらの採ったスタンスそのものである。

3. 米国現代監査史の半世紀を省みて

以下これまで本書にて展開した筋の要約と整理である。

1929年10月の株価大暴落により財務諸表監査のニーズは強く認識され始める。ルーズベルト大統領の新規捲き直し政策（The New Deal）の下，1933・1934年両証券法が施行され，爾来，上場企業監査が義務化される。

証券市場の立て直しを期してその後はニューヨーク証券取引所とAIA証券取引所特別委員会が協力関係を築く。他方で，最高裁判所がウルトラマーレス[Ultramares Co. v. Touche et al. 1924-1930]事件に対し下した判決により，会計プロフェッション界はいやがおうにも，徐々に，パブリックに対する責任問題

を視野に収めざるを得なくなる。

　1938年発覚のマケソン・ロビンス社事件に対する反省と共に，1939年10月，ブロード率いる監査手続委員会が監査手続書第1号を公表する。当該第1号は監査手続拡張の必要性を主張したが，しかしそれは会計プロフェッションの責任論には踏み込まなかった。

　SAP第1号からSAP第24号までをまとめた1951年監査手続書総覧は，経営者不正の問題をまともに取り上げてはいなかった。米国にては公民権法さえ施行されていなかった20世紀半ば，プロフェッション界はしかるべくパブリックの期待値を認識してはいなかった。そのような時代，伝説的な経営者らを前にして経営者の誠実性を疑う会計プロフェッションの懐疑心というテーマが存在し得るはずがない。

　イリノイ大学にてリトルトンの薫陶を受けたマウツらは監査証拠に関わる研究に邁進し，成果は1961年の書に結実する（Mautz and Sharaf, 1961, 序記載）。しかし会計プロフェッション界はその後，嵐の時代を迎えることとなり，1966年コンチネンタル・ベンディング・マシン社事件，1970年ペン・セントラル鉄道，1973年エクイティ・ファンディング社破産事件など，大きなスキャンダルが続く。

　先んじてマウツらが検討していた懐疑主義導入のメリットは，プロフェッション界の態度と社会的期待との間に存するギャップを問題視したコーエンらによって，1970年代に入り体系的に検討されるところとなる。しかしながらその期に及んでも監査基準書は守りの姿勢を崩さない。コーエン委員会報告書を標榜し（Cohen Commission, 1978），SAS第16号は懐疑という語を斯界で初めて用いたが，それとて監査人責任を積極的に拡大するものではなかった。

　時は1980年代，レーガン政権下にてひとたび会計プロフェッション界に対するモニタリングが緩められる。しかし，地球規模のダイナミズムに目を遣れば冷戦が終焉し，ベルリンの壁が崩壊する。連邦議会下院にてはディンゲル議員らが改革に向けて積極的に動き始め，結果は，1988年に期待ギャップ監査基準書群の刊行へと繋がる。

　懐疑心への期待は，1988年SAS第53号を手始めにして監査基準書内に包摂さ

図表8-1 懐疑的判断の要素および相関する先行研究の例示

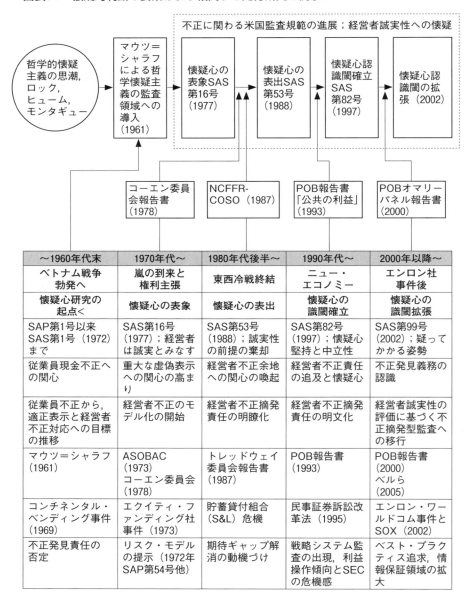

れる。しかしながらもなお時を要し，1993年に至ってPOB特別報告書が刊行される時点まで，懐疑心は単なる御題目に過ぎなかった（POB, 1993）[2]。

民主党クリントン政権下，レビット率いるSECは2000年オマリー・パネル報告書を介し，不正リスクが検出される局面では経営者の誠実性を疑ってかかるよう監査人に求めた（POB, 2000）。しかしながら時既に遅し。2001年12月にエンロン社が破綻する。皮肉なことにレビットの遺産は，彼がSECを離れた9ヵ月後，エンロン社の破綻により永遠の輝きを放つこととなる。

その後はPOBの自主解散，さらには企業改革法の制定が続く。市場監督者は攻勢を強め，プロフェッション界と産業界を微塵も信じないという意志表示であるかのように，「公開会社会計監視のための審査会」たるPCAOBが設置される。1970年代にモス・メトカーフ両小委員会が目指したプロフェッション（Moss Subcommittee, 1976; Metcalf Subcommittee, 1977）を性悪視するに至る厳しい環境は，四半世紀の時をかけてようやく，2002年に実現した。

以上，懐疑心たるテーマに関わる象徴的な出来事を一表にすれば，図表8-1の如くであろう。

Root（1998, 92）は，嵐の1970年代を挟む腐敗インシデントの典型としてウォーターゲート事件[3]，スリーマイル島事件，ベトナム戦争，貯蓄貸付組合危機を挙げる。しかしその後は米国民の意識が高まり，環境関連法の整備，1970年RICO法，1977年海外不正支払防止法の制定，そして世界は冷戦の終焉を迎えた。不正摘発型の監査規範の展開は，それら地球規模にてみられるうねりと共振性を有している。監査規範の実質と性格を解釈する上でも，グローバル規模の歴史展望[4]を持たずしてその意味や本質を見抜くことは困難だろう。

4．プロフェッションの内なる相克と今後の展望－「21世紀の公開会社監査」

> 「考え方を慎重にかつ揺るぎなく改訂してゆくこと，そしていろいろなやり方を辛抱強く試みもし，また革めてもゆくことが，いつの場合にも必ず必要なのである」
> （Littleton, 1933; 訳書, 1952, 序文『リトルトン会計発達史』）

ところで本邦国内にては懐疑心はいかに考えられてきたのか。実務視点に関

わっては次のようなコメントに注目される。すなわち「監査上の懐疑心はあくまでも一定の専門的な知見を前提にした上での合理性ある疑いを想定している」,「疑う心を過度に強調することは単なる不安のみを引き起こす」,「合理性が無く根拠も無い,情緒的な猜疑心が監査上生じてしまったのでは極めて大きな問題となる」,「監査にとっては限られた資源の最適な投入が重要な点であり,特に監査費用が社会コストであることを考えた場合これは考慮すべき大切なポイントと考えられる」,「公共財である監査の提供が,その目的を果した上でしかも効率的に行われるということは重要な要件である」,「監査事務所としては懐疑心を高めると同時に,その疑いの合理性を高めることにも努めなければならない」と(梶川,2015, 104)。

懐疑心の問題を合理性の限りで考える態度は実務界の常識である。そのために本邦では穏やかで健全な懐疑心の保持が勧められ,経営陣の誠実性を見る上では中立性が重視されている。そうした状況から察するに,国内では今なお,プラグマティックなコーエン委員会報告書の価値が再評価されてしかるべきだろう。

しかし厳格監査止む無しとなった21世紀の米国では,Bell et al. (2005) の書が主張するように,監査人は自らに対して先制的に自己批判をしなければならない。ベルらが会計プロフェッションに期待するところは結局,プロフェッショナルが自らを徹底的にメタ視する,内向的懐疑心の実践である。

実際,期待ギャップ監査基準書群の刊行から四半世紀あまりの間に,米国では1993年「POB特別報告書」により「不正発見のために懐疑心の感度を高め」(POB, 1993),1997年『戦略システムレンズ』の書により「全体視点から環境を理解し」(Bell et al., 1997),さらに2000年「オマリー・パネル報告書」により「経営者を疑ってかかる姿勢を維持し」(POB, 2000),2005年『21世紀の公開会社監査』により「先んじて自らの内面を批判する」こと,すなわち懐疑心識域の心理内面における拡張が求められた (Bell et al., 2005)。

ところで図表8-2はベルらが掲げた心理正当化サイクルの表象面である。事前の期待と結果とを比較することにより不一致の程度が認識され,監査人はその都度,信念を改訂することとなる。そして,正当化が不十分である限りは延々

図表8-2 証拠正当化のサイクル（Bell et al., 2005, 23, Figure 3.2）

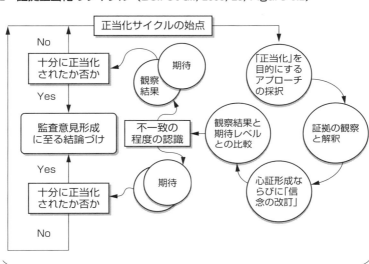

とリスク評価が続けられる。すなわち本図表により，必要な手続を採用し，実行し，証拠を評価し，正当化[5]の程度を意識し，その後信念の改定に至るサイクルが示されている。

　しかし，正当化についての哲学プロパーの見方はなお一層厳しい。バンジョー＝ソウザ曰く，「知識の必要条件の一つはある信念が少なくとも先に輪郭を描いたような意味で，つまりその信念が真である，あるいは真らしいと考える理由や基盤が存在するという意味で，十分な程度の認識的正当化を持つ事である。この点については普遍的にとは言わないまでも一般的な同意が得られている。しかし十分な程度とはどの程度の正当化なのか」。「そこに含まれるのは数学や論理学の単純な命題と，そしておそらく自分自身の私的な感覚および内省的経験についての単純な主張といったものに限られるだろう」（BonJour and Sosa, 2003; 訳書, 2006, 21)。すなわち十分な正当化という表現に託されたその十分性の見極めに際しては，誰もが私観に拠らざるを得ない。

かかる状況を冷徹に観察するためには，クラレンス・ルイス［C.I. Lewis 1883-1964］の様相論理学（modal logic）の承継者であり，『基礎的監査概念』（AAA, 1973）とBell et al.（2005）が共に引用し依拠している現代哲学の泰斗ロデリック・M・チザム［R.M. Chisholm 1916-1999］の所論を理解しておく必要がある。なぜならチザムこそは知識とは正当化された真なる信念であるとみなす古代ギリシャ由来の「プラトン式」を，ポスト・マウツ＝シャラフの時代において敷衍しようとした唯一人の哲学思潮家だからである。チザムは曖昧さを排除しようとする分析哲学のネガとなる要素還元的なアプローチが包摂する欠陥を指摘し，他方で日常的直観の汎用性を擁護した。監査研究者がチザムに学ぶことで，言語分析を介した物心二元論，すなわちブレンターノのテーゼ[6]由来の「外在主義への反論」，ないしは「入れ子（入籠）構造志向主義」のあり方にまで考えおよび，その上で懐疑主義の永遠の踊り場たる，判断の保留に至るのが穏当な方法であろう。なんとなればこの領域におけるチザムの試みの変遷を追うことは，単なる合理的な信念に対立し得る知識であるために，十分な正当化の程度と呼ぶべきを特定することはできないこと，そしておそらくそのような程度は存在しないことを納得するための最も良い方法だろう。この類の思考基盤を供してくれている哲学にあっては，正当化を指向するプロセスには出口が無く，しかるに直観を尊ぶべき現実を認めようとしているのである。

　既に哲学界にてはそうした諦観に至っているにも関わらず，ベルらは甚だ無謀にも，正当化プロセスを追究する上での宿痾を研究の俎上に上げた。しかし彼らは何が正当化の程度に影響を与えて価値の峻別を可能ならしめるのか，そのことに関わるガイドを供しなかった。つまるところBell et al.（2005）は内向的懐疑心の究明を将来の研究者に委ねたのである。現実にはベルらの書から発想を得てもなお，監査人が自分を内観した上で何にどこまで懐疑的であるべきかはわからない。

　以下，懐疑論の輪郭に関わり，哲学プロパーの言を引用して結びへと繋げたい。
「晩年のウィトゲンシュタインの確実性の問題における考察を例にとってみよ

まとめと展望 第8章

う。証拠を基礎づけて正当化する営みはどこかで終わる。しかし，ある命題が端的に真として直感されることがその終点ではない。すなわち言語ゲームの根底になっているのは，ある種の知覚ではなく我々が営む行為こそそれなのである。ウィトゲンシュタインによれば我々が依拠する枠組みは〈河床〉であり，我々の行為や思考の前提，基盤としての位置にある。しかし我々と枠組みとの関係は認知的ではなく，枠組みは命題知・対象知ではない。それらは実践そのものであって真でも偽でもない。したがってそれらのさらなる正当化を求め，我々が依拠する枠組みが真でないかもしれないというような懐疑論を導出するのは不適切である。ウィトゲンシュタインによる懐疑論の解消はこのように解釈することができるであろう」（久米, 2005, 3) と。

ウィトゲンシュタインは幼少期より，自らが真に学ぶべきはラテン語と数学だけだと確信していた。20世紀後半の会計・監査界は，そのウィトゲンシュタインから検証可能性という解題を譲り受けた。他方で，最適解の追求上は実用性を重んじるべき監査界が，ウィトゲンシュタインが解消すべく励んでいた懐

図表8-3　職業専門家の懐疑心の局面相互関係

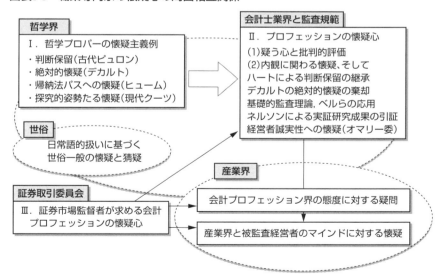

199

疑論を掲げていては矛盾を抱える。

　すなわち規範の文脈を構築しようとする上では，分析哲学を背にした言語ゲームに興じながら他方で懐疑心を求めんとする態度に無理はないか。そこに垣間見える統合失調的な症状[7]は，科学性を希求しつつ哲学の探究性をも備え，さらには各界の利益までを巧みに調整しようとする企ての不条理が生むカオスである。

　図表8-3は，会計プロフェッションさらには市場監督者の思考の届く限りにあってそこにおける懐疑の関係性を筆者が一考したものである。それぞれに見通せる漠然とした景色は既に本書内で論じてきた。懐疑心という語の周辺にあっては不用意にも様々な立場がとられ，過度な期待と思い込みが蔓延っていることに気づかれよう。

　本書の執筆を終えるに当たり，懐疑心の問題を包摂した監査規範が抱える相克状況を，筆者が昔日に親しんだ経営学書に記された或る表現を借りて記しておきたい。

　　　サイモン（H.A. Simon）は，クーンツ（H. Koontz）による経営管理論の〈意味論のジャングル〉に反対して，次のようなシュールリアリストの，ある詩を詠った。

　　　　　　それらは全く奇妙な樹木に違いない．
　　　　　　そこでは，巨大な象たちが，
　　　　　　お互いにどすんとぶつかり合うことなく，
　　　　　　お互いにどすんとぶつかり合うことなく，
　　　　　　お互いにどすんとぶつかり合うことなく，
　　　　　　歩いて行く．

（鈴木，1976年）

まとめと展望 第8章

● ── 注

1）【亡命した思想家】例えばウィーン生まれのポパーはヒトラーのオーストリア併合前後にニュージーランドに亡命している。ポパー自身は「第一次大戦勃発の年に自分は12歳だった。その後も戦争は自身の知的展開に決定的に影響した」（Popper, 1974, 1992, 9, 抄訳）と言う。ドイツ系ユダヤ人P.F.ドラッカーも1939年に米国へ移住した。ドラッカーの意識の根源は「世界大戦の谷間という人心が荒廃した大恐慌最中の欧州にあって，社会的存在としての人の幸せをいかに実現するかにあった」（Drucker and Maciariello, 2006; 訳書, 2008, vii）と伝えられる。

2）【懐疑心という御題目】千代田は「なぜAICPAがコーエン委員会勧告を拒否したのか。おそらく当時の会計プロフェッションの対経営者観にとってはコーエン委員会の勧告は厳しすぎるものであったのだろう。（中略）結果として懐疑心という言葉は御題目の観を呈していたと思われる」（千代田・鳥羽, 2011, 45）と言う。また八田・町田（2013, 283）は関わりある文脈にて「お念仏」という表現も用いている。「掛け声」として始まった懐疑心は実のところ今でも「御題目」や「御念仏」に留まっているのかもしれない。

3）【腐敗インシデントたるウォーターゲート事件】1972年6月17日に発覚したスキャンダルである。大統領選挙予備選にて共和党ニクソン大統領［R.N. Nixon 第37代大統領1969-1974 辞任］再選委員会の警備主任が犯行に加わっていた民主党本部ビルに対する盗聴事件のこと。結果は特別検査官の解任，司法長官および次官の辞任，弾劾によるニクソン大統領の辞任に至る。そのタイミングは1970年6月ペン・セントラル鉄道会社の破産法申請の2年後かつエクイティ・ファンディング社事件発覚の前年であり，当時SECにあってはバートンが主任会計官を務め，各界至る所で不正摘発の狼煙が上がっていた。

4）【会計・監査と歴史展望】リトルトンの名著『会計発達史』序文に曰く「人は教養を積んである水準に達するとこれまで自分が歴史と呼んできた事件が単なる出来事ではなくして過去に繋がる事柄の結果であるということをはじめて悟るようになる。学生であれ，社会人であれ，人は早晩この理解に達するものであろうが，これがわかってくるまでは歴史の持つ真の意義を掴み得ない」（Littleton, 1933; 訳書, 1952, 1）。マウツとシャラフも，リトルトンからその旨を啓示されたことであろう。

5）【認識的正当化の理論】当該思考を解するためにはチザムの『知識の理論』第2章の「認識的正当化」の理解が前提にされる（Chisholm, 1989; 訳書, 2003）。チザムは同章にて認識的な位階秩序を細分して次の如く認識している（同; 訳書, 40）。すなわち「6；確実なもの」，「5；明白なもの」，「4；明証的なもの」，「3；合理的に疑い得ないもの」，「2；認識的に危険を脱しているもの」，「1；確からしいもの」，「0；均衡」，「－1；偽であることが確からしいもの」，「－2；信じないことが危険を脱しているもの」，「－3；信じないことが合理的であるもの」，「－4；明証的に偽であるもの」，「－5；明白に偽であるもの」，「－6；確実に偽であるもの」の13段階である。

6）【ブレンターノのテーゼ】チザムは「精神現象に関する言語用法と物質現象に関する言語用法との差に着眼した物心二元論」を自らのテーゼとしたが，それはブレンターノ［F. Brentano 1838-1917］からフッサール［E. Husserl 1859-1938］へ継承された現象学（phenomenology）の影響を受けている。ブレンターノのテーゼにて，「哲学の真の方法は経験的方法たるべく，かつその方法は内観および表現による直接内経験の記述である」（下中, 1971, 1229, 修正）。ブレンターノは心的作用の志向的関係を考察することにより記述的心理学の分野を確立した。

7）【規範の統合失調性】会計史に関わりある統合失調的（schizophrenic）側面を論じた研究に，所論に「ジキルとハイド」の副題を与えているドゥゴ（Degos, 2010）の文献があり興味深い。

資料

「われわれは,現在のところ,ただひとつの普遍的に認められた基礎的会計理論というものの存在を確かめることができない」
　　　　　　　　　（AAA, 1977; 染谷恭次郎訳, 1980, 訳者あとがき）

1．1990年代米国におけるビッグ5監査法人報酬要素内容の変遷

　1990年代の10年間でビッグ5監査法人の収益構成は以下のように変化した。「収益構成は著しくコンサルティング業務に移った。上場企業の監査顧客について，会計監査収入は，コンサルティング収入対比で，1990年からの10年間で，約6対1から約1.5対1に落ち込んだ」(POB, 2000; 訳書, 2001, 5.13, 修正)。

	1990年		1999年	
	全顧客	SEC監査 (SECPS) 顧客	全顧客	SEC監査 (SECPS) 顧客
会計監査	53%	71%	34%	48%
税務	27%	17%	22%	20%
コンサルティング	20%	12%	44%	32%
合計	100%	100%	100%	100%

2．1990年代米国における大卒初任給の業界別変遷

　Albrecht and Sack (2000) の書は，1990年度対1999年度の大卒初任給の業種別増加比率を以下ように伝える。1990年代コンサルティング業界の興隆の一端が伺える。

業　種	1990年度初任給	1999年度初任給	増加率
会計および監査	$26,400	$34,500	31%
投資銀行業	$29,100	$37,100	27%
ファイナンス関連	$26,700	$36,100	35%
IT関連	$29,100	$41,400	42%
コンサルティング	$28,700	$42,600	48%

資　料

3. 米国証券取引委員会　歴代委員長名

　米国証券取引委員会（SEC）は大統領に指名された委員5名から構成される。中立性を守るため，同一政党に属する人を3名を超えて選出してはならない。SEC委員長の任期は原則的には5年である。

　初代SEC委員長に任命された人物はジョン・F・ケネディの父親のジョセフ・P・ケネディであった。逸話によれば「ジョセフ自身がインサイダー取引などの手口を駆使して大富豪に成りあがった人物であったためにこの人事には反発が強かった。しかしルーズベルトは狼を捕らえるためには狼を使う。彼なら取引のからくりを何でも知っていると発言した」（「産経抄」『産経新聞』2008年9月12日）。さらにジョセフ・P・ケネディについては「株で何百万ドルもの財をなしてSECのトップにまで上り詰め，後には息子を大統領に仕立て上げて政界に一大王朝を築き上げるほどの才覚を持ち合わせていたケネディだが，会計については会計士に勝てるほどの切れ者ではなかった」という人物評が伝えられている（Brewster, 2003, 訳書; 2004, 129）。

SEC歴代委員長名および括弧内主任会計官名		任期年限	年数
初　代	Josepf P. Kennedy, Sr.	1934-1935	2年
第2代	James M. Landis	1935-1937	3年
第3代	William O. Douglas（1938年5月まで主任会計官ブロー）	1937-1939	3年
第4代	Jerome Frank	1939-1941	3年
第5代	Edward C. Eicher	1941-1942	2年
第6代	Ganson Purcell	1942-1946	5年
第7代	James C. Caffrey	1946-1947	2年
第8代	Edmond M. Hanrahan	1948-1949	2年
第9代	Harry A. Mcdonald	1949-1952	3年
第10代	Donald C. Cook	1952-1953	2年
第11代	Ralph H. Demmler	1953-1955	3年
第12代	J. Sinclair Armstrong	1955-1957	3年
第13代	Edward N. Gadsby	1957-1961	4年
第14代	William L. Cary	1961-1964	4年
第15代	Manuel F. Cohen	1964-1969	5年
第16代	Hamer H. Budge	1969-1971	3年
第17代	William J. Casey（主任会計官バートン）	1971-1973	3年
第18代	G. Bradford Cook（同上）	1973-1973	1年

第19代	Ray Garrett, Jr.（同上）（SEC調査・執行部長スポーキン）	1973-1975	3年
第20代	Roderick M. Hills（同上）	1975-1977	3年
第21代	Harold M. Williams（主任会計官サンプソン）	1977-1981	5年
第22代	John S.R. Shad	1981-1987	8年
第23代	David SturtevantRuder	1987-1989	3年
第24代	Richard C. Breeden（1993年主任会計官シュエツ）	1989-1993	4年
第25代	Arthur Levitt（主任会計官サットンおよびターナー）	1993-2001	9年
第26代	Harvey Pitt	2001-2003	3年
第27代	William H. Donaldson	2003-2005	3年
第28代	Christopher Cox	2005-2009	5年
第29代	Mary Schapiro	2009-2012	4年
第30代	Elisse B. Walter	2012-2013	2年
第31代	Mary Jo White	2013-2017	5年
第32代	Michael S. Piwowar	2017-現在	

資　料

補遺（転載）「被監査経営者の不誠実性」
－SEC委員長宛エンロン社元会長からの書簡

　以下は，エンロン社会長兼最高経営責任者であったケネス・レイ［K. Ray 1942-2006］から2001年12月同社破綻の数ヵ月前にアーサー・レビット宛てに送られた書簡（Levitt, 2002, 299-300; 訳書, 2003, 378-379, 修正）である。経営者を疑ってかかるマインドへの移行が求められた背景にある象徴的な証拠であろう。本書簡ではエンロン社のレイが，外部監査人が請け負う内部監査サービスが制限されることをなんとか阻止しようとしていたことが読み取れる。

　レイは2002年にFBIにより起訴されその後50万ドルの保釈金を支払い保釈されたが，2006年5月に禁固40年となる有罪判決を受けた。レイは2006年に心臓発作を起こして死去した。

アーサー・レビットSEC委員長殿

　エンロンを代表しましてこの機会に監査人の独立性に関する規則について意見を述べさせていただきたいと思います。エンロンはエネルギーおよびブロードバンド事業をグローバルに展開する多角企業であり，企業家精神あふれる独自の経営哲学と新興市場における新しい価値創造に誇りを持っています。

　ここ数年，エンロンは会計事務所の専門性と経験を活用して社内の全般的な統制環境を整えてきました。監査人がエンロンに提供する業務は，伝統的な財務諸表に関連する作業にとどまらず重要な内部統制評価にまで拡大されています。こうした仕組みにより，経営幹部と監査委員会には良質で包括的な報告書が提出されています。さらに，エンロンの事業のリスクと複雑さ，そして企業が現在置かれているダイナミックな経営環境を考えればこうした内部統制環境の整備は投資家にとっても貴重なものであると信じます。

　エンロンが監査人と結んだ契約はエンロン社内で行われていた作業の相当部分を移し替えるものではありますが，エンロンの経営者は継続して適切な監査計画を立て，結果を評価し，全般的な監視と監督責任を遂行するという内容となっています。エンロンの経営者と監査委員会は，内部統制制度の充実，経営監視の独立性に責任を持ってあたるよう細心の注意を払っています。

SECの提案のままでは監査人による「特定の内部監査サービス」の実施を妨げることとなります。不適切とされている活動はあまりに広範囲にわたります。したがって，現在，エンロンが契約を結び，監査人が社内の統制手続について行っている業務が禁じられることとなります。私がこれを問題視するのは，監査人の独立性と専門知識がこの手続きを促進するだけでなく，エンロンにとってはその「統合的な監査」契約が内部および外部の別個の監査という伝統的な方法が果しうる役割よりも効率的で費用効果があることも判明しているからです。

　SECは監査委員会に，監査人の行動を把握し，監査人の独立性を判断するための数多くの指示をしてきました。エンロンの監査委員会はそうした責任を非常に重く受け止めています。提案に見られる改正内容の広範囲にわたる影響を考えますと，経営環境がかってないほどダイナミックな今日，SECがさらに干渉を強める必要性があるのかどうかを再検討すべきものとご忠告申し上げます。

敬具

　　　　　　　　2000年9月20日　エンロン会長兼最高経営責任者ケネス・レイ

参考文献

一欧文献一

The Study on Establishment of Accounting Principles [Wheat Commission] (1972) Report of The Study on Establishment of Accounting Principles. (鳥羽至英・橋本尚訳『会計原則と監査基準の設定主体』白桃書房, 1997)

Albrecht, W.S. and R.J. Sack (2000) *Accounting Education: Charting the Course Through a Perilous Future* (Accounting Education Series Vol.16), AAA.

American Accounting Association [AAA] (1957) Accounting and Reporting Standards for Corporate Financial Statements 1957 Revision, *The Accounting Review*, Vol.32, No.4, pp.536-546.

AAA (1966) A Statement of Basic Accounting Theory [ASOBAT]. (飯野利夫訳『基礎的会計理論』国元書房, 1969年)

AAA (1973) A Statement of Basic Auditing Concepts [ASOBAC]: Studies in Accounting Research, No.6. (鳥羽至英訳『基礎的監査概念』国元書房, 1982年)

AAA (1977) Statement on Accounting Theory and Theory Acceptance [SATTA]. (染谷恭次郎訳『会計理論及び理論承認』国元書房, 1980年)

American Institute of Accountants [AIA] (1936) Examination of Financial Statements by Independent Public Accountant.

American Institute of Certified Public Accountants [AICPA] (Vol.1: 1973, Vol.2: 1974) Objectives of Financial Statements: Report of the Study Group on the Objectives of Financial Statements. (川口順一訳『アメリカ公認会計士協会 財務諸表の目的』同文舘出版, 1976年)

AICPA (1992) Code of Professional Conduct, Bylaws, and Implementing Resolutions of Council, January 14.

AICPA (2004) Monthly Checklist Series: A Practical Guide to Complying With SAS No.99's Key Requirements, *Journal of Accountancy*, May, pp.24-25.

AICPA (2007a) Special Report: Fighting Fraud—Worldwide: Looters Have a Foothold, *Journal of Accountancy*, January, pp.32 -38.

AICPA (2007b) Professional Standards, Vol.1.

AICPA (2012) 125 People of Impact in Accounting, *Journal of Accountancy*, June, pp.58-73.

AICPA Special Committee on Assurance Services [Elliott Committee] (1997) Report of the Special Committee on Assurance Services, AICPA.

Annas, J. and J. Barnes (1985) *The Modes of Scepticism: Ancient Texts and Modern Interpretations*, Cambridge University Press.（金山弥平訳『古代懐疑主義入門—判断保留の十の方式』岩波文庫, 2015年）

Association of Certified Fraud Examiners［ACFE］(1998) Fraud Examiners Manual.

Auditing Practices Board［APB］(2010) Discussion Paper, *Auditor Skepticism: Raising the Bar*.

Bazerman, M.H. and A.E. Tenbrunsel (2011) Ethical Breakdowns: Good People Often Let Bad Things Happen. Why? *Harvard Business Review*, April, pp.58-65.

Beasley, M.S. and J.G. Jenkins (2003) A Primer for Brainstorming Fraud Risks, *Journal of Accountancy*, December, pp.32-40.

Bedford, N.M. (1965) *Income Determination Theory: An Accounting Framework*, 1st ed., Addison-Wesley Educational Publishers Inc..（大藪俊哉・藤田幸男共訳『利益決定論—会計理論的フレームワーク』中央経済社, 1984年）

Bell, T.B., F.O. Marrs, I. Solomon and H. Thomas (1997) *Auditing Organizations Through a Strategic-Systems Lens: The KPMG Business Measurement Process*, KPMG LLP.

Bell, T.B., M.E. Peecher and I. Solomon (2005) *The 21st Century Public Company Audit: Conceptual Elements of KPMG's Global Audit Methodology*, KPMG International.（鳥羽至英・秋月信二・福川裕徳監訳, 岡嶋慶ほか訳『21世紀の公開会社監査—KPMG監査手法の概念的枠組み』国元書房, 2010年）

Bik, O.P.G. (2010) *The Behavior of Assurance Professionals: A Cross-Cultural Perspective*, Uitgeverij Eburon.

Bolles, R.C. (1993) *The Story of Psychology: A Thematic History*, Wadsworth Publishing.（富田達彦訳『心理学物語—テーマの歴史』北大路書房, 2004年）

BonJour, L. and E. Sosa (2003) *Epistemic Justification: Internalism vs. Externalism, Foundations vs. Virtues* (Great Debates in Philosophy), Wiley-Blackwell.（上枝美典訳『認識的正当化—内在主義対外在主義』産業図書株式会社, 2006年）

Bowlin, K.O., J.L. Hobson, and M.D. Piercy (2012) Working Paper, *The Effects of Auditor Rotation, Professional Skepticism, and Interactions with Managers on Audit Quality*, The University of Mississippi, University of Illinois at Urbana-Champaign and University of Massachusetts Amherst.

Brewster, M. (2003) *Unaccountable: How the accounting profession forfeited a public trust*, Wiley.（友岡賛監訳, 山内あゆ子訳『会計破綻』税務経理協会, 2004年）

Brewster, B.E. (2012) Working Paper, *An Empirical Investigation of Delayed Persuasion During Analytical Procedures: Are Auditors Susceptible to the Sleeper Effect?* The University of Texas at Arlington.

Briloff, A.J. (1966) Old Myths and New Realities, *The Accounting Review*, Vol.41, No.3, pp.484-495.

Brown, H.L. and K. Johnston (2009) Resolving Disputed Financial Reporting Issues: Effects of Auditor Negotiation Experience and Engagement Risk on Negotiation Process and Outcome, *Auditing: A Journal of Practice & Theory*, Vol.28, No.2, pp.65-92.

Brown-Liburd, H.L. and A. Wright (2011) The Effect of Past Relationship and Strength of The Audit Committee on Auditor Negotiations, *Auditing: A Journal of Practice & Theory*, Vol.30, No.4, pp.51-69.

Bunge, M. (2009) *Causality and Modern Science: With a New Introduction and Postscript by the Author*, Transaction Publishers.

Carnap, R. (1956) The Methodological Character of Theoretical Concepts, *Minnesota Studies in the Philosophy of Science*, Vol.1, pp.38-76.（永井成男・内田種臣編, 内井惣七ほか訳『カルナップ哲学論集』初版復刻版, 紀伊国屋書店, 2003年（初版 1977年））

Carnap, R. (1960) *Einführung in Die Symbolische Logik Mit Besonderer Berücksichtigung Ihrer Anwendungen*, Springer.

Chambers, R.J. (1966) *Accounting, Evaluation And Economic Behavior*, Prentice-Hall.（塩原一郎訳『現代会計学原理―思考と行動における会計の役割〈上〉〈下〉』創成社, 1984年）

Chambers, R.J. (1995) *An Accounting Thesaurus: 500 years of accounting*, Pergamon.

Chapin, D.H. (1993) In the Public Interest: Not Far Enough ?, *The CPA Journal*, Vol.63, No.12, December, pp.36-43.

Chen, W., A.S. Khalifa and K.T. Trotman (2015) Facilitating Brainstorming: Impact of Task Representation on Auditors' Identification of Potential Frauds, *Auditing: A Journal of Practice & Theory*, Vol.34, No.3, August, pp.1-22.

Chisholm, R.M. (1982) *The foundations of knowing*, University of Minnesota Press.

Chisholm, R.M. (1989) *Theory of Knowledge*, Prentice Hall.（上枝美典訳『知識の理論（第3版）』世界思想社, 2003年）

Chisholm, R.M. (1996) *A Realistic Theory of Categories*, Cambridge University Press.

Chung, J.O.Y., J.R. Cohen and G.S. Monroe (2008) The Effect of Moods on Auditors' Inventory Valuation Decisions, *Auditing*, Vol.27, No.2, pp.137-159.

Cialdini, R.B. (2001) *Influence: Sicence and Practice*, 4th ed., Allyn & Bacon.（社会行動研究会訳『影響力の武器（第2版）―なぜ, 人は動かされるのか』誠信書房, 2007年）

Cohen, J.R., G. Krishnamoorthy, and A. Wright (2010) Corporate Governance in the Post Sarbanes-Oxley Era: Auditors' Experiences, *Contemporary Accounting Research*, Vol.27, No.3, pp.751-786.

Cohen, J.R., G. Krishnamoorthy, M. Peytcheva and A. Wright (2012) Working Paper, *Will*

Regulatory Enforcement and Principles-Based Accounting Influence Auditors' Judgments to Constrain Aggressive Reporting? Boston College, Lehigh University, and Northeastern University.

Cohen, J.R., L. Holder-Webb, D.J. Sharp and L.W. Pant (2007) The Effects of Perceived Fairness on Opportunistic Behavior, *Contemporary Accounting Research*, Vol.24, No.4, pp.1119-1138.

(The) Commission on Auditors' Responsibilities [Cohen Commission] (1978) Report, Conclusions, and Recommendations, AICPA.

Commission to Study the Public's Expectation of Audits [McDonald Commission] (1988) Report of the Commission to Study the Public's Expectation of Audits, Canadian Institute of Chartered Accountants [CICA].

Committee on Corporate Governance [Hampel Committee] (1998) Final Report of Committee on Corporate Governance.

(The) Committee on the Financial Aspects of Corporate Governance. [Cadbury Committee] (1992) The Financial Aspects of Corporate Governance. (八田進二・橋本尚訳『英国のコーポレートガバナンス―キャドベリー委員会報告書・グリーンベリー委員会報告書・ハンペル委員会報告書』白桃書房, 2000年)

Copeland, J.E.Jr. (2005) Ethics as an Imperative, *Accounting Horizons*, Vol.19, No.1, pp.35-43.

DeAngelo, L.E. (1981a) Auditor Independence, "Low Balling," and Disclosure Regulation, *Journal of Accounting and Economics*, Vol.3, No.2, pp.113-127.

DeAngelo, L.E. (1981b) Auditor Size and Audit Quality, *Journal of Accounting and Economics*, Vol.3, No.3, pp.183-199.

Degos, J.G. (2010) The Schizophrenia of Accounting Historians: Doctor Jekyll, Historian and Mister Hyde, Accountant, Conference proceeding, 2. BMAC, AAFA, Istanbul.

Dopuch, N., R.R. King and R. Schwartz (2001) An Experimental Investigation of Retention and Rotation Rrequirements, *Journal of Accounting Research*, Vol.39, No.1, pp.93-117.

Drucker, P.F. and J.A. Maciariello (2006) *The Effective Executive in Action: A Journal for Getting the Right Things Done*, Harper Business. (上田惇生訳『プロフェッショナルの原点』ダイヤモンド社, 2008年)

Dummett, M. (1993) *Origins of Analytical Philosophy*, Duckworth. (野本和幸ほか訳『分析哲学の起源―言語への転回』勁草書房, 1998年)

Earley, C.E., V.B. Hoffman and J.R. Joe (2008) Reducing Management's Influence on Auditors' Judgments: An Experimental Investigation of SOX404 Assessments, *The Accounting Review*, Vol.83, No.6, pp.1461-1485.

Edwards, J.R. and S.P. Walker (eds.) (2008) *The Routledge Companion to Accounting History*, Routledge.

Elliott, R.K. (2001) A Perspective on the Proposed Global Professional Credential, *Accounting Horizons*, Vol.15, No.4, pp.359-372.

Ettredge, M. and R. Greenberg (1990) Determinants of Fee Cutting on Initial Audit Engagements, *Journal of Accounting Research*, Vol.28, No.1, pp.198-210.

European Commission (2011) Proposal for a Regulation of The European Parliament and of The Council on Specific Requirements Regarding Statutory Audit of Public-Interest Entities, Brussels COM, 779 final.

(The) European Commission [EC] (2011) Green Paper: The EU Corporate Governance Framework.

Farag, M.S. and R.Z. Elias (2012) The Impact of Accounting Students' Professional Skepticism on Their Ethical Perception of Earnings Management, *Research on Professional Responsibility and Ethics in Accounting*, Vol.16, pp.185-200.

Farmer, T.A., L.E. Rittenberg and G.M. Trompeter (1987) An Investigation of the Impact of Economic and Organizational Factors on Auditor Independence, *Auditing: A Journal of Practice & Theory*, Vol.7, No.1, pp.1-14.

Flint, D. (1988) *Philosophy and Principles of Auditing: An Introduction*, Palgrave Macmillan.

Fukukawa, H. and T.J. Mock (2011) Audit Risk Assessment Using Belief Versus Probability, Auditing: *A Journal of Practice & Theory*, Vol.30, No.1, pp.75-99.

General Accounting Office [GAO] (1996) *The Accounting Profession: Major Issues: Progress and Concerns*, Diane Publishing Co.（藤田幸男・八田進二監訳『アメリカ会計プロフェッション最重要問題の検証：改革の経緯と今後の課題』白桃書房, 2000年）

GAO (2003) Public Accounting Firms: Required Study on the Potential Effects of Mandatory Audit Firm Rotation.（八田進二・久持英司・橋本尚共訳『監査事務所の強制的交代―公開会社監査事務所の強制的ローテーションの潜在的影響に関する両委員会の要請に基づく調査』白桃書房, 2006）

Goldman, A. and B. Barlev (1974) The Auditor-Firm Conflict of Interests: Its Implications for Independence, *The Accounting Review*, Vol.49, No.4, pp.707-718.

Gray, I. and S. Manson (2008) *The Audit Process*, 4th ed., Thomson Learning.

Grayling, A.C. (2008) *Scepticism and the possibility of knowledge*, 1st ed., Continuum.

Greco, J. (ed.) (2008) *The Oxford Handbook of Skepticism*, Oxford University Press.

Gregory, R.L. (1998) *Eye and Brain: The Psychology of Seeing* (Princeton Science Library), Oxford University Press. (5st ed., 2015)（近藤倫明・三浦佳世・中溝幸夫訳『脳

と視覚―グレゴリーの視覚心理学』ブレーン出版, 2001年）
Griffiths, I. (1995) *New Creative Accounting: How to Make Your Profits What You Want Them to Be*, Palgrave Macmillan. （近田典行・鈴木裕明訳『クリエイティブアカウンティング―利益創作会計』東洋経済新報社, 2001年）
Griffith, E.E., J.S. Hammersley, and K. Kadous (2012) Working Paper, *Auditing Complex Estimates: Understanding the Process Used and Problems Encountered*, The University of Georgia and Emory University.
Hammersley, J.S., E.M. Bamber and T.D. Carpenter (2010) The Influence of Documentation Specificity and Priming on Auditors' Fraud Risk Assessments and Evidence Evaluation Decisions, *The Accounting Review*, Vol.85, No.2, pp.547-571.
Hannah, S.T., B.J. Avolio and F.O. Walumbwa (2011) Moral Maturation and Moral Conation: A Capacity Approach to Explaining Moral Thought and Action, *Academy of management Review*, Vol.36, No.4, pp.663-685.
Hannay, A. (2005) *On the Public* (Thinking in Action), Routledge.
Harrison, A.A. (1977) Mere exposure, L. Berkowitz (ed.) *Advances in experimental social psychology*, Vol.10, pp.39-82, Academic Press.
Hatfield, R.C., R.W. Houston, C.M. Stefaniak and S. Usrey (2010) The Effect of Magnitude of Audit Difference and Prior Client Concessions on Negotiations of Proposed Adjustments, *The Accounting Review*, Vol.85, No.5, pp.1647-1668.
Howson, C. (2000) *Hume's Problem: Induction and the Justification of Belief*, Oxford University Press.
Hume, D. (1739-1740) *A Treatise of Human Nature* (Dover Philosophical Classics), (new ed., Dover Publications, 2003) （大槻春彦訳『人性論〈1〉〈2〉』岩波文庫,〈1〉1948年,〈2〉1949年）
Humphrey, C., P. Moizer, and S. Turley (1992) The Audit Expectations Gap in the United Kingdom, Institute of Chartered Accountants in England & Wales ［ICAEW］.
Hurtt, R.K. (2010) Development of a Scale to Measure Professional Skepticism, *A Journal of Practice & Theory*, Vol.29 No.1, pp. 149-171. May (Forthcoming 2009).
Hurtt, R.K., H. Brown-Liburd, C.E. Earley and G. Krishnamoorthy (2013) Research on Auditor Professional Skepticism: Literature Synthesis and Opportunities for Future Research, *Auditing: A Journal of Practice & Theory*, Vol.32, Supplement 1, pp.45-97.
Independence Standards Board ［ISB］ (2000) Exposure Draft 00-2, *Statement of Independence Concepts A Conceptual Framework for Auditor Independence*.
Institute of Directors in Southern Africa ［IoDSA］ (1994) The King Report on Corporate Governance, King Committee on Corporate Governance. （八田進二・町田祥弘・橋本尚

訳『コーポレート・ガバナンス―南アフリカ・キング委員会報告書』白桃書房, 2001年）

James, W. (1907) *Pragmatism* (Dover Philosophical Classics), (new ed., Dover Publications, 1995).

Johnston, K.M., M.H. Sutton, and T.D. Warfield (2001) Acceptance and Consequences of Independence Risk: Framework for Analysis, *Accounting Horizons*, Vol.15, No.1, pp.1-18.

Kahneman, D., P. Slovic and A. Tversky (1982) *Judgment under uncertainty: Heuristics and biases*, Cambridge University Press (reprinted 2001).

Kee, H.W., and R.E. Knox (1970) Conceptual and Methodological Considerations in the Study of Trust and Suspicion, *Journal of Conflict Resolution*, Vol.14, pp.357-366.

Keenan, J.P., G.G. Gallup Jr. and D. Falk (2003) *The Face in the Mirror: The Search for the Origins of Consciousness*, The Spieler.（山下篤子訳『うぬぼれる脳「鏡の中の顔」と自己意識』日本放送出版協会, 2006年）

Kerler, W.A. and L.N. Killough (2009) The Effects of Satisfaction with a Client's Management During a Prior Audit Engagement, Trust, and Moral Reasoning on Auditors' Perceived Risk of Management Fraud, *Journal of Business Ethics*, Vol.85, No.2, pp.109-136.

Kerr, A. and M.G. Blackford (1986) *Business Enterprise in American History*, Houghton Mifflin.（川辺信雄監訳『アメリカ経営史』ミネルヴァ書房, 1988年）

Kieso, D.E., J.J. Weygandt and T.D. Warfield (2001) *Intermediate Accounting*, 10th ed., John Wiley & Sons, Inc.（平野晧正ほか訳『アメリカ会計セミナー 中級―完全和訳抄録版』シュプリンガー・フェアラーク東京, 2002年）

Kim, J., R. Chung and M. Firth (2003) Auditor Conservatism, Asymmetric Monitoring, and Earnings Management, *Contemporary Accounting Research*, Vol.20, No.2, pp.323-359.

Kirk, D.J. (2000) Experinece with the Public Oversight Board and Corporate Audit Committees, *Accounting Horizons*, Vol.14, No.1, pp.103-111.

Kizirian, T.G., B.W. Mayhew and L.D. Sneathen (2005) The Impact of Management Integrity on Audit Planning and Evidence, *Auditing: A Journal of Practice & Theory*, Vol.24, No.2, pp.49-67.

Knapp, M.C. (2004; 2006) *Contemporary Auditing: Real Issues and Cases*, 5th ed., 6th ed., Thomson South-Western.

Koffka, K. (1935) *Principles of Gestalt Psychology*, Routledge & Kegan Paul Ltd.（鈴木正儞監訳『ゲシュタルト心理学の原理』福村出版, 1998年）

Kraft, V. (1950) *Der Wiener Kreis: der Ursprung des Neopositivismus*, Springer.（寺中平治

訳『ウィーン学団―論理実証主義の起源・現代哲学史への一章』勁草書房, 1990年）

Krishnamoorthy, G., T.J. Mock and M.T. Washington（1999）A Comparative Evaluation of Belief Revision Models in Auditing, *Auditing: A Journal of Practice & Theory*, Vol. 18, No.2, pp.105-127.

Krooss, H.E. and C.Gilbert（1972）*American business history*, Prentice Hall.（鳥羽欽一郎ほか訳『アメリカ経営史（上）』東洋経済新報社, 1974年）

Kuhn, T.S.（1970）*The Structure of Scientific Revolutions*, 2nd ed., The University of Chicago Press（first edition 1962）.（中山茂訳『科学革命の構造』みすず書房, 1971）

Kurtz, P.（1992）*The New Skepticism: Inquiry and Reliable Knowledge*, Prometheus Books.

Lennox, C.S.（1999）Audit Quality and Auditor Size: An Evaluation of Reputation and Deep Pockets Hypotheses, *Journal of Business Finance & Accounting*, Vol.26, No.7-8, pp.779-805.

Levitt, A.（2002）*Take on the Street: What Wall Street and Corporate America don't Want You to Know*, Pantheon.（小川敏子訳『ウォール街の大罪―投資家を欺く者は許せない！』日本経済新聞社, 2003年）

Libby, R and J. Luft（1993）Determinants of Judgment Performance in Accounting Settings: Ability, Knowledge, Motivation, and Environment, *Accounting, Organizations and Society*, Vol.18, No.5, pp.425-450.

Libby, R., M.W. Nelson and J.E. Hunton（2006）Recognition v. Disclosure, Auditor Tolerance for Misstatement, and the Reliability of Stock-compensation and Lease Information, *Journal of Accounting Research*, Vol.44, No.3, pp.533-560.

Licata, M.P., W.G. Bremser and T.P. Rollins（1997）SEC Enforcement Actions Against Auditors: Auditing Education Linked to the Pitfalls of Audit Practice, *Issues in Accounting Education*, Vol.12, No.2, pp.537-560.

Littleton, A.C.（1933）*Accounting Evolution to 1900*, The American Institute Publishing Co..（片野一郎訳『リトルトン会計発達史』同文舘出版, 1952年）

Locke J.（1690）*An Essay Concerning Human Understanding*, edited with an introduction by P.H. Nidditch, Oxford University Press, 1975（reprinted 2011）.

Loebbecke, J.K., M.M. Eining, and J.J. Willingham（1989）Auditors' Experience with Material Irregularities: Frequency, Nature, and Detectability, *Auditing: A Journal of Practice & Theory*, Vol.9, No.1, pp.1-28.

Lowe, D.J. and K. Pany（1995）CPA Performance of Consulting Engagements with Audit Clients: Effects on Financial Statement Users' Perceptions and Decisions, *Auditing: A Journal of Practice & Theory*, Vol.14, No.2, p.35.

Lynch, A.L., U.S. Murthy and T.J. Engle（2009）Fraud Brainstorming Using Computer-Mediated Communication: The Effects of Brainstorming Technique and Facilitation, *The Accounting Review*, Vol.84, No.4, pp.1209-1232.

Lys, T. and R.L. Watts (1994) Lawsuits Against Auditors, *Journal of Accounting Research*, Vol.32, Supplement, p.65.

Marczewski, D.C. and M.D. Akers (2005) CPA's Perceptions of the Impact of SAS 99, *The CPA Journal*, Vol.75, No.6, pp.38-40.

Mattessich, R. (1964) *Accounting and Analytical Methods*, Accounting Publications of Scholars Book Co. (reprinted 1977).

Mattessich, R. (2008) *Two Hundred Years of Accounting Research*, Routledge.

Mautz, R.K. (1959) Evidence, Judgment, and the Auditor's Opinion, *Journal of Accountancy*, April, pp.40-44.

Mautz, R.K. (1968) Financial Reporting by Diversified Companies, Financial Executives Research Foundation [FERF].

Mautz, R.K. and H.A. Sharaf (1961) *The Philosophy of Auditing* (AAA Monograph No.6).

May, G.O. (1943) *Financial Accounting: A Distillation of Experience*, Scholars Book Co. (reprinted 1972).

McDaniel, L.S., and W.R. Kinney (1995) Expectation-Formation Guidance in the Auditor's Review of Interim Financial Information, *Journal of Accounting Research*, Vol.33, No.1, pp.59-76.

Mckinley, S., K. Pany, and P.M.J. Reckers (1985) An Examination of the Influence of CPA Firm Type, Size, and MAS Provision on Loan Officer Decisions and Perceptions, *Journal of Accounting Research*, Vol.23, No.2, pp.887-896.

McMillan, J.J. and R.A. White (1993) Auditors' Belief Revisions and Evidence Search: The Effect of Hypothesis Frame, Confirmation and Professional Skepticism, *The Accounting Review*, Vol.68, No.3, pp.443-465.

Menon, K. and D.D. Williams (2004) Former Audit Partners and Abnormal Accruals, *The Accounting Review*, Vol.79, No.4, pp.1095-1118.

Moeller, R.R. (2004) *Sarbanes-Oxley and the New Internal Auditing Rules*, John Wiley & Sons, Inc.

Montague, W.P. (1953) *The Ways of Knowing or the Methods of Philosophy*, Humanities Press Inc. (first edition 1925; reprinted 1978).

Moonitz, M. (1974) *Obtaining Agreement on Standards in The Accounting Profession*, AAA.（小森瞭一訳『アメリカにおける会計原則発達史』同文舘出版, 1979年）

Moran, D. (ed.) (2008) *The Routledge Companion to Twentieth Century Philosophy*, Routledge.

Moriarity, S. (2000) Trends in Ethical Sanctions within the Accounting Profession, *Accounting Horizons*, Vol.14, No.4, pp.427-439.

(The) National Commission on Fraudulent Financial Reporting [Treadway Commission] (1987) Report of the National Commission on Fraudulent Financial Reporting, U.S. Securities and Exchange Commission.（鳥羽至英・八田進二訳『不正な財務報告──結論と勧告』白桃書房, 1999年）

Nelson, M.W. (2009) A Model and Literature Review of Professional Skepticism, *Auditing: A Journal of Practice & Theory*, Vol.28, No.2, pp.1-34.

Nelson, M.W., J.A. Elliott and R.L. Tarpley (2001) Evidence From Auditors About Managers' and Auditors' Earnings Management Decisions: Draft Paper Submitted at the Accounting Review's Quality of Earnings Conference, December 20.

Ng, T. and H. Tan (2003) Effects of Authoritative Guidance Availability and Audit Committee Effectiveness on Auditors' Judgments in an Auditor-Client Negotiation Context, *The Accounting Review*, Vol.78, No.3, pp.801-818.

Nichols, D.R. and K.B. Price (1976) The Auditor-Firm Conflict: An Analysis Using Concepts of Exchange Theory, *The Accounting Review*, Vol.51, No.2, pp.335-346.

O'Ralley, V.M., M.B. Hirsch, H.R. Jaenicke and R.H. Montgomery (1992) *Montgomery's Auditing, 1992 Supplement*, 11th ed., John Wiley & Sons Inc.（中央監査法人訳『モントゴメリーの監査論』中央経済社, 1993年）

Osborn, A.F. (1941) *Applied Imagination: Principles and Procedures of Creative Thinking* (first edition 1953, reprinted 1957).

Palmrose, Z.V. (1988) An Analysis of Auditor Litigation and Audit Service Quality, *Accounting Review*, Vpl.63, No.1, pp.55-73.

Palmrose, Z.V. (1997) Who Got Sued, *Journal of Accountancy*, March, p.67.

Palmrose, Z.V., V.J. Richardson and S. Scholz (2004) Determinants of Market Reactions to Restatement Announcements, *Journal of Accounting and Economics*, Vol.37, pp.59-89.

Paton, W.A. (1922) *Accounting Theory: With Special Reference to the Corporate Enterprise*, Scholors Book Co. (reprinted, 1973).

Paton, W.A. and A.C. Littleton (1940) *An Introduction to Corporate Accounting Standards*, AAA.（中島省吾訳『会社会計基準序説（改訳版）』森山書店, 1958年）

Pattillo, J.W. (1965) *The Foundation of Financial Accounting*, Louisiana State University Press.（飯岡透・中原章吉訳『財務会計の基礎』同文舘出版, 1970年）

Payne, E.A. and R.J. Ramsay (2005) Fraud Risk Assessments and Auditors' Professional Skepticism, *Managerial Auditing Journal*, Vol.20, No.3, pp.321-330.

Peecher, M.E., I. Solomon and K.T. Trotman (2010) Working paper, *Improving the Quality of Financial-Statement Audits by Updating External Auditors' Accountabilities*, University of Illinois at Urbana-Champaign and The University of New South Wales.

Piercey, M.D. (2011) Documentation Requirements and Quantified Versus Qualitative Audit Risk Assessments, *Auditing: A Journal of Practice & Theory*, Vol.30, No.4, pp.223-248.

Pinker, S. (2002) *The Blank Slate: The Modern Denial of Human Nature*, Penguin Books. (山下篤子訳『人間の本性を考える―心は「空白の石版」か〈上〉〈中〉〈下〉』NHKブックス, 2004年)

Plumlee, D., B.A. Rixom and A.J. Rosman (2012) Working Paper, *Training Auditors to Think Skeptically*, The University of Utah and University of Connecticut.

Polanyi, M. (1962) *Personal Knowledge: Towards a Post-Critical Philosophy*, 2nd ed., The University of Chicago Press (first edition 1958). (長尾史郎訳『個人的知識―脱批判哲学を目指して』ハーベスト社, 1985年)

Polanyi, M. (1966) *Tacit Dimensions*, The University of Chicago Press.

Popkin, R.H. (2003) *The History of Scepticism*, Oxford University Press.

Popkin, R.H. and J.R.M. Neto (eds.) (2007) *Skepticism: An Anthology*, Prometheus.

Popova, V. (2012) Working paper, *Exploration of Skepticism, Client-Specific Experiences, and Audit Judgments*, Virginia polytechnic institute and State University.

Popper, K.R. (1959) *The logic of scientific discovery*, University Toronto Press.

Popper, K.R. (1972) *Objective Knowledge: An Evolutionary Approach*, Oxford University Press. (森博訳『客観的知識』木鐸社, 1974年)

Popper, K.R. (1992) *Unended Quest: An Intellectual Autobiography*, new ed., Routledge (first edition 1974).

Previts, G.J. and B.D. Merino (1979) *A History of Accounting in America: An Historical Interpretation of the Cultural Significance of Accounting*, John Wiley & Sons Inc. (大野功一ほか訳『アメリカ会計史―会計の文化的意義に関する史的解釈』同文舘出版, 1983年)

Public Oversight Board [POB] (1979) POB Report, *Scope of Services by CPA Firms*.

POB (1993) The Public Oversight Board of the SEC Practice Section, *In the Public Interest*.

POB (1994) The Panel on Auditour Independence [Kirk Panel], *Strengthening the Professionalism of the Independent Auditor*, September 13.

POB (2000) The Panel on Audit Effectiveness Report and Recommendations [O'Malley Panel], August 31. (山浦久司監訳『公認会計士監査―米国POB〈現状分析と公益性向上のための勧告〉』白桃書房, 2001年)

Quadackers, L., T. Groot and A. Wright (2011) Working paper, *Auditors' Professional*

Skepticism: Neutrality Versus Presumptive Doubt, VU University Amsterdam and Northeastern University.

Rappaport, A. (1980) The Strategic Audits, *Journal of Accountancy*, January, pp.712-731.

Ratner, D.L. (1982) Securities Regulation in a Nutshell (American Casebooks), 2nd ed., West Pub. Co. (神崎克郎監訳・野村證券法務部訳『米国証券規制法概説』商事法務研究会, 1984年)

Rebecca, F. and N.R. Montague (2015) I'm Not Biased, Am I ? *Journal of Accountancy*, February.

Reisch, J.T. (2000) Ideas for Future Research on Audit Quality, *The Auditor's Report*, Vol.24, No.1

Ricchiute, D.N. (2005) *Auditing*, 8th ed., Thomson South-Western.

Rittenberg, L.E. and Schwieger, B.J. (2005) *Auditing: Concepts for a Changing Environment*, 5th ed., Thomson South-Western.

Robertson, J.C. (1976) *Auditing*, Business Publications.

Robertson, J.C. (2010) The Effects of Ingratiation and Client Incentive on Auditor Judgment, *Behavioral Research in Accounting*, Vol.22, No.2, pp.69-86.

Romney, M.B., W.S. Albrecht, and D.J. Cherrington (1980) Auditors and Detection of Fraud, *Journal of Accountancy*, May.

Root, S.J. (1998) *Beyond COSO: Internal Control to Enhance Corporate Governance*, Wiley.

Rosman, A.J. (2011) Working Paper, *The Role of Personality and Motivation in Professional Skepticism When Tone at the Top Varies*, Long Island University.

Russell, B. (1945) *History of Western Philosophy: And Its Connection with Political and Social Circumstances from the Earliest Times to the Present Day*, Simon and Schuster.

Ryan, S.G. et al. (2001) SEC Auditor Independence Requirements, AAA Financial Accounting Standards Committee, *Accounting Horizons*, Vol.15, No.4, pp.373-386.

Sandel, M.J. (2009) *Justice: What's the right thing to do?* Farrar, Straus, and Girous.

Schandl, C.W. (1978) *Theory of Auditing: Evaluation, Investigation, and Judgment*, Scholars Book Co.

Schilit, H.M. (2002) *Financial Schenanigans*, McGrawhil. (菊田良治訳『会計トリックはこう見抜け』日経BP社, 2002年)

Schipper, K. (1989) Commentary on Earnings Management, *Accounting Horizons*, Vol.3, pp.91-102.

Securities Exchange Commission [SEC] (1978) Accounting Series Releases and Staff Accounting Bulletins, CCH Inc.

SEC (2000) Revision of the Commission's Auditor Independence Requirements, 17 CFR

Parts 210 and 240. (Release Nos.33-7919; 34-43 602; 35-27279; IC-24 744; IA-1911, FR-56, File No.S7-13-00), November 2. SEC.

Serkerka, L.E. and R.P. Baggozzi (2007) Moral Courage in The Workplace: Moving to and From The Desire and Decision to Act, *Business Ethics: A European Review*, Vol.16, No.2, pp.132-149.

Shaub, M.K. (1996) Trust and Suspicion: The Effects of Situational and Dispositional Factors on Auditors' Trust of Clients, *Behavioral Research in Accounting*, Vol.8, pp.154-174.

Shaub, M.K. and J.E. Lawrence. (1996) Ethics, Experience, and Professional Skepticism: A Situational Analysis, *Behavioral Research in Accounting*, Supplement.1, pp.124-157.

Shaub, M.K. and J.E. Lawrence (1999) Differences in Auditor's Professional Skepticism Across Career Levels in the Firm, *Advances in Accounting Behavioral Research*, Vol.2, pp.61-83.

Shockley, R.A. (1982) Perceptions on Audit Independence: A conceptual model, *Journal of Accounting, Auditing and Finance*, Vol.5, No.2, p.126.

Sikka, P., A. Puxtythe, H. Willmott and C. Cooper (1998) Impossibility of Eliminating the Expectations Gap Some Theory and Evidence, *Critical Perspectives on Accounting*, Vol.9, No.3, pp.299-330.

Sober, E. (2008) *Evidence and Evolution: The logic behind the science*, Cambridge University Press.

Spacek, L. (1969) *A Search for Fairness in Financial Reporting to the Public*, Arthur Andersen & Co..

Special Committee of the AICPA to Study the Structure of the Auditing Standards Executive Committee [Oliphant Committee] (1978) Report of the Special Committee of the AICPA to Study the Structure of the Auditing Standards Executive Committee, AICPA.

Special Committee on Financial Reporting [Jenkins Committee] (1994) Improving Business Reporting-A Customer Focus: Meeting the Information Needs of Investors and Creditors: A Comprehensive Report, AICPA.（八田進二・橋本尚訳『事業報告革命―アメリカ公認会計士協会・ジェンキンズ報告書』2002年, 白桃書房）

(The) Special Committee on Standards of Professional Conduct for Certified Public Accountants [Anderson Committee] (1986) Report of the Special Committee on Standards of Professional Conduct for Certified Public Accountants, AICPA.（八田進二訳『会計プロフェッションの職業基準―見直しと勧告』白桃書房, 1991年）

Stephen, G.R. et al. (2001) SEC Auditor Independence Requirements: AAA, Financial Accounting Standards Committee, *Accounting Horizons*, Vol.15, No.4, pp.373-386.

Stroud, B. (1984) *The Significance of Philosophical Skepticism*, Oxford University Press. (永井均監訳『君は夢を見ていないとどうして言えるのか―哲学的懐疑論の意義』春秋社, 2006年)

Sumi, S. and N. Koguchi (ed.) (1996) *New Horizons in the Study of Gestalt Perception, In Memory of the Late Professor Gaetano Kanizsa*, Psychology Laboratory, Keio University, Japanese Psychology Assocaiation.

Sunder, S. (1996) *Theory of Accounting and Control*, South-Western College Pub. (山地秀俊・鈴木一水・松本祥尚・梶原晃訳『会計とコントロールの理論』勁草書房, 1998年)

Sutton, M.H. (1997) Auditor Independence, The Challenge of Fact and Appearance, *Accounting Horizons*, Vol.11, No.1, p.86.

Taleb, N.N. (2007) *The Black Swan*, Penguin Books. (望月衛訳『ブラック・スワン〈上〉〈下〉』ダイヤモンド社, 2009年)

Toba, Y. (1980) A Semantic Meaning Analysis of the Ultimate Proposition to Be Verified by Independent Auditors, *The Accounting Review*, Vol.55, No.4, pp. 604-619.

Trevino, L.K. (1986) Ethical Decision Making in Organizations: A Person-Situation Interactionist Model, *Academy of Management Review*, Vol.11, No.3, pp.601-607.

Trompeter, G. and A. Wright (2010) The World Has Changed: Have Analytical Procedure Practices? *Contemporary Accounting Research*, Vol.27, No.2, pp.669-700.

Trueblood, R.M. (1966) Accounting Principles: The Board and Its Problems, *Empirical Research in Accounting: Selected Studies*, 1966, *The Journal of Accounting Research*, Vol.4, Supplement, pp.183-191.

Trump, D.J. (2004) *Trump: How to Get Rich. A Ballantine Book*, The Random House Publishing Group.

Trump, D.J. and Bill Zanker (2007) *Think Big*, Harper.

Tucker, R.R., E.M. Matsumura and K.R. Subramanyam (2003) Going-Concern Judgments: An Experimental Test of the Self-Fulfilling Prophecy and Forecast Accuracy, *Journal of Accounting and Public Policy*, Vol.22, No.5, pp.401-432.

Turner, C.W. (2001) Accountability Demands and the Auditor's Evidence Search Strategy: The Influence of Reviewer Preferences and the Nature of the Response (*Belief Versus Action*), *Journal of Accounting Research*, Vol.39, No.3, pp.683-706.

U.S. House of Representatives, Subcommittee on Oversight and Investigations of the Committee on Interstate and Foreign Commerce [Moss Subcommittee] (1976) Federal Regulation and Regulatory Reform, AICPA.

U.S. Senate Subcommittee on Reports, Accounting and Management of the Committee on Government Operations [Metcalf Subcommittee] (1977a) The Accounting Establish-

ment: A Staff Study Prepared, March.
Wallace, W.A.（1986）Auditing Monogrhaphs（1）*The Economic Role of the Audit in Free and Regulated Markets,*（2）*A Synopsis of Selected Audit Research Findings*, PWS-Kent Publishing Company.（千代田邦夫・盛田良久・百合野正博・朴大栄・伊豫田隆俊共訳『ウォーレスの監査論―自由市場と規制市場における監査の経済的役割―』同文舘出版, 1991年）
Wallace, W.A.（1995）*Auditing*, 3rd ed., South-Western College Publishing.
Waxman, W.（1994）*Hume's theory of Consciousness*, Cambridge University Press.
Weinstein, G.W.（1987）*The Bottom Line: Inside Accounting Today*, New American Library.（渡辺政宏訳『アメリカ会計士事情』日本経済新聞社, 1991年）
Whitehead, A.N.（1925）*Science and the Modern World*（Paperback edition 1967）.
Whittington, O.R. and Pany, K.（2014）*Principles of Auditing & Other Assurance Services*, 19th ed., Irwin.
Wilcox, E.B.（1941）Comments on "An Introduction to Corporate Accounting Standards", *The Accounting Review*, March, pp.75-81.
Wittgenstein, L.（1961-1962）*Tractatus logico-philosophicus*, Humanities Press.

―和文献―

青柳文司（1966）「法と会計の言語性について」『會計』第89巻第3号, 25-44頁。
アメリカ公認会計士協会編, 日本公認会計士協会国際委員会訳（1981）『アメリカ公認会計士協会 監査基準書』同文舘出版。
新井清光（1978）『会計公準論 増補版』中央経済社（初版 1969）。
アリストテレス著, 中畑正志訳（2001）『魂について』京都大学学術出版界。
五十嵐達郎（2012）『財務諸表監査 私論』日経事業出版センター。
石田眞得（2006）『サーベンス・オクスレー法概説―エンロン事件から日本は何を学ぶのか』（JLF叢書）商事法務。
伊藤邦雄（2004）『ゼミナール現代会計入門（第4版）』日本経済新聞社。
伊藤邦雄編著（2012）『企業会計研究のダイナミズム』中央経済社。
伊豫田隆俊（2009）「第10章 企業開示情報の多様化と保証水準」八田進二編著『会計・監査・ガバナンスの基本課題』同文舘出版。
伊豫田隆俊・松本祥尚・浅野信博・林隆敏・町田祥弘・高田知実（2012）『実証的監査理論の構築』（日本監査研究学会リサーチ・シリーズⅨ）同文舘出版。
岩田巌（1956）『利潤計算原理』同文舘出版。
内山勝利編（2014）『プラトンを学ぶ人のために』世界思想社。
大石桂一（2000）『アメリカ会計規制論』（佐賀大学経済学会叢書）白桃書房。

大久保和郎（1969）「混沌のなかの思想」『第一次世界大戦前後』（世界歴史シリーズ第21巻）世界文化社。

大橋昭一・竹林浩志（2008）『ホーソン実験の研究―人間尊重的経営の源流を探る』同文舘出版。

岡本浩一（2001）『無責任の構造―モラル・ハザードへの知的戦略』（PHP新書）PHP研究所。

小倉志祥編（1972）『倫理学概論』以文社。

梶川融（2015）「第7章 監査実務における組織的懐疑心」増田宏一編著『監査人の職業的懐疑心』（日本監査研究学会リサーチ・シリーズⅩⅢ）同文舘出版。

金山弥平・金山万里子共訳（1998）『ピュロン主義哲学の概要』（西洋古典叢書）京都大学学術出版会。

金子晃（2009）『会計監査をめぐる国際的動向―監査の公正性，独立性および誠実性の促進のために』同文舘出版。

神山和好（2015）『懐疑と確実性』春秋社。

川北博 編著『新潮流 監査人の独立性』同文舘出版。

久野光朗（2009）『アメリカ会計史序説』同文舘出版。

久米暁（2005）『ヒュームの懐疑論』（岩波アカデミック叢書）岩波書店。

黒崎宏（2000）『ヴィトゲンシュタインが見た世界―哲学講義』新曜社。

桑田耕太郎（2015）「制度的起業研究と経営学」『経営と制度』第13号，1-24頁。

現代法研究会編（1966）『現代の法学』法律文化社。

郡山彬・和泉澤正隆（1997）『入門ビジュアルサイエンス 統計・確率のしくみ』日本実業出版社。

小河原誠編（2000）『批判と挑戦―ポパー哲学の継承と発展に向けて』未来社。

小森瞭一（1989）『アメリカビジネスの会計規則』英書房。

小柳公洋（1999）『スコットランド啓蒙研究―経済学的考察』九州大学出版会。

佐伯啓思（2004）『自由とは何か』（講談社現代新書）講談社。

坂部恵・加藤尚武編（1990）『命題コレクション 哲学』（ちくま学芸文庫）筑摩書房。

塩見治人・橘川武郎編（2008）『日米企業のグローバル競争戦略―ニュー・エコノミーと「失われた十年」の再検証』名古屋大学出版会。

塩原一郎（2001）「学界論叢 独立性をめぐる議論から見た日本の公認会計士監査の特質―日米比較監査史からの分析」『会計・監査ジャーナル』第13巻第7巻，78-83頁。

下条信輔（2006）『「意識」とは何だろうか―脳の来歴，知覚の錯誤』（講談社現代新書）講談社。

杉岡仁（2002）『会計ディスクロージャーと監査―再生とさらなる発展』中央経済社。

鈴木英壽編著（1976）『経営学説』（経営学シリーズ9）同文舘出版。

セクストス，E. 著，金山弥平・金山万里子共訳（2004; 2006; 2010）『学者たちへの論駁（1）（2）

（3）』京都大学学術出版会。
全在紋（2015）『会計の力』中央経済社。
全在紋・永野則雄編著（1992）『現代会計の視界』中央経済社。
染谷恭次郎博士還暦記念会編（1983）『財務会計の基礎と展開』中央経済社。
高田敏文（2007）『監査リスクの基礎』同文舘出版。
高柳一男（2005）『エンロン事件とアメリカの企業法務―その実態と教訓』中央大学出版部。
武田隆二（1992）「監査判断と心証形成」『JICPAジャーナル』第438号，1月，22-33頁。
近澤弘治（1966）『マウツの監査論』森山書店。
近澤弘治監訳, 関西監査研究会訳（1987）『監査理論の構造』中央経済社。
千代田邦夫（1998）『アメリカ監査論（第2版）』中央経済社（初版1994年）。
千代田邦夫（2009）『現代会計監査論（全面改訂版）』税務経理協会（初版2006）。
千代田邦夫（2008）『貸借対照表研究』中央経済社。
千代田邦夫（2014）『闘う公認会計士―アメリカにおける150年の軌跡』中央経済社。
千代田邦夫・鳥羽至英責任編集（2011）『会計監査と企業統治』（体系現代会計学第7巻）中央経済社。
佃弘一郎（2014）「不正リスクへの対応における，監査チーム内の連携とグループ監査等での監査人間の連携―不正リスク対応基準の設定を巡って」『現代監査』第24号，50-59頁。
津田市正（1967）『法哲学序説』津田学院出版部。
デカルト著, 三木清訳（1950）『省察』岩波書店。
鳥羽至英（2001）『監査基準の基礎（第2版）』白桃書房（初版1992）。
鳥羽至英（2009）『財務諸表監査―理論と制度〈基礎編〉』国元書房。
鳥羽至英・村山徳五郎責任編集, 八田進二ほか訳・解説（2000a）『SEC「会計連続通牒」〈2〉1970年代（1）』中央経済社。
鳥羽至英・村山徳五郎責任編集, 八田進二ほか訳・解説（2000b）『SEC「会計連続通牒」〈3〉1970年代（2）』中央経済社。
鳥羽至英・秋月信二（2001）『監査の理論的考え方―新しい学問「監査学」を志向して』森山書店。
鳥羽至英・永見尊・福川裕徳・秋月信二共著（2015）『財務諸表監査』国元書房。
仲正晶樹（2008）『集中講義！ アメリカ現代思想―リベラリズムの冒険』（NHKブックス）日本放送出版協会。
西田剛（1974）『アメリカ会計監査の展開―財務諸表規則を中心とする』東出版。
日本公認会計士協会（2010）「欧州委員会 グリーン・ペーパー「監査に関する施策：金融危機からの教訓」に対するコメント」12月8日。
任　章（2006）「監査人懐疑心の深度に関わる事柄の一考察」『北九州市立大学商経論集』第42巻第1号, 29-46頁。

朴大栄編著（2014）『監査法人の独立性と組織ガバナンス』同文舘出版。
橋本尚（2015）「第5章 職業的懐疑心に関する海外の動向」増田宏一編『監査人の職業的懐疑心』（日本監査研究学会リサーチ・シリーズⅩⅢ）同文舘出版。
八田進二編著（2007）『外部監査とコーポレート・ガバナンス』同文舘出版。
八田進二編著（2009a）『会計・監査・ガバナンスの基本課題』同文舘出版。
八田進二（2009b）『会計プロフェッションと監査―会計・監査・ガバナンスの視点から』同文舘出版。
八田進二・町田祥弘（2006）『逐次解説 改訂監査基準を考える』同文舘出版。
八田進二・町田祥弘（2013）『逐条解説で読み解く 監査基準のポイント』同文舘出版。
広瀬義州（1995）『会計基準論』中央経済社。
福島寿（2006）『監査理論の探究―マウツ＝シャラフの所説及びASOBAC監査論の検討を中心として』現代図書。
藤井秀樹（2015）「IASB改訂概念フレームワークにおける「認識」論のルーツとゆくえ」『企業会計』第67巻第5号。
藤井秀樹（2016）「会計理論とは何か：アメリカにおけるその役割と進化」『商学論究』（関西学院大学，平松一夫博士記念号）第63巻第3号，133-155頁。
古矢旬（2002）『アメリカニズム―「普遍国家」のナショナリズム』東京大学出版会。
前山政之（2012）「第6章 監査人の重要性判断と職業的懐疑心」伊藤邦雄編著『企業会計研究のダイナミズム』中央経済社。
増田宏一編著（2015）『監査人の職業的懐疑心』（日本監査研究学会リサーチ・シリーズⅩⅢ）同文舘出版。
増田宏一・梶川融・橋本尚監訳（2015）「監査人の職業的懐疑心に関する研究」『財務諸表監査における「職業的懐疑心」』同文舘出版。
町田祥弘（2004）『会計プロフェッションと内部統制』税務経理協会。
町田祥弘（2007）「11 外部監査における不正問題とコーポレート・ガバナンス」八田進二編著『外部監査とコーポレート・ガバナンス』同文舘出版。
町田祥弘（2014）「Ⅰ理論編 第2章 職業的懐疑心に関する基礎概念」日本監査研究学会課題別研究部会『監査人の職業的懐疑心に関する研究（最終報告）』。
松井彰彦（2007）「やさしい経済学・名著と現代―ヒューム人間本性論」『日本経済新聞』1月16-19, 22-25日連載記事。
松本祥尚（2011）「職業的懐疑心の発現とその規制（特集 経営環境の変化と監査の変革）」『會計』第179巻第3号, 321-335頁。
三戸公（1966）『アメリカ経営思想批判―現代大企業論研究』未来社。
村上泰亮（1975）『産業社会の病理』中央公論社。
村山徳五郎（1990-1992）「新SAS研究ノート〔Ⅰ, Ⅲ, Ⅴ-Ⅶ〕監査報告書」『JICPAジャーナ

ル』第424号（1990年11月），第427号（1991年2月），第431号（1991年6月），第434号（1991年9月），第448号（1992年11月）．
弥永真生（2002）『監査人の外観的独立性』商事法務．
山浦久司（2006）「監査基準をめぐる動向と課題，ならびに今後の展望（特集 2006年会計制度変革の展望と課題）」『企業会計』第58巻第1号，53-58頁．
山本巍・今井知正・宮本久雄・藤本隆志・門脇俊介・野矢茂樹・高橋哲哉共著（1993）『哲学 原典資料集』東京大学出版会．
百合野正博編著（2013）『アカウンティングプロフェッション論』（日本監査研究学会リサーチ・シリーズXI）同文舘出版．
吉見宏（2005）『監査期待ギャップ論』森山書店．
米盛裕二（2007）『アブダクション─仮説と発見の論理』勁草書房．
ラエルティオス著，加来彰俊訳（1994）『ギリシア哲学者列伝〈下〉』岩波書店．
脇田良一・栗田照久・関根愛子・住田清芽・泉本小夜子（2013）「座談会 不正リスク対応基準の公表をめぐって─基準設定の背景・基準の適用関係・今後の課題について」『会計・監査ジャーナル』第25巻第6号，9-23頁．
渡辺恒夫・村田純一・高橋澪子編（2002）『心理学の哲学』（心理学基礎論叢書 心理学の根拠への旅）北大路書房．
渡辺敏雄（2008）『日本企業社会論』税務経理協会．

─辞書・辞典─

Colman, A.M.（2006）*Oxford Dictionary of Psychology*, 2nd ed., Oxford University Press (first edition 2001).
Liddell and Scott's（1983）*Greek-English Lexicon*, Oxford University Press.
安藤英義・新田忠誓・伊藤邦雄・廣本敏郎編（2007）『会計学大辞典（第五版）』中央経済社．
飯田隆編（2010）『論理・数学・言語（第5版）』（哲学の歴史第11巻）中央公論新社（初版2007）．
大庭健編（2006）『現代倫理学辞典』弘文堂．
オラン, D. 編，黒川康正・西川郁生監訳（1990）『英和アメリカ法律用語辞典』PMC出版．
下中邦彦編（1971）『哲学事典（改訂新版）』平凡社．
鈴木勤編（1968）『古代ギリシア』（世界歴史シリーズ第2巻）世界文化社．
鈴木勤編（1969a）『第一次世界大戦前後』（世界歴史シリーズ第21巻）世界文化社．
鈴木勤編（1969b）『ルネサンス』（世界歴史シリーズ第11巻）世界文化社．
中島義明ほか編（1999）『心理学辞典』有斐閣．
番場嘉一郎編（1979）『会計学大辞典』中央経済社．
廣末渉ほか編集（1998）『哲学・思想事典』岩波書店．

水谷智洋 編（2009）『羅和辞典（改訂版）』研究社。
山本信・黒崎宏編（1987）『ウィトゲンシュタイン小事典』大修館書店。

－初出一覧－
「監査人の懐疑心について」『北九州市立大学商経論集』第41巻第4号, 61-82頁, 2006年。
「監査人懐疑心の深度に関わる事柄の一考察」『北九州市立大学商経論集』第42巻第1号, 29-46頁, 2006年。
「監査人懐疑心の要請とその含意の拡張について」『會計』第171巻第1号, 69-82頁, 2006年。
「監査人懐疑心とヒュームの問題について」『企業会計』第60巻第7号, 1012-1019頁, 2008年。
「監査人懐疑心と心証形態の崩壊過程について」『北九州市立大学マネジメント論集』第2号, 75-85頁, 2009年。
「監査人懐疑心の識閾とその拡張に関わりある一考察」『會計』第175巻第6号, 866-879頁, 2009年。
「職業専門家の懐疑心要請の展開について」『企業会計』第62巻第9号, 126-133頁, 2010年。
「監査プロフェッションの懐疑心とその展開について」『會計』第179巻第3巻, 346-359頁, 2011年。
「監査人の中立性と健全な懐疑心について」『企業会計』第64巻第10号, 94-101頁, 2012年。
「米国会計プロフェッション自主規制の終焉」『北九州市立大学マネジメント論集』第6号, 57-82頁, 2013年。
「米国における職業専門家の懐疑心研究の進捗状況」『企業会計』第66巻第2号, 149-156頁, 2013年。
「米国会計プロフェッション界における自主規制終焉とその背景」『現代監査』第24号, 126-136頁, 2014年。
「会計監査の概念形成に影響する現代哲学の諸相」『企業会計』第67巻第5号, 740-747頁, 2015年。

事項索引

A～Z

ACFE ······································ 101, 141
AICPA ································ 31, 64, 131
BCCI事件 ································· 96, 103
CACS ··32
CAP ····································· 127, 134
FAF ··111
FASB ··108
IAASB ···144
ISA ··144
PCAOB ································· 118, 180
POB ··························· 52, 79, 108, 195
RICO法 ·································· 58, 195
SAP ····································· 127, 131
SAS ································ 135, 151, 193
SEC ································ 126, 180, 205
SECPS ··69
SFAC ··15

あ

アーサー・アンダーセン ······· 106, 114, 117
アーニングス・マネジメント ···············86
アサーション ······················ 15, 34, 188
アダムス委員会 ·······························96
ア・プリオリ ···································12
ア・ポステリオリ ·················· 10, 31, 190
αリスク ······································166
アンカリング ··········· 55, 163, 166, 168, 185
アンダーソン委員会 ···················ⅹⅳ, 73

異常項目 ·························· ⅹⅳ, 135, 136
移民 ··27
インフォミックス社 ·························109

ウィーン学団 ··························· 22, 30
ウェイストマネジメント社 ···············106
ウェステック事件 ·····························71
ウォーターゲート事件 ······················195

エクイティ・ファンディング社事件 ·· 60, 65
エリオット委員会 ·····························82
エンロン社事件 ···················· 83, 92, 146

オマリーパネル報告書 ··· 84, 93, 113, 128, 196
オリファント委員会 ··························72
オリンパス㈱ ································149

か

カーク・パネル ·······························81
海外不正支払防止法 ························195
懐疑主義 ······················ ⅸ, 6, 16, 44, 51, 190
会計概念基準委員会（CACS） ············32
会計手続委員会（CAP） ··········· 127, 134
『会計理論及び理論承認』············· 23, 191
『会計倫理及び理論承認』····················21
蓋然性 ···································· 14, 25
概念 ··ⅹ
監査基準書（SAS） ··········· 135, 151, 193
監査公準 ·······································38
監査手続委員会（CAP） ···················134
監査手続書（SAP） ·················· 127, 131

企業改革法 ···································117
『基礎的会計理論』···················· 21, 52
『基礎的監査概念』··············· 21, 39, 51
期待ギャップ ··························· 96, 137
キャドバリー委員会 ··························96
教義 ··27
キング委員会 ·································96

229

クッキー・ジャー・リザーブ……………109	ジンテーゼ……………………………………12
クラリティ版監査基準書………………151	信念……………………………… xⅲ, 8, 197
	信念の改訂……………………………………55
経験主義………………………………………8	
形而上学……………………………………4, 9	スターリング・ホメックス社……………65
啓蒙思想……………………………………24	
ゲシュタルト…………………………6, 163	性格的懐疑…………………………………174
結論的な証拠………………………………155	正当化………………………………………197
検証可能性………………21, 26, 27, 199	正当な注意義務……………… 45, 54, 103
ケンブリッジ分析学派……………………30	絶対的な証拠………………………………155
	説得的な証拠……………………… 140, 154
公開会社会計監視委員会（PCAOB）	センダント／CUC………………………109
……………………………………118, 180	『戦略システムレンズ』……… 158, 186, 196
公共監視審査会（POB）……52, 79, 108, 195	
行動主義……………………………………16	操作主義……………………………………39
公認不正検査士協会（ACFE）……101, 104	
功利主義……………………………………31	**た**
コーエン委員会………… 69, 99, 128, 136, 193	多元主義……………………… 17, 22, 27, 190
国際会計士連盟・監査実務委員会……144	タブラ・ラーサ……………………… 8, 190
国際監査基準（ISA）……………………144	探究……………………………………………2
国際監査・保証基準審議会（IAASB）…144	単純接触仮説………………………………138
コンチネンタル・ベンディング・マシン社事件	
……………………………………134, 193	知識………………………… xⅲ, 7, 14, 44, 191
	中世……………………………………………6
さ	中立性…………………………………70, 153
「財務会計概念ステートメント」（SFAC）	懲罰的損害賠償……………………………58
………………………………………………15	勅許会計士協会……………………………10
財務会計基準審議会（FASB）…………108	
財務会計財団（FAF）……………………111	ディープ・ポケット訴訟…………………58
	適正表示……………………………………46
ジェンキンズ報告書………………………114	哲学…………………………… 2, 6, 22, 191
七面鳥の問題…………………………11, 15	
実証テスト…………………………113, 121	統合失調…………………………………201
実用主義…………………………22, 42, 192	ドグマ主義…………………………………55
主任会計官……………………… 60, 73, 114	独立性…………………………………47, 182
証券取引委員会監査業務部会（SECPS）…69	独立性基準審議会（ISB）………………115
状態的懐疑…………………………………173	トレッドウェイ委員会………………76, 136
職業倫理規範………………………………74	
新実在論……………………………………17	**な**
心証のリセット……………………152, 165	ナンバーズ・ゲーム…………………85, 108
深層心理学…………………………………161	
慎重な監査人………………………………45	『21世紀の公開会社監査』… 12, 20, 159, 196

日本公認会計士協会 …………………148
ニュー・エコノミー …………………106
認識的正当化 …………………………197

は

バークリー ………………………………9
パフォーマンス・ギャップ ……………98
反証主義 …………………………… 3, 25
判断保留 ………………………… 5, 175

ピート・マーウィック ……… 126, 158
ビジュン・プロジェクト ………………83

フォレンジック …………………………87
不正リスク ……………………… 101, 150
普遍化 ……………………………………31
プラグマティズム ………………………21
ブレイン・ストーミング ……… 142, 162
プレサンプティブ・ダウト ……………92
ブレンターノのテーゼ ………………198
分析哲学 …………………………………17

米国公認会計士協会（AICPA）… 31, 64, 131
米国証券取引委員会（SEC）…… 126, 180, 205
βリスク ………………………………166
ペン・セントラル鉄道会社事件 …… 59, 65
弁証法 ……………………………………20

ホーソン実験 …………………………160

ま

埋没コスト ……………………………110
マクスウェル・コミュニケーションズ事件
　………………………………………103
マクドナルド委員会 ……………………96
マケソン・ロビンス社事件 …………126

無限背信性 ………………………………54

メトカーフ小委員会 ……………………67

モス小委員会 ……………………………65

や

様相論理学 …………………………… 4, 198

ら

ラベンソール・アンド・ホーワース ……79

リスク・アプローチ ………… 73, 147, 159
理論 …………………………………… xiv

論理学 ……………………………………35
論理実証主義 …………………… 17, 27

わ

ワールドコム …………………………117

人 名 索 引

あ

アインシュタイン（Einstein, A.） ············· 9
アッシュ（Asch, S） ······················ 161
アリストテレス（Aristotelēs） ·············· 4

ウィトゲンシュタイン（Wittgenstein, L.）
　················· 19, 21, 191, 198

エラスムス（Erasmus, D.） ················· 6

か

カルナップ（Carnap, R） ······ 14, 18, 22, 191
カント（Kant, I.） ················ 9, 45, 48, 55

キング牧師（King, M.L.） ················· 58

クーン（Kuhn, T.S.） ····················· 17
クリントン（"Bill" Clinton, W.J.） ····· 83, 107
クワイン（Quine, W.V.O.） ············ 17, 23

ゲーテル（Gödel, K.） ···················· 22

さ

ジェームズ（James, W.） ·············· 20, 21
シャラフ（Sharaf, H.A.） ················· 32
ショーペンハウアー（Schopenheuer, A.）
　························· 21
ジョセフ・P・ケネディ（Kennedy, J.P.）
　························· 205
ジョン・F・ケネディ（Kennedy, J.F.）
　······················· 58, 205

スペイシク（Spacek, L） ················· 114
スポーキン（Sporkin, S） ············ 65, 137

セクストス（Sextus, E.） ··················· 5
ソクラテス（Sōcraetēs） ··················· 2

た

タルスキー（Tarski, A.） ··················· 22
タレブ（Taleb, N.） ······················· 15

チェンバース（Chambers, R.J.） ·········· 12
近澤弘治 ································ 32
チザム（Chisholm, R.M.） ·········· 18, 198

ディンゲル（Dingell, J.D.） ···· 66, 76, 107, 193
デカルト（Decartes, R.） ·············· 6, 190

トランプ（Trump, D.J.） ················· 59

な

ネーダー（Nader, R.） ···················· 58
ネルソン（Nelson, M.W.） ··············· 172

は

パース（Peirce, C.S.） ················ 20, 192
ハート（Hurtt, R.K.） ················ 170, 191
ハイデガー（Heidegger, M.） ············· 22

ピット（Pitt, H.） ······················· 120
ヒューム（Hume, D.） ·············· 9, 11, 190
ピュロン（Pyrrhōn） ······················ 4

フッサール（Husserl, E.） ················· 22
プラトン（Platōn） ··················· 3, 198
ブリッジマン（Bridgman, P.W.） ······· 19, 39
フロイト（Freud, S.） ··················· 160

ベンサム（Bentham, J.）.................. 31

ポパー（Popper, K.R.）.............. 11, 14, 18
ホワイトヘッド（Whitehead, A.N.）.........4

ま

マウツ（Mautz, R.K.）................... 31, 193

メイ（May, G.O.）...................... 127
メニンガー（Menninger, W.W.）.......... 160
メリノ（Merino, B.）.................... 69

モンタギュー（Montague, W.P.）......... 30
モンテーニュ（Montaigne, M.E.）...........5

ら

ラッセル（Russel, B.）........ 11, 19, 22. 191

リトルトン（Littleton, A.C.）.............. 193

ルイス（Lewis, C.I. ）................ 19, 198
ルーズベルト（Roosevelt, F.D.）......... 192

レイ（Ray, K.）....................... 207
レビット（Levitt, A.）....... 59, 83, 106, 195

ロック（Locke, J.）................... 7, 190

わ

ワトソン（Watson, J.B.）................ 16

【著者略歴】

任　章（にん あきら）
北九州市立大学大学院教授。

1979年早稲田大学商学部卒業。
1981年早稲田大学大学院商学研究科修士課程（染谷研究室・財務会計）修了。
1992年米国公認会計士協会（AICPA）会員登録。
自1981年至1996年米国金融機関等の財務部に勤務。
1999年米国シカゴ大学経営大学院単位取得。2003年早稲田大学大学院博士課程
　（塩原研究室・国際会計／監査論）単位取得満期退学。
2003年度明治大学商学部・同大学院非常勤講師。
2004年北九州市立大学経済学部着任。
2007年同大学院担当（現職）。自2017年同大学院マネジメント研究科長。
元公認会計士試験委員（監査論）。

〔代表論文〕
「監査人懐疑心とヒュームの問題について」『企業会計』中央経済社第60巻第7号。

　メールアドレス：ninakira@kitakyu-u.ac.jp

平成29年3月25日　初版発行　　　　　　　　　略称：監査哲学

監査と哲学
―会計プロフェッションの懐疑心―

著　者　Ⓒ　任　　　章
発行者　　　中島　治久

発行所　**同文舘出版株式会社**

東京都千代田区神田神保町1-41　　〒101-0051
電話　営業(03)3294-1801　　　編集(03)3294-1803
振替　00100-8-42935　　　　http://www.dobunkan.co.jp

Printed in Japan 2017　　　　　　　　　製版：一企画
　　　　　　　　　　　　　　　　　　　印刷・製本：三美印刷
ISBN978-4-495-20561-4

JCOPY〈出版者著作権管理機構　委託出版物〉
本書の無断複製は著作権法上での例外を除き禁じられています。複製される場合は，そのつど事前に，出版者著作権管理機構（電話 03-3513-6969，FAX 03-3513-6979，e-mail: info@jcopy.or.jp）の許諾を得てください。